教｜学｜新｜探｜索｜丛｜书｜

■ 裴娣娜 李长吉／主编

自主的学生：
学校教学生活中的现实建构

ZIZHU DE XUESHENG:
XUEXIAO JIAOXUE SHENGHUO ZHONG DE
XIANSHI JIANGOU

■ 周晓燕／著

教育科学出版社
·北京·

总　序

　　改革开放三十年来，中国教学论学科发展进入了新的阶段，在开拓理论视野、转变教育观念以及探索新的研究方式和方法方面取得了许多重大的研究成果，中国教学论学科发展实现了从传统走向现代的历史性超越。

　　这套由浙江师范大学一批中青年学者撰写的《教学新探索丛书》，正是中国教学论学科建设中诸多研究成果之一。这套丛书的主要特点有如下几个方面。

　　1. 多视角聚焦学科前沿

　　丛书不仅涉及学科建设的概念与范畴、理念与方法的问题；而且涉及教学的应用性与技术性层面的问题，主要解决学科建设的实践性问题。针对已经进入研究者视野的教学论原理、体悟教育、学生自主、实践教学、学业评价、信息技术课程实施、数学教学的文化取向、历史教学思想等问题，研究者重新思考其中具有研究范式转变意义的重大变革，这对于促进教学论学科发展具有重要意义。

　　2. 追求原创意义的研究成果

　　近年来，我国教育科学界一直在追求具有原创意义的研究成果。难能可贵的是，相对人们耳熟能详的传统教育思想和教育实践而言，此套丛书的作者们已经初步创建了具有原创性的教育话语体系，如《教学论思辨》一书对教学主体、教学内容、教学历程、教学方法以及教学研究等方面进行了形而上思考；又如《体悟教育研究》，立足于个体文化生命的生成与提升，从认识论角度考察悟性认识现象，关注教育过程中意义的建构；在《自主的学生：学校教学生活中的现实建构》一书中，作者从自我伦理、权利自我、能力技术三个层面，将"学生自主"定位于学生个体的一种学习与生活状态乃至其生存态度和生存方式，实质在于使学生真正成为富有人格尊严、自由精神、独立自主、个性丰富，具有创造性和建设性的自在自为的存在者，成为自我的权利主体和责任主体，等等。这些新概念、新思想、新观点有利于开拓人们的学术视野，引发人们在教学论学科发展的一些基本问题上做更深层次的思考。

3. 基于实践又高于实践，具有对教学实践问题的解释力、预测力和指导性

教学论学科发展研究既需要清晰而独特的理论视角，又需要深入地关注实践，要有对教学实践问题的解释力、预测力和指导性。丛书各册的研究没有停留在直觉的把握、经验的感悟上，而是基于实践又高于实践。研究者从理清结构、把握关系的角度，运用理论对教学现象进行分析、抽象和提炼，依据变革性实践以及对理论逻辑的充分论证，关注理论的原点和实践的原点，提高了教学论研究的学理性与科学性水准。

丛书中这些著作大多数是在博士论文的基础上进一步修改、补充和完善而成的，因此选题精当，议题相对集中，思路明晰，内容翔实，研究方法合理，为进一步深入研究教学理论与实践问题开辟了新的视角和思路。

教学论学科的发展，首先要确立自觉的学科意识，通过专题性研究实现我国教学理论与实践研究在研究主题、价值功能和研究范围三个方面的重要转换，这是学科发展的一项基础性工作。教学论学科问题涉及多个方面，不可能指望通过一套书或几篇论文就可以解决，这套丛书只是一个新的开始，有许多问题尚待进一步深入细致的研究。当然，要全面揭示教学理论与实践若干基本问题的内涵和实质，还需要通过实践不断检验和完善。

未来是美好的，但需要我们去创造。我们期望有更多的中青年学者通过自己开拓性的研究，加快教学论学科的建设与发展。我们要提倡批判、突破与超越，提倡实践、探索与反思，使我们从事的事业不断创新发展，我想，这正是我们出版这套丛书的基本出发点。

裴娣娜

2009 年 6 月

目　录

第一章

导 论

　　"自主的学生"的提出与我们国家当前"个体意识"日益彰显的整体社会文化环境，以及近些年来教育内部对青少年学生个体发展及其教育教学生命意义的观照和重视是分不开的。对日常教育教学活动中作为个体的学生其"自主性"是如何生成和建构的，又是如何得以舒张和释放的等问题予以关注，是很有必要的。正如陈桂生先生撰文指出的："为了使学生获得必要的自主选择的机会，并使学生善于选择，先得弄明白，这究竟是一个什么性质的问题。明白了这些，才有可能参照已有的见识和经验，梳理出这个问题的思路，并发现我国在这方面存在问题的症结。"因此，需要围绕"什么是自主的学生""自主的学生何以可能""自主的学生意义何为"这三个基本的问题进行深入的研究与考察。"自主的学生"既是一个理论问题，也是一个实践问题。针对这一问题的研究，一方面需要进一步澄清其理论基础，形成较为完整、明确的理论内涵；另一方面，需要面向实践探讨在现实的教育教学活动中，"学生自主"何以可能以及如何实现的实际问题。因此，在研究的基本方式上应当注重理论建构与实践解读的结合。

第一节　研究问题的提出

一、缘起：一则案例引发的思考

　　某幼儿园中班正在上一堂主题为"自己动手调饮料"的生活科学课，教学目标是要求孩子们自己动手调制口味适当的饮料，并要求孩子们通过画图展示自己的调制过程。经过努力，孩子们都调出了自己的饮料。有一位男孩尝了自己调制的饮料以后，脱口而出地说了声，"真酸啊!"因为是公开课，幼儿园的其他两位老师恰巧坐在这位孩子身边儿，于是忙问他："太酸了，怎么办呢?"孩子端着杯子，左看看，右看看，一时没有答案。"你再想想，饮料太酸了该怎么办?"两位老师异口同声地问。孩子仍然没有回答，低头不语，也没有动手再试的意思。"太酸了怎么办? 是不是应该再加点儿⋯⋯怎么样啊?"两位老师有些着急了。孩子抬起头回答说："再加点酸梅晶。""那不是更酸了吗? 你再想想啊! 太酸的话，小朋友的牙齿要坏掉的。"显然，老师对孩子的回答不满意。孩子见自己回答错了，再次低下了头，轻声地说："老师，我的牙齿本来就是坏的。"老师们仍不愿放弃，继续问："你再想想，该加什么?"这时，孩子满脸无辜地抬起头对两位老师说："老师，我现在不觉得酸了，真的。"⋯⋯①

　　如果把这种教学情状称为"胁迫式的教学"，或许有些偏激。事实上，从教学设计来看，这堂课的意图本是力图体现学生自主探究的教育理念。老师们的"步步紧逼"亦是出于善意，即希望学生自己能够解决问题。然而，遗憾的是，结果却背道而驰。由此案例，我们认为值得反思的是：尽管教育者（包括相关理念的设计者、倡导者以及实践一线的教师）在口头上、名义上能够赋予我们的学生以"自主"的权利和身份，然而，在实际教学过程中，如果教师们不能切实地从自己权威、专断的"潜意识"以及自我身份的优越性中摆脱出来，那么，毫无疑问，学生的"自主"依旧是"名不符实"的，甚至是"痛苦"的。

　　"学生自主"或者说"自主学习"的理念，可以说是对 20 世纪 90 年代

---

　　① 笔者于 2003 年 6 月在浙江省某市级幼儿园的观课记录。尽管在性质上幼儿园教育并不属于义务教育，但是，从我们国家的实际情况来看，现实中很多幼儿园教学在课堂形式、教学结构乃至教学策略等很多方面都与小学阶段的课堂教学非常接近。另外，鉴于案例的真实性和典型性，因此借用这则案例来讨论问题。

以来兴起的主体教育思想的一种延续。因为，在精神实质上，"自主学习"理念关注和强调的依然是学生在教学过程中的地位、身份及其实现的问题。新一轮基础教育课程改革以来，"自主"、"合作"、"探究"，作为学习方式变革的关键词被大力倡导。由"自主"出发，学生在学校教学活动中的主体地位以及学生本身的学习意向、学习能力等问题再次引起人们的重视。相应地，如何实现学生教学过程中的"自主"更成为一个实际的问题在实践中得以关注。

从教育教学的实际情况来看，应该说，最近几年来，"学生自主"的理念在观念上得到了较为广泛的认同，并对"学生自主"的实践形式也进行了探索和尝试。但是，同时，我们也不难发现在"学生自主"实践探索过程中也出现了一些"新问题"。比如，有研究者认为当前教学实践中存在着"自主"变成"自流"的倾向：

"强调学生的主体性，把时间还给学生。有的教师上课随便让学生自己看书，没有指导，没有提示和具体要求，看得如何没有检查也没有反馈，由学生一看到底；有的教师还提出学习内容由学生自己提，如，喜欢哪一段就读哪一段；学习方式由学生自己选，如，喜欢怎么读就怎么读；学习伙伴由自己挑，想与谁交流就与谁交流，等等。这是一种典型的自流式的学习方式，学生表面上获得了自主的权利，可实际上并没有获得真正的自主。"[①]

由"自主"变"自流"，这个"新问题"的显现，从表面上看，似乎可以将它简单地归咎于教师对教育理念的理解偏差或是在施行过程的策略运用不当等。然而，事实上，在实际教学过程中，对"自主学习"理念的实践，教师也存在着不少困惑。比如说，自己的教学到底怎么体现了"学生自主"的思想，怎样的教学模式和策略能够有效地促进"学生自主"，等等。下面就是一线教师就课堂教学如何体现"自主"提出的质疑。

教学片段：

师：同学们，《将相和》这篇课文给我们讲了哪三个故事？

生：完璧归赵、渑池之会和负荆请罪这三个故事。

师：你喜欢哪个故事呢？

（生答略）

师：好！下面我们就进行自主学习，你喜欢哪个故事就学习哪个部分。

反思：这种自由选择学习内容就体现为自主吗？就是关注学生不同的学习需求吗？自选一个故事学习，其他两个故事就不用学习了吗？其实这三个

---

① 余文森. 不可忽视的新问题 [N]. 中国教育报，2003-06-18 (4).

故事是紧紧相连、环环相扣的。前两个故事是后一个故事的起因，后一个故事是前两个故事必然产生的结果。如果对这三个故事没有一定的认识，没有一个完整的认识，我们就不能发现三个故事之间的联系，就不能准确地把握人物的个性，也就很难体会到文章所包含的精神实质，很难领悟到文章的教育意义。如此"自主"，语文课程丰富的人文内涵如何发挥它对小学生的熏陶感染作用呢？如何对学生的精神领域造成深广的影响呢？事实上，在小学语文教材中，有很多类似的文章，我们不能为了体现自主而把它们分解得支离破碎。①

从自主学习的研究现状来看，当前我国的研究主要集中在教育心理学领域。近年来，教育心理学领域不仅对国际上有关自主学习的研究进行了广泛介绍，而且对自主学习的内在机制、实施策略以及模式进行了自觉的研究和探索。然而，从目前来看，这些有关自主学习的策略、模式等的相关研究并未在课堂教学实践中得以充分应用，有关"学生自主"的课堂实践更多地还是要倚赖于教师自身有限的尝试。当然，之所以出现这种情况，与理论研究和实践应用之间本身存在的客观差距是分不开的。但是，另一方面也说明，教育教学中学生的"自主"问题是个非常复杂的问题，其内涵并不简单等同于心理学事实上的"自主学习"问题，"学生自主"的真正实现亦非仅仅取决于操作策略、模式以及方法的成熟。

当前，有关"学生自主"内涵实质的理解主要有两种：一是把学生自主性的发展认做学生主体性发展的主要内涵之一；二是将其主要定位于自主学习的能力。从前种认识来看，自主性被认为是学生的一项重要的人格特征，其具体地表现为自主意识和自主能力。而后种认识则从学生学习的角度出发，将之理解为一种学习能力。我们认为，学生自主性的形成以及自主人格的成长离不开其现实的学习生活，自主学习的能力是衡量学生自主人格的重要标准之一。但是，从前面所举的实际例子来看，将"学生自主"问题仅仅理解为自主学习的能力，甚至在实践中，将之进一步窄化为一种学习方法甚至将之理解为学生的"自学"，那么"学生自主"的实践必然会流于浅陋。

联系我们上面提及的案例、"新问题"以及一线教师的困惑，我们认为，当前我们关于教育教学过程中"学生自主"问题的研究存在以下亟待改进的地方。

首先，我们对"学生自主"的本质精神和思想意蕴缺乏深入的认识和理清，对其相关的理论基础和前提问题没有进行深入、透彻的建构和探讨，对其可能性及其限度，以及各种具体的限制因素缺乏必要和足够的认识和研

---

① 曹如忠，褚芸. 这也叫体现自主吗 [J]. 小学教学设计，2005（10）：38.

究。因此，需要从理念上对"学生自主"的问题进行更为充分的论证，这不仅需要对"学生自主"的精神实质进行进一步的深入分析和解释，而且对其实现的可能性与限度也需要做出必要的探讨。

其次，尽管自主学习的相关研究为我们描绘了自主学习者的主要特征，但许多描述仅从学习过程的任务、步骤等方面予以规定，对个体自主的学生是如何可能的根本问题缺乏高位的理论解释，对个体学生的自主学习实践形态也缺乏实际的观察和研究。因此，有必要立足于学生个体的视角，对教育教学过程中"学生自主"的真实建构过程进行研究。

再次，事实上，自主学习的实现并不仅仅依赖于学生个体的心理成熟，在很大程度上还受到教育教学观念、师生权利关系、课堂社会性因素等各方面的影响和制约。也就是说，学生的"自主"问题，不仅是一个心理学事实，同时，也是社会学、伦理学乃至文化学层面的事实。因此，从研究方式来看，拓展研究范式，突破教育或教学心理学的单一视野，从多方视角对"学生自主"的有关实际问题予以研究是非常必要的。

二、背景：教育内外两方的聚焦

如前所述，为了更为深入地理解和把握"学生自主"的丰富内涵与精神实质，我们首先需要追问的是，在现时代背景下我们为什么提出学生"自主"的问题，或者说，提出学生"自主"的动因是什么？首先，从时代背景来考察这个问题，显然"学生自主"的提出与我国当前"个体意识"日益彰显的整体社会文化环境是分不开的，这为"学生自主"理念的提出提供了深层的话语背景；另一方面，从教育内部来看，则主要体现为近年来对青少年学生个体发展及其教育教学生命意义的观照和重视。

一方面，转型时期社会文化"个体自主"意识的萌生对学生文化生存状态及其文化要求的影响。

近二十多年来，我们国家经历了，并且仍继续进行着一场深刻的变革，这场持续的变革带来了社会、经济、文化的全面而整体性的转型。作为现代化进程中的一个特定时期，这一时代面临着许多新的问题，诸如，多元文化的渗入与重组、道德与价值的重新估定、地域与群体间差异的凸显等。这些新问题的出现，在短时间内极大地催生了大众的价值观、伦理观、文化态度乃至包括审美向度等在内的精神追求与态度逐渐对传统立场的背离，进而发生崭新的转向。同时，对于个体而言，这种转向空前地唤醒和激活了人们的个体意识以及"独立自主"的愿望。于是，重视当下的、个体的经验与感受，由此以图个体世界和日常生活之建立，成为社会转型期的一种日益凸显的文化特征。

对于学生发展而言，学校教学系统中的学生生存状况往往是与社会整体的文化变迁紧密相关的。正如裴娣娜教授撰文指出的："中国社会发展处于深刻变革的历史转折时期，中国的青少年面临复杂的文化生态环境，面临复杂的文化价值选择。……如何对中小学生生存的文化环境有所把握，从而提升他们的生存质量，实现真正的发展而不是虚假的发展，是我们目前需要认真对待并进行理性思考的。"①

受上述这种文化趋向的影响，在学校教育领域，我们也可以发现，当代学生自我发展的需求日益凸显，同时，要求自我命名的意识也日益强烈。正如美国著名的文化人类学家玛格丽特·米德在其《代沟》一书中所写到的："我们背后无情的脚步声"② 已经响起。正向我们走来的是承担着"前象征"文化任务的新一代，他们正在创造并将创造出属于他们的文化式样。

作为"未成熟的人"，他们曾是成人、社会和教育试图竞相谋划、预想、设计、塑造的对象，他们甚至往往被先在地规定了"正确""可靠"的发展目标、发展模式、发展道路乃至生活方向。为了在强势的成人文化中获得自我文化的独立地位和充分的表现机会，他们甚至以一种反叛的姿态，成为"反主流文化的儿童"。比如，近年来校园"灰色童谣"以及一大批少年作家的后现代式写作的出现和流行，就是值得注意的一种现象。从深处着眼，他们并不仅仅是对学校及其教学的一种消极情绪的表达，而同时是在向成人社会、向学校教学传递着这样的信息：他们正在发育、正在成长，而这种"成长"和"发育"并不唯独是学校教育赋予他们的。我们必须要注意的是，随着文化传播渠道的多元化，学校教育教学系统文化"隔离"功能的日渐弱化，学生个体自我建构与学校教育教学生活之间客观存在的张力也随之日益凸显并不断加大。

另一方面，教育内部人学基础由"抽象的人"向"具体个人"③ 的关注引发了对学生个体意义的观照。

哲学家罗素曾在其《教育与美好生活》一书中提出了培养"美好个人"的教育理想。他认为，教育的使命就是充实人性，培养具有真正创造性的、建设性的、独立的、和平的、完善的个人。然而，在现实的教育活动中，这种"个人"的理想并未如其所是地得到充分地表达和展现。"抽象的人"曾长期占据教育教学活动的人学基础，"个人"或者说学生个体相应地消弭于"学生"这一抽象符号的集体指称之中。将具有独特生命体验以及丰富发展可能性的个体抽象为符号层面的"学生"或者"教育对象"时，教育教学活

① 裴娣娜. 中小学生生存的文化环境与价值观教育［J］. 中国教育学刊，2005（6）：22－31.
② 玛格丽特·米德. 代沟［M］. 曾胡，译. 北京：光明日报出版社，1988：91.
③ 叶澜. 教育创新呼唤"具体个人"意识［J］. 中国社会科学，2003（1）：91－93.

动也就不可避免地被简单化和抽象化，从而导致教育目标划一、教育内容的统一以及教育过程的技术主义倾向。经过抽象的教育教学活动，自然在很大程度上丧失了其本应具有的丰富意义。

近年来随着教育改革的全面推进，学生个体发展问题开始引起教育界的重视，关乎学生个体发展的教育思想、教学理念日益丰富。比如，历经十余年的主体教育实验研究，即致力于教育教学过程中学生主体地位的获得及其实现的研究，具有很强的代表性。其次，先后出现的个性化教学、交往教学、对话教学等许多新颖的教学思想、教学理念，亦以其强烈的个体关怀精神引起了研究者和广大教育工作者的重视。而自主学习、合作学习、探究学习等理念更是乘着新一轮基础教育课程改革的东风，对当前基础教育阶段学生学习方式乃至教学方式的变革产生了重要影响。可以说，目前，在理念层面，教育对象观开始逐渐由"抽象的人"向"具体的人"转变，"个体尊重""生命关怀"等关乎学生个体发展的理念引起了广泛的认同和重视。

我们不难发现，前面述及的时代背景和现实要求共同指向了一个问题，即随着社会文化的变迁，当代青少年群体的生存方式和群体特征已经开始发生重要的变化，他们对个体自我意义的获得以及成为自己主人的个体吁求日益迫切和强烈。由此，反观我们的学校生活，我们认为有必要对日常教育教学活动中作为个体的学生其"自主性"是如何生成和建构的，又是如何得以舒张和释放的等问题予以关注。同时，也需要对学生在其发展过程中所形成的这种"自主性经验"给我们日常的教育教学活动所产生的影响和作用做出思考和应对。

三、问题：三个基本设问的展开

就如马克思在其人学思想中所阐释的：人的自由与解放不是由理性先验地决定的，而是在人的活动中历史地达成的。我们也有理由认为：学生个体的自主不是由理论和理念所赋予和决定的，也不是学生个体自然成熟的结果，而是学生在其身心日益成熟和发展的基础上，在其现实的学业生活中逐渐生成和不断丰富的。我们并不否认诸如"作为独立的个人，他必须是自身的主体，他的意志能够支配自己的生命活动，选择自己的命运、负责自己的行为——自己为自己做主、自己成为自己的主人，这才是自主。个人的这种自主性……必须打破人身支配的从属关系，把一切个人置于相互平等的关系之中，才会有个人独立的人格"[1] 这种极富感召力量的理论呼吁。但是，同

---

[1] 王啸. 教育人学 [M]. 江苏：江苏教育出版社，2003：序言。

时，我们也必须理智地认识到："没有对各种可能性的明智认识的自主性，只是一种浪漫主义的断言……"①

针对"学生自主"的问题，陈桂生先生曾撰文指出："为了使学生获得必要的自主选择的机会，并使学生善于选择，先得弄明白，这究竟是一个什么性质的问题。明乎此，才可能参照已有的见识和经验，梳理出这个问题的思路，并发现我国在这方面存在问题的症结。"② 这种意见对我们理清当前情况下有关"学生自主"或"自主学习"的各种认识以及存在的问题，对我们进一步针对该问题进行深入的研究和建构都是具有指导意义的。只有审慎地明乎其"是一个什么性质的问题"，才能在教育教学过程中真正构建和实现"学生自主"。为此，应当围绕下述三个方面的核心问题进行探讨。

首先，什么是"自主的学生"

"自主的学生"是教育教学追求并努力实现的学生发展目标，还是一种"权宜"之策？对此，需要从本体论的层面做出解答。与此同时，需要探讨的相关问题是，学生"自主"的判定依据、内涵要义、表现形式以及解释框架是怎样的？

其次，"自主的学生"何以可能

"自主的学生"是建立在怎样的理论依据以及现实条件基础之上的？换言之，"自主的学生"的真实性及其限度如何？另外，我们需要探讨的问题是，学生在实现"自主"的过程中，又是如何采取策略和行动的？

再次，"自主的学生"意义何为

这里要讨论的是，"自主的学生"的实现对于学生个人的意义何在？进一步而言，"自主的学生"的实现对我们的学校教育教学又会带来怎样的影响？相应地，学校教育教学又当如何做出应对和改革？

围绕上述三个核心问题，主要从以下几方面展开研究。

（一）学生观的必要回顾与当代重建

"自主的学生"理念既是一种现实的需求，亦是一种理想的设定。对学生观的历史考察有助于我们更好地把握提出这一问题的时代背景和现实基础。因此，本部分首先对中西方教育史上的主要学生观进行必要的回顾，并对学生观发展的主要线索以及存在的问题做出一定的清理。在此基础上，对当前新的时代背景下，当代青少年学生所面临的新的文化生存背景，以及他们身上所表现出来的新的群体特征及其发展需求进行探讨。通

---

① 彼得斯. 教育与人的发展［M］//瞿葆奎. 教育学文集·教育与人的发展. 雷尧珠，王佩雄，选编. 北京：人民教育出版社，1989：649.

② 陈桂生. 也谈"学生自主选择"［J］. 上海教育科研，2002（7）：20—21.

过历史回顾以及对当前时代背景下新问题的考察,我们认为在学生发展问题上,一方面,有必要从教育的原典意义上关注学生的实际发展;另一方面,则需根据时代发展的趋向拓展对学生的理想设定。通过对学生观的历史回顾,以及对当代青少年学生新的文化生存背景及其文化特征的考察,可以认为"自主的学生"作为一种教育理想既是一种由来已久的向往,更是当前时代发展的现实要求。

(二)"自主的学生"内涵的理论研究

"自主"问题是哲学、心理学、社会学等其他相关学科的重要概念,具有丰富的内涵。本部分首先对马克思哲学、社会学、心理学领域有关"自主"问题的研究进行梳理,以揭示这些研究中"自主"的内涵及其实践形式。然后,进一步对当前教育学界中关于学生自主问题的相关研究,主要是主体教育对学生自主的研究以及自主学习的研究进行分析。在此基础上,我们认为"自主的学生"既具有普遍意义上的"自主"特征,又具有其特殊意义,是一个内涵丰富、层次复杂的问题。因此,可以从三个层面,即自我伦理层面、自我权利层面、能力技术层面来理解"自主的学生"的完整意义,并在此基础上揭示了本研究关于"学生自主"的理解,即学生个体在学校教学生活中,建立在其个体自主性这种"特质"逐渐成熟基础之上的一种学习与生活状态、行为乃至其个体的生存态度和生存方式。本研究进一步围绕"自主的学生是怎样的"这一问题,通过特征描述的方式揭示"自主的学生"的具体内涵。同时,就"自主的学生"的实践形式(包括实践背景、个人基础、外在条件、活动形态、存在差异等方面)及其限度表现(包括教学活动本质及结构限制、教学活动外在社会条件限制、班级生活社会关系限制等)进行研究和分析。

(三)日常教学生活中"自主的学生"的现实建构及其观察

在理论构想的基础上,为了解和把握现实教育教学中"学生自主"的实际情况,笔者以实地研究的方式在一所九年一贯制学校进行了连续 6 周的蹲点观察和研究,力图对学校日常教学活动中"自主的学生"的建构及其实现的现实情况和实际问题进行考察和研究。以现实描述的方式呈现研究结果,主要从学校培养目标与学生分类系统、学生个体自我设定及其学校生活体验、课堂教学生活与教学关系、班级社会生活与同伴关系四个大的方面对"学生自主"的现实情态进行描述和呈现,从中揭示日常学校教学生活中学生如何实现了自主,又缘何未能实现自主。

（四）"自主的学生"的建构方式及其现实问题研究

立足于前面理论研究和实证研究的基础，本部分首先对日常学校教学生活中"自主的学生"是如何形成的问题进行了归纳与分析。我们认为"自主的学生"的形成和实现是一个"双向建构"的过程，即学校教学生活的外在建构与学生自我的内在建构。学校生活的外在建构形式主要有：意识形态的建构、制度规训的建构以及评价竞争机制的建构。而学生内在的自我建构过程则主要是在其对自我的理想设定、对教学活动的参与、对师生关系的相互度量及其在班级中的地位获得等过程中实现的。在此基础上，进一步分析了"自主的学生"面临的现实问题，一是现实教学中学生自主所面临的限制因素及其表现，二是学生自主的价值性和文化性的问题。最后，指出"自主的学生"及其自我的建构方式对于学校教育教学活动而言，无疑是一种"变革的力量"，教育教学活动应当做出调适与改进。

第二节　研究的思路和方法

一、研究的基本旨向：面向"自主"的个体学生

从最为基本的意义来看，我们认为，培养学生个体促进自身发展的积极意识、愿望与态度，以及帮助学生形成在自己成长和发展过程中应当具备的自我力量和实际能力，使之成为通过内在指引和能够自我操纵的自给自足的人，是学校教育应当实现和担当的理想和责任之一。但是，如前所述，在教育理论与实践中，这种"个体"意识曾一度是欠缺的，或者说是隐晦不明的。同时，这种"个体"愿望亦无从找到其现实的实现途径。正如，有研究者指出的，"如何确立个人的主体地位，如何培育个人的主体意识和独立人格，是教育在人的现代化过程中必然面对的重要问题。如果教育不能培育个体的主体意识，不能够培养个体的主体精神与独立人格，那么个人始终不能作为具有独立人格的自由主体在社会实践中发挥主体创造价值。这就必然造成个人主体的失落及其实践绩效的遏抑，造成某一时期教育去向目标的迷失。①"

我们认为，"自主"的学生首先必须是具体的个人，"学生自主"的实现很大程度上有赖于学生个体的主体意向及其能力。如果无法从个体的角度对

---

① 金生鈜. 反主体教育的反思与主体教育的构想［J］. 教育导刊，1995（12）：8—10.

"学生自主"的问题予以关注，那么我们在教育教学活动中所要建构的"自主"依然是抽象的，个体的学生仍然不能作为自由主体从中进行自主选择、自主决定的活动。

因此，我们有必要将学生个体从抽象的教育对象中还原出来，使之成为现实的、具体的、个别的人，对其在教育教学活动中所展示的个人特征以及身处日常教学生活中的个体方式予以充分的重视。只有立足于学生作为"具体人"或者说着眼于"个体的学生"的立场来思考"学生自主"的问题时，我们才有可能以切近的距离对下述问题予以真诚的关注：学生参与的日常教学，作为学生个体"追求意义"的内在建设过程如何才是可能的？在这个过程中，学生是如何理解周遭情境，如何看待他们自己的课堂经验，又是如何在此基础上构建起教育教学之于他们自身的意义的？进一步而言，当我们的学生"离开"日常教学的时候，他们如何将获得的经验与他们的生存方式建立联结，从而富有价值感地生活？甚至我们还有理由进一步追问，"被教育者通过学习，在耗费精力地学习课程改变自己的过程中，究竟带来了什么后果？"① 以及与这些问题相关的一个前提性问题，即怎样的教育文化才能保障学生"主体"的自由表达以及个体充分、完满发展的真正实现？

二、研究的依循范式：方法论意义上的"学生个体"

20 世纪 50 年代以来，在世界教育教学研究领域普遍流行乃至一直占统治地位的是"过程—结果（process-product）"取向，或者说是一种实证的研究取向。到了 20 世纪 80 年代，欧美国家的教学研究领域兴起了许多与之相抗衡的研究取向，典型的如，人种志（ethnography）、符号互动论（symbolic interaction）、现象学（phenomenological）、自然主义（naturalistic）、诠释（interpretive）、生活史（life history）等取向。这些众多取向尽管在具体的研究思想、研究过程与方法上具有不同特征、存在差异，但都表现出诠释、理解的共同特质，因此可以统称为诠释的研究取向。

研究取向或者说研究方法与研究问题往往是相辅相成的。在教学研究领域，诠释取向的出现，使人们开始将关注的目光投向课程和教学之中的"学生经验"、师生在一起共同生活的"真实概念"、隐藏在学校日常生活中的"深层结构"等问题。不难发现，这种研究更为关注学生作为独立的、具体的个体声音及其意义，认为"经由学生的声音可以了解学生如何建构自己，如何使自己成为命运的作者和创造者。了解学生的声音才能掌握人在符号、

① 周勇. 后现代文化中的课程论困境 [J]. 全球教育展望，2003 (3)：54—57.

语言和姿态上的需要。学生的声音是一种需求，来自个人的历史和传记是一种建构自己的需要，使自己产生意义，验证自己活生生的呈现。"① 可见，从学生个体深层的精神世界及其内在体验出发去探求课程与教学对学生个体发展的意义，是诠释研究的基本意向。

由此，我们认为，从学生个体的角度出发，对"学生自主"问题，尤其是对其在日常学校教学生活中的现实建构进行研究，诠释的研究取向是适宜而且必要的。

但是，进一步的问题是，我们如何从学生个体的角度展开研究呢？埃尔德加生命历程研究范式中有关个体自我的核心原理对我们具有启发意义：首先，个体的自我嵌入了历史的时空和他们生命阶段所经历的各种事件之中，同时，也被这些事件型塑着。其次，社会环境型塑着个体的自我。同时，个体也能够从中做出选择、建构自己的生活，但是所有的选择都不能离开社会环境提供的机会和社会规范的制约。再次，个体总是生活在各种关系组成的社会网中，"社会—历史"的影响经由这一共享的关系网络表现出来。社会文化和规范正是以这样的方式得以在代际之间传递和绵延，而文化特征也充分地体现在个体的自我内涵中。最后，生活场景的转变或生命事件中对个体自我的影响，也取决于它发生在个体生命的哪一个时代。不同年龄的个体以各自不同的生活背景面临新的境遇，他们可能会采用不同的方式经历社会变迁。②

由上，我们可以发现影响个体自我形成的主要因素有历史事件、社会环境、关系网络以及个体发展过程中遇到的关键事件等。从个体自我的形成过程来看，它既是社会环境型塑的过程，同时也是个体的自我选择和建构的结果。该理论同时指出个体自我的形成表现出个体差异与生存境遇的差异。这对我们立足于个体的视角对教育教学过程中"学生自主"问题进行研究具有重要的启发意义：首先，我们必须对影响"学生自主"的相关因素进行较为全面的分析；其次，"学生自主"的实现是外部建构和学生个体自我建构相互结合的过程；再次，"学生自主"问题的研究必然要关注客观存在的诸多差异问题。

三、研究的展开方式：理论建构与实践解读

如前所述，"学生自主"既是一个理论问题，亦是一个实践问题。针对

---

① 欧用生. 课程典范再建构 [M]. 台北：台北丽文文化事业股份有限公司，2003：71.
② 刘畅. 自我的重塑：对陕西关中地区外出女农民工的个案研究 [D]. 北京：北京大学，2003.

这一问题的研究，一方面需要进一步对其澄清理论基础，形成较为完整、明确的理论内涵；另一方面，需要面向实践，探讨在现实的教育教学活动中，"学生自主"何以可能和如何实现的实际问题。因此，本研究在研究方式上，力求理论研究与实践研究相互结合，从而为"学生自主"这个研究问题的展开及其理解提供较为全面的认识视角和研究资料。

本书对"学生自主"问题的探讨始于对中外教育史上关于学生观念的回顾以及在当前时代背景下学生形象的现实转变，意图为学生观的现实更新以及为"学生自主"的研究提供历史的认识背景。接着，侧重探讨的是"学生自主"的理论基础问题，即主要从哲学、社会学、心理学等相关学科分析并建立"自主"的丰富和全面的内涵，再具体落实到教育教学的语境中，对有关"学生自主"问题的已有研究进行清理，对"学生自主"进行初步的理论勾勒。这为后续的实践研究提供了前提的理论基础，以克服和避免盲目性。就如人们所认为的，"没有经验的理论是空洞的，没有理论的经验是盲目的。"理论的探讨和设想，也需要在后续的实践研究中得到进一步的丰富和修正。

本研究的实践研究部分，主要采用质性研究方式，通过笔者于 2005 年 10 月至 11 月间在北方城市 T 市一所九年一贯制学校进行为期 6 周的蹲点调查，运用随堂听课、深层访谈、参与活动等方法，辅之以文本分析、问卷调查等手段，广泛而深入地收集第一手的研究资料，力求具体、生动地展现教育教学现场"学生自主"的建构及其实现的实际状况。我们认为，学习是一个包含着"追求意义"在内的建设过程。正如有研究者指出的，"最适合研究孩子的思想如何发展的场所就是在教学情境中的学校和教室"①。立足于个体的学生对其日常的学校教学生活进行研究，能够帮助我们更为深入地理解和把握学生个体教育意义的获得。

根据实践研究的内容，进一步对教育教学过程中"学生自主"实现机制及其限度进行分析和归纳，对"学生自主"所蕴涵的教学论意义进行分析，并就相应的对策进行构想。这里，实践研究是后续理论探讨的基础。

在研究的展开过程中，我们认为应当处理好以下几方面的问题。

（一）对质性研究"理论"功能的认识

质性研究一般被认为擅长对研究现象进行深入的描述性分析，而对理论的建构力量则较为薄弱。这种认识，对质性研究的性质多少存在误解。我们认为，质性研究的"理论"要求和"理论"功能主要体现在以下几方面：首

---

① Lisbeth Divon-Krauss. 教室中的维高斯基：中介的读写教学与评量 [M]. 谷瑞勉，译. 台北：台北心理出版社，2001：6.

先，质性研究实际上对研究者有着较高的"理论"要求。比如，要求研究者具备敏锐的"理论触觉"，能够察觉资料的精妙之处，并合理地赋之以"意义"以及对其中的典型现象予以概念化的基本素养和能力。其次，质性研究特有的"深描"功能，使其对现实的研究现象具有非常强的洞察力、解释力，能够为理论的建构提供现实的基础和原始资料来源。再次，从研究立场来看，质性研究内在的批判气质，能够对研究对象的现实及其状况予以深入、全面的关注，可以为理论的建构提供多元的研究立场以及多维的分析视角。

（二）对研究"理论建构"目标的理解

良好的理论活动，应当既能鼓励对各种经验现实的探究，又要能包容对各种规范性问题的讨论①。在本研究中，有关"学生自主"的理论依据、逻辑内涵、理论表现、特征限度等都是在现实研究的基础上需要进行归纳和建构的，因此理论建构是本研究的重要目标之一。研究者 Sterner 为我们勾勒了理论建构（theory building）的一种模式②，如图 1 所示。

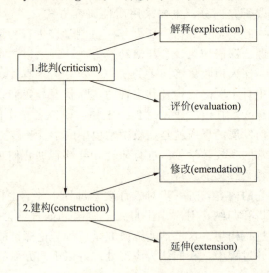

图1　理论建构模式

可见，理论的建构和发展需要建立在批判的基础之上，只有对已有的理论及其实践情况进行审慎的批判与修正，才能促使理论不断地完善与发展。因此，在现实研究中保持审慎的反思与批判意识是必要的。目前，有关教学

---

① 赵刚. 知识之锚 [J]. 读者，2005（3）：35-40.

② Good T L, Brophy J E. 课堂研究 [M]. 吴文忠，译. 台北：台北五南图书出版公司，1997：537.

与学生发展的研究多立足于教学对学生发展的正向功能的立场，主要探讨"什么样的教学对于学生发展是有用和有效的"，表现出"效用研究"的取向。而在本研究过程中，同时注重以反思和批判的视角对"日常的学校教学给学生的个体发展带来了什么"这个问题进行追问和思考。

（三）对质性研究"个性化"的解释

从研究者、研究现象以及有关研究现象的解释等方面来看，质性研究的确具有其明显的个性化特色。首先，研究者对研究问题的选定一般来说往往基于其个人独特的学术兴趣，以及对自己理论修为与研究能力的把握。从某种意义上来说，研究工作事实上是研究者个人向外界呈现自身研究意向和愿望的一种表达方式。其次，就研究对象来说，根据研究主题的需要，在本研究过程中，对来自教育对象的倾诉及其日常经验与表现予以充分的关注。这必然是"个性化"的。当然，就像保罗·弗雷勒曾经指出的："学生的经验不可毫无批判地加以重视，学生的声音也要加以批判地探讨，更不可过度浪漫化。"[①] 在研究过程中，对研究对象的经验及其意义的解读抱持审慎的态度是必要的。最后，从对研究现象的分析与解读来看，研究者对现象的解读以及"意义"的赋予，往往与研究者个人的研究视野、理论立场、实践体悟等是密切相关的。甚至，与研究者个人的成长和生活经历都有密切关系，因而有可能会渗入个人的情意和情绪。这可以说是我们内心深处曾经经验的反映，以及怀抱与追求的理想的寄托。关于这一点，狄尔泰也曾指出：对他人及他人生命表达的理解奠定于个人的生命体验（lived experience）和自我理解（understanding of oneself）这两者以及这两者持续不断的相互作用的基础之上。

---

① 欧用生. 快乐学习或安乐死？——体验学习的批判教育学意涵 [J]. 课程与教学季刊，2002（4）：107—124.

第二章

"自主的学生"：历史向往与当代要求

　　"教育"从其产生至今，就一直承载着人类的"希望"，这种"希望"最为集中地体现在人们有关"教育培养怎样的人"的教育理想中。对历史上各个阶段或者说各种教育理想的变迁过程及其基本表现进行回顾和考察，能够使我们在一个更为宽广的背景下理解和把握"教育"本身内在的追求与情怀，从而帮助我们形成对教育对象或者学生观更为全面和丰富的认识。教育对象观或者说学生观不仅是教育理论建构的起点，亦是教育实践所由施行的依据，因而具有重要的意义。值得提出的是，教育对象观和学生观是随着社会和时代不断发展，在理想和现实之间不断被建构的结果。因此，本部分在回顾历史的基础上，对教育对象的主体——青少年学生当前面临的文化变革背景，以及此种背景下学生观相应的变化和发展进行进一步的探究和讨论。一方面对当前出现的各种新的认识和见解进行认真的梳理，避免狭隘和片面，理智地把握其中的合理向度；另一方面则从现代的社会文化背景出发，进一步丰富和发展学生观的现代内涵。

第一节　回顾与反思："学生"理想的历史变迁

一、西方近代"学生"理想的主要线索及其意义

"他的名字叫爱弥儿，诞生于 18 世纪中叶，正值近代对个人自由关注的初盛期。他的父亲是让·雅克·卢梭（Jean-Jacques Rousseau），但他有许多养父母，其中有裴斯泰洛齐（Pestalozzi, J. H.）、福禄贝尔（Froebel）、蒙台梭里（Montessori, M.），一直到尼尔（Neill, A. S.）和伊里奇（Illich, I.）。爱弥儿是一个想象中的学生。他对教师和同伴充满着友爱，无需纪律约束。他学习是出于天生的好奇，学习东西是因为这些东西使他感兴趣。"①

这是行为主义心理学家斯金纳于 1977 年在其《自由与幸福的学生》一文中的一段评述。尽管，正如斯金纳所说，"爱弥儿"是卢梭所"想象"出来的一个学生，但是，从上述描述看来，培养自由人的教育理想是教育史上众多杰出教育思想家们持续的教育情怀。正是由于相同的追求与类似的情绪，从而使得"学生自由"成为一个影响深远的教育主题。

进一步而言，当我们回眸教育亘古发展的历程时，我们会发现教育思想家们对学生或者说受教育者的"想象"，总的来说，既有意见纷呈的纷繁景象，亦表现出内在相承的统一气质。比如，古希腊柏拉图、亚里士多德等先哲注重对"理性灵魂"的培育，把教育当做改造和发展人性的重要手段。柏拉图认为，"真正的教育""好的教育"应"促使灵魂的转向"，"使心灵的和谐达到完善的境地"②，"教育实际上并不像某些人在自己的职业中所宣称的那样。他们宣称，他们能把灵魂里原来没有的知识灌输到灵魂里去，好像他们能把视力放进瞎子的眼睛里去似的。"③ 在亚里士多德的教育思想中，也把人的理性灵魂作为智力教育的对象。夸美纽斯认为人要成为"理性的动物"，"只有受过恰当的教育，把教育当做改造和发展人性的重要手段，之后，人才能成为一个人"④，并浪漫地把理想的学校称做"光明的工场""建筑的艺

---

① 斯金纳. 自由与幸福的学生［M］//瞿葆奎. 教育学文集. 施良方，译. 北京：人民教育出版社，1989：515.

② 柏拉图. 柏拉图论教育［M］. 郑晓沧，译. 北京：人民教育出版社，1958：49.

③ 张法琨. 古希腊教育论著选［M］. 北京：人民教育出版社，1994：111.

④ 夸美纽斯. 大教学论［M］. 傅任敢，译. 北京：人民教育出版社，1984：39.

术""永恒的智慧的事业""上帝的羔羊群""苗圃""产妇的床""诗神竞赛的舞台"，等等。这些有关教育的见解以及对受教育者的"想象"对后世的教育产生着悠远而又深刻的影响。

例如，近代以来，先后出现了卢梭的极富浪漫色彩的自然主义教育理想、以康德和赫尔巴特为主要代表的特色鲜明的理性主义教育理想、杜威"儿童中心"论的哥白尼式革命等具有重要影响的思想。其他，诸如，自由教育学派、文化教育学派、存在主义教育思想、人本主义教育思想以及现代的社会文化建构论等，也都对"教育应当培养怎样的人"提出了自己的设想，并进行了描绘。我们大致可以将之归纳为几种主要的走向：关注"自由人格"、造就"理性之人"、培养"整体个人"。在此，本书将以此为线索，撷取其中最为主要的流派来深入地考察他们相关论述中的学生"想象"，从而为我们建立更为全面的学生观提供丰厚的历史背景。

（一）关乎"自由人格"

1. "儿童的发现"——浪漫主义的教育理想及其主要思想

我们把 18 世纪法国著名启蒙思想家与教育思想家卢梭和 19 世纪末 20 世纪初瑞典著名的女教育家爱伦·凯（Ellen Key）的教育思想称为浪漫主义的教育思想，原因在于：卢梭第一次饱含热情地呼吁"把儿童当儿童看待"，由此重建了人们对儿童的看法；虽然相跨近一个世纪，爱伦·凯继承了卢梭自然教育的思想，也倾力于改观人们对儿童及其发展的认识。

卢梭在其于 1762 年完成的教育名著《爱弥儿》中，通过其虚构的小说主人公爱弥儿从出生到成人的教育历程，系统地表达了其独特的"归于自然"的教育理念和教学思想。在卢梭看来，所谓教育要"归于自然"有两个基本含义：一是从目的上讲，教育要以发展人的善良天性为己任。二是从方法上讲，影响人发展的各种因素应以自然因素为中心或相一致，才能收到成效。自然教育的核心思想是强调教育要顺其自然，热爱和尊重儿童，根据儿童的发展阶段实施教育，以培养反封建的"自然人"。卢梭认为自然的安排应该是，让儿童在成年之前安心地当个儿童，童年"用自己的方式观看、思考与感觉"，特别是它有自己的一套理性形式：一种"敏感"或"稚气"的理性，不同于成人的"智性"或"人类"理性。[1] 他认为"儿童是有他特有的看法、想法和感情的；如果想用我们的看法、想法和感情去代替他们的看法、想法和感情，那简直是最愚蠢的事情。"[2]

---

[1] 柯林·黑伍德. 孩子的历史：从中世纪到现代的儿童与童年 [M]. 黄煜文，译. 台北：麦田出版股份有限公司，2004：40.

[2] 卢梭. 爱弥儿——论教育 [M]. 李平沤，译. 北京：商务印书馆，1978：91.

卢梭认为，人最重要的自然权利就是自由，教育必须使儿童的身心得到自由的发展。为此，他坚决反对压制儿童的个性，反对强制灌输，反对严酷的纪律与体罚。他要求尊重儿童的自由，让儿童有充分自由活动的可能与条件，把儿童培养成自由的人。他主张自然教育，使儿童从社会因袭的束缚与压力下解放出来，回归人的自然状态，遵循人的自然倾向。教育的使命就是尊重儿童的天性和要求，使其本性、禀赋、能力免受外界影响，得以自由发展。

爱伦·凯自幼生活在一个崇尚自由民主的家庭环境里，她在教育学说上基本秉承卢梭的自然教育理论，力求培养有理想和富于创造精神的"新人"。

爱伦·凯首先指出了儿童个性发展的意义。她指出，"小孩子一生到世界上，是挟着种族历来的遗传性质而来的。顺应了环境以后，这些遗传性质受到修正。但是小孩子同时还显出一种与该种族的式样相异的倾向，这是一种变化，可以叫做个性的发展。"[1] 因此，绝不能把"儿童"当做一个抽象的概念，看做是一个没有个性的肌体和一个可以被人们任意捏塑的东西。爱伦·凯明确认为，人们"没有权力为这个新生命制定法则，正像他们没有能力为天上的星辰指定运行轨道一样"[2]。他们根据自己所认定的法则，从事自己所决定的事情，虽然遭到全世界的反对，也不屈服，这就是有个性的人。她指出，顺应人的发展途径和环境的变化规律，是教育所必须根据的"必然之理"。爱伦·凯提倡教育的新方法，即允许自然静静地、渐渐地任其自然进行，教育者只需注意儿童周围的活动环境。教育者应完全地与儿童亲近，将儿童作为与自己同等的人而相待。她认为教育的目的应是创造一个外表与内部都美丽的世界，使儿童能在其中生长与自由活动，而以不侵犯他人权利的永久不变的境界为限[3]。父母和教师应该在儿童的内心和外界创造出一个美丽的世界，让儿童在这个世界里自由地成长。

在研究儿童个性的基础上，爱伦·凯提出应该建立适合于每一个人的理想学校。在那里，儿童能够与实际生活相接触，他们的个性可以得到自由的、充分的和健康的发展。爱伦·凯认为理想的学校应该开展以儿童为中心的活动。她尖锐地批判旧的学校制度，指出注入式教育的结果造成儿童的脑力消耗、神经衰弱、创造力受到限制、进取心丧失以及对周围事实的观察力迟钝。在爱伦·凯看来，旧学校制度有百弊而无一利，表面上看，儿童在学校里是为了获得知识，实际上，这种知识的获得是以牺牲自己的个性为代价的。她提倡使儿童接触到真正的生活，在各方面遇到人生之真经验；儿童不

---

① 夏之莲. 外国教育发展史料选粹：下册 [M]. 北京：北京师范大学出版社，1993：393.

② 爱伦·凯. 儿童的教育 [M]. 沈译民. 译. 北京：商务印书馆，1934：82.

③ 单中惠，杨汉麟. 西方教育学名著提要 [M]. 南昌：江西人民出版社，2004：304.

仅需要了解蔷薇，还需要了解蔷薇上的刺①。学校的教学科目，应一任儿童自由选择，不加强制，废除强压在学生头上的课业和家庭作业，只有这样，才能让学生自己活泼地学习，才有利于学生个性的发展，才有利于学生的身心健康。

当然，爱伦·凯强调自然的教育，反对干涉儿童的自由以及压抑儿童的个性发展，并不是主张对儿童放任自流。在她的教育实践中，她对儿童总是"先把他当做一个社会的人类看待，而同时培养起他的个性来，使他变成一个有独立性质的人类"②。这种教育"须用排好了次序的经验，一步一步地教那孩子，使他知道自己在这庞大而有秩序的生存世界中的位置；教他知道对于环境所该负担的责任。"③ 一方面，"凡足以表现他的生命的个人的特质，假使他们并不损害孩子自己或他人，就一个也不可压抑。"④ 这样的教育，将一改旧式人类"干干净净的小伙子，娇娇滴滴的小姑娘，威威武武的官僚大人，等等"，而成为"有更高理想的新人类——独辟蹊径的发现者，独倡新理的思想家，冒犯众怒的改造家"⑤。

从卢梭以及爱伦·凯的思想中，我们可以看出他们都非常重视尊重和保护儿童天真、自然、淳朴的个性，以及自由的权利和自我成长的能力。这种思想，尤其是卢梭的思想在当时的教育背景下无疑具有"启蒙"的意义。正如，杜威后来所评价的："我们现在追求的教育进步，其要点已被卢梭一语道破。他认为教育不是把外面的东西强迫儿童或青年去吸收，而要使人类与生俱来的能力得以生长。卢梭以来的教育改革家无不注重从这个观念出发，去进行种种的研究。"⑥ 爱伦·凯对儿童的个性发展进行了进一步的研究，在倾情倡导儿童自由的同时，也提出要对儿童的自由予以理性的认识，并通过必要的秩序来规范儿童的责任。

2. "自由的儿童"——"自由教育学派"的教育理想及其主要思想

"自由教育"思想于19世纪末20世纪初产生于欧洲教育革新运动之中，并在20世纪前半期成为一种影响广泛的西方教育思潮。意大利的蒙台梭利（M. Montessori）以及英国的罗素（B. Russell）和尼尔（A. S. Neill）是主要的代表人物。"自由教育"思想批判传统的旧教育，提倡尊重和热爱儿童，强调儿童个性的自由发展，提倡在学校中给儿童最大的自由和爱。

"自由"是蒙台梭利教育理论体系的最基本原则之一，"这一原则允许儿童个性的发展和天性的自发表现。……正是在自由的原则下，幼儿的自我表

① 单中惠，杨汉麟. 西方教育学名著提要 [M]. 南昌：江西人民出版社，2004：303.
② 夏之莲. 外国教育发展史料选粹：下册 [M]. 北京：北京师范大学出版社，1993：394.
③④⑤ 同②，第395页。
⑥ 杜威. 明日之学校 [M]. 朱经农，等，译. 北京：商务印书馆，1926：1.

现才会慢慢地变得日益明显，并真实的表现他们的本性。"① 因此，教育者应该观察自由儿童的自我表现，研究儿童的本性。蒙台梭利认为指出儿童的生命潜力是通过自发冲动表现出来的，其外在表现就是儿童的自由活动。在自由活动中，儿童能体验到自己的力量，从而极大地激励自己的发展。她强调，要在充分挖掘儿童潜能的基础上帮助儿童形成自主、自信、独立、创造的精神，使儿童经过从 0 岁至 18 岁不同阶段的努力，在自信的基础上具有各方面的适应能力。

罗素则提出，教育要尽可能地减少权威，而给予儿童更多的自由，更好地发展个人的自由，既包括见解的自由，也包括行动的自由。为了培养理想的人，罗素主张实施自由教育，反对在教育中采用压制的方法。他在《教育和美好的生活》一书中强调指出："压制是一个坏方法，因为它从未真正成功过，而且因为它会造成心理失常。"② 他认为，儿童的学习有自身的规律，任何强迫儿童学习的企图都是错误的。自由的教育，应当能让孩子们自由自在、无拘无束地成长，使他们能够根据自己的天性充分地发展。

尼尔的自由教育思想显得更为激进，他认为，"自由发展就是让一个孩子自由地发展，使之在心理和情感方面都不受外来权威的管束和压制。"③ 尼尔强调指出，教育的目的应该是把儿童身上失落的东西——自由还给儿童，使儿童拥有充分的自由，使他们的生活不被恐惧和仇恨所损害，使他们的人格得到健全的发展。在尼尔看来，干涉儿童的天性就是专制。儿童需要自由，因为只有在自由的气氛下，他们才能得到自然的发展，向好的方面发展。一切教育制度的基本要点，就是要使每个儿童都能实现自己理想的幸福。"孩子生来就是明智的和现实主义的。如果听任他自己而没有一点成人的暗示，他将尽其所能地发展起来。"④

由此，尼尔主张建立一种新的教育制度，以使得每个儿童都能实现自己理想中的幸福。他曾尖锐地批判传统学校缺乏对儿童的了解和热爱，认为"一所使活跃的儿童坐在课桌上学习几乎全部无用的功课的学校是一所坏学校"。⑤ 他的理想学校，他所创办的实验学校——萨默希尔学校打破了传统学校的做法，"我们必须放弃一切纪律，一切指导，一切暗示，一切道德训练，

---

① 单中惠，杨汉麟. 西方教育学名著提要 [M]. 南昌：江西人民出版社，2004：307.
② 华东师范大学教育系，杭州大学教育系. 现代西方资产阶级教育思想流派论著选 [M]. 北京：人民教育出版社，1980：107.
③ 尼尔. 夏山学校 [M]. 王克难，译. 海口：南海出版社，2006：61.
④ 同②。
⑤ 同②，第 138 页。

一切宗教教学"①。尼尔强调学校必须给儿童一种完全自信的感觉，培养儿童的自信心，使儿童对自己、对他人和对世界充满信心，并具有积极乐观的进取精神。

"自由教育"派在积极倡导尊重儿童自由的同时，并没有把自由与纪律或者约束对立起来，而是辩证地认识到自由和纪律是相辅相成的。蒙台梭利强调指出，儿童的自由是有范围和限度的，而不是让儿童放任自流或让儿童为所欲为；同时，纪律是建立在儿童的自由活动之上的。她说："自由和纪律是同一事物不可分离的部分——就像一枚铜币的两面一样。"②

罗素同样认为，"自由教育"并不意味着对儿童的自流放任、儿童想做什么就做什么。他指出，"自由教育"事实上必然含有纪律和权威的因素，只是要尽量减少外在权威。一定的纪律与约束对于儿童教育来说同样是必要的、不可缺少的。在教育中虽然要尊重儿童的自由，但不能给以绝对的自由。在罗素看来，绝对的自由不利于儿童养成良好的习惯和品性，"自由教育"的原则与方法的关键，在于自由和纪律之间的巧妙结合。

尼尔也认为，自由并不是放纵儿童。1966 年，他还专门撰写了《自由——不是放纵》一书，指出既没有绝对的自由，也没有绝对的限制。他认为，自由并不是对儿童的溺爱，而是表明儿童与儿童、儿童与成人之间的平等和尊重。只有让儿童具有充分的自由并懂得尊重他人的自由，才会是真正的自由教育。尼尔还提出，儿童的自由并不排斥外界对他的影响。学校应该通过自然的环境、自由的气氛，提供儿童充分表现自己的机会和可能来对儿童产生影响。对儿童的影响并不是对儿童的控制，并不是以成人的意志来代替儿童自己做出选择。尼尔认为，真正的自由教育应该是，一方面把儿童的控制减少到最低的程度；另一方面为儿童的发展提供积极的影响。

3. "儿童变成了太阳"——杜威教育思想的理论情怀及其实践意涵

约翰·杜威是美国著名的实用主义哲学家和教育家，他的"儿童中心论"可谓是教育领域里的哥白尼式革命。"儿童是教育的中心"与杜威哲学的"经验人"的人性假设有着密切的关系。

杜威教育理论中的"经验人"假设的内涵主要有以下几个方面。

(1) 人与社会的关系假设。杜威认为人首先是社会和自然的一部分，他非常重视"社会之于个人"的意义，认为"一个人成为什么人，看他在和别人联合生活中，在和别人自由交往中是什么人"。③ 人正是在环境中通过自身

---

① 华东师范大学教育系，杭州大学教育系. 现代西方资产阶级教育思想流派论著选 [M]. 北京：人民教育出版社，1980：139.

② 扈中平，陈东升. 中国教育两难问题 [M]. 长沙：湖南教育出版社，1995：252.

③ 杜威. 民主主义与教育 [M]. 王承绪，译. 北京：人民教育出版社，1990：130.

的行动即实践来获得经验的发展，最终完成一个人的教育历程。儿童天生具有依赖性和可塑性，从社会的观点看，"依赖性指一种力量而不是软弱，它包含相互依赖的意思"①，"可塑性是保持和提取过去经验中能改变后来活动的种种因素的能力"②。杜威还认为，初生儿童天赋具有爱好活动的本能，并能够依凭活动结果带来的苦乐而调整其活动和控制活动，借以适应环境的需要并在此基础上改造环境。儿童天赋的这些潜在力量是强烈的，教育必须尊重和利用它们。

（2）人的价值假设。杜威认为人在教育中所获得的最大价值就是个体经验的发展。他明确指出，"只要千篇一律地对待儿童，就不可建立一个真正的科学的教育学"③。因此，在教育中教师要熟悉他的每一个学生，并且"使他们充分发挥其能力而得到适应"。"教育并不是一件'告诉'与被'告诉'的事情，而是一个主动的和建设性的过程"④，个体在主动建设的过程中完成了"经验的改组或改造"。因此，他主张给教育一个自由创造的空间，给儿童的个体经验一个自由发展的空间。

（3）人的需要假设。杜威认为人在教育中的最大需要是自由。杜威认为"一个前后一贯的教育计划就应该充分允许给予自由以促进那种生长"⑤，只有给予学生自由，才能促进学生成长。但正如他说的，这种自由不是人们传统观念中的那种绝对自由，而是在具体的环境中、在不损害别人利益前提下的相对自由。也可以说是杜威所说的"新自由"，即"提供机会，使他尝试他对于周围的人和事的种种冲动和倾向，从中他感到自己充分地发现这些人和事的特点，以至他可以避免那些有害的东西，发展那些对他自己和别人有益的东西"⑥。

由此，杜威认为需要树立一种全新的教育观点，"现在，我们教育中将引起的改变是重心的转移。这是一种变革，这是一种革命，这是和哥白尼把天文学的中心从地球转到太阳一样的那种革命。这里，儿童变成了太阳，而教育的一切措施要围绕他们转动，儿童是中心，教育的措施便围绕他们而组织起来。⑦"

因此，他指出，必须站在儿童的立场上，并且以儿童为出发点来考虑课

---

① 杜威.学校与社会·明日之学校·我的教育信条 [M]. 赵祥麟，等，译. 北京：人民教育出版社，1994：48.

② 同①，第50页。

③ 同①，第297页。

④ 杜威. 民主主义与教育 [M]. 王承绪，译. 北京：人民教育出版社，1990：42.

⑤⑥ 同①，第297页。

⑦ 杜威. 学校与社会 [M] //杜威教育论著选. 赵祥麟，王承绪，编译. 上海：华东师范大学出版社，1981：31—32.

程、教材与教学。他认为，"儿童和课程仅仅是构成一个单一的过程的两极。正如两点构成一条直线一样，儿童现在的观点以及构成各种科目的事实和真理，构成了教学。从儿童现在的经验进展到有组织体系的真理，即我们称之为各门科目的东西是继续改造的过程。"① 杜威深刻地批判了赫尔巴特的"无人"的教育观，他认为，"赫尔巴特的哲学考虑教育的一切事情，唯独没有考虑教育的本质，没有注意青年具有充满活力的、寻求有效地起作用的机会的能量"②。

对教师来说，儿童中心地位在教育中的确立并不意味着任务的减轻和责任的解脱，杜威指出教师不应该采取"放手"政策。他谈道："'放手'政策和任何别的方针同样有那么多成人强加的影响，因为采取这种方针，就是年长的人决定让儿童任凭偶然的接触和刺激摆布，放弃他们的指导责任。"③ 就教育过程来说，它是儿童和教师共同参与的过程，也是儿童和教师真正合作、相互作用的过程。杜威认为，这种教育过程也许意味着比在传统学校里更复杂和更亲密的儿童和教师之间的接触，其结果是儿童更多地而不是更少地受到指导。因此，教育必须要从社会的整体环境和文化背景着手，创造一个适合儿童天性的新环境，激发儿童认识周围事物的兴趣，培养他们的探索精神和创造能力。

（二）造就"理性之人"

理性主义教育思想于 18 世纪中期在德国产生，具有明显的德国特征。康德（I. Kant）是其主要的代表人物。理性主义教育思想对 19 世纪德国以及其他欧洲国家的教育思想都产生了非常大的影响，瑞士教育家裴斯泰洛齐以及德国教育家赫尔巴特和福禄培尔等都在不同程度上受到了影响。在教育问题上，裴斯泰洛齐被称为是比康德本人更好的"康德主义者"，他的社会观点和心理过程的一般概念跟康德的观点非常一致。继裴斯泰洛齐以后，德国教育思想家赫尔巴特提出了其教育思想的哲学基础，即所谓的形而上学的实在论。赫尔巴特本人曾称自己为"1828 年的康德派"，他的教育思想与康德的教育思想有着较大的联系。理性主义教育思想高举"理性"旗帜，唤醒了人们的自我意识，使每个人都看到了自身的价值和自我发展的潜力。

康德的教育观点是在卢梭的影响下形成的，尽管他在许多具体问题上接

---

① 杜威. 学校与社会 [M] //赵祥麟，王承绪，等，译. 上海：华东师范大学出版社，1981：81.

② 同①，第 76 页。

③ 杜威. 芝加哥实验的理论 [M] //杜威教育论著选. 赵祥麟，王承绪，编译. 上海：华东师范大学出版社，1981：324.

受了卢梭的思想，但是并没有无条件地追随卢梭，而是根据德国的现实条件对卢梭的自然教育理论做出了许多修正。因而，他也最终并未成为一个自然主义者。为了证明人是需要教育的，康德把"动物"作为"人"的参照物拿出来研究"人性"，并得出了结论："只有人是需要受教育的"①，而动物则不需要；人只有接受教育，区别于动物的人的潜在的"理性"和"善"等"种子"才能够萌芽、发展，人才能超越动物界，成为真正意义上的人，所以"人只有靠教育才能成人"②，"人必须受教育"③。

理性主义教育思想强调人类精神的自我能动性，认为人就其本性来说，乃是一种精神的存在。人的本性不同于人的自然天性。德国哲学家黑格尔就认为，儿童的生活开始总是受天性的束缚，此时他仅仅表现为一个有感觉的动物，而不是一个思想的生灵。因此，需要用教育去突破人的天性的屏障，使其从"天性的自我"上升到"精神的自我"。

在康德的教育观中，"服从"与"自由意志"是一对重要的关系。康德注意到要使抑制的服从与儿童的自由意志协调起来。在"自由"与"抑制"之间是否存在对抗性的问题上，"自由意志"是指自我决定的自由，而不是自我行动的自由。因此，康德认为教育的目的是使儿童能够从自身找到支配自己行动的法则，而只有将外部限制变成内部法则，他才称得上有真正的自由。

赫尔巴特是西方近代史上有着重要影响的教育家。他的教育理论总体上反映了 19 世纪初德国资产阶级兼具保守和进步两重性的特点，这主要表现在其关于教育目的和儿童管理的论述中，而他关于学生的观点从这些方面也可略见一斑。

赫尔巴特认为，从教育的本质看，教育目的应当是多方面的。归结起来，教育目的可以分为两部分：即"可能的目的"（或称"选择的目的"）和"必要的目的"（或称"道德的目的"）。所谓"可能的目的"是指与学生将来选择职业有关的目的，是他们在将来按照他们的心向或多或少都会遇到的目的。所谓"必要的目的"是指儿童将来不管从事任何活动，都必须具备的完善的道德品格。因此，他要求教师必须"关心学生将来作为成年人本身所要确立的目的"，"为使孩子顺利地达到这些目的而事先使其做好内心的准

---

① 赫尔巴特.普通教育学·教育学讲授纲要 [M].李其龙，译.北京：人民教育出版社，1989：1.
② 同①，第 16 页。
③ 同①，第 117 页。

备"①。在赫尔巴特看来，教育者更应关注的目的是"必要的目的"。他曾明确指出："一个青年人纯粹出于得到好处的目的想向某一位教师学习什么本领和知识，这对于教育者来说是无关紧要的，好像他选择什么颜色的衣料做衣衫一样。但是，他的思想范围是如何形成的，这对于教育者来说就是一切。"② 也就是说，教育者最应该关心的是如何培养学生完美的道德品质，发展他们敏锐的认识能力和坚强的意志，使他们能够克服各种盲目的冲动，成为安分守己以及毫无怀疑和反抗现有制度的人。

在儿童管理方面，赫尔巴特的观点相当鲜明。他把教育分成三部分，即管理、教学和训育。他认为在教学之前，首先必须对儿童进行管理。管理的主要目的"是要造成一种守秩序的精神"③，管理能为顺利进行教育、教学创造必要的条件。他认为，"如果不坚强而温和地抓住管理的缰绳，任何功课的教学都是不可能的"④。这是因为，儿童生来就"具有一种处处驱使他的不驯服的烈性"，身上存在"盲目冲动的种子"，以致经常"扰乱成人的计划，也把儿童的未来的人格置于许多危险之中"。如果对于这种"烈性""冲动"不从小加以"约束"，那么，儿童就不仅学业难成，而且有可能在将来发展成"反社会方向"。所谓管理，就是教育者为了克服和约束儿童的"烈性"和"冲动"而必须采取的措施。具体的措施如下。

（1）惩罚的威胁，即以惩罚威胁儿童，不许他们随心所欲。

（2）监督，即对儿童加以严密监视、督促。赫尔巴特认为"放任儿童撒野、不予监督、不予教养"，则绝不可能将他们"培养成伟大人物"。⑤

（3）命令和禁止。赫尔巴特提出：教师必须有充分的保障，即儿童对于他可以立即地"服从""整个地服从"，哪怕这种"服从"类似于"突然压制的规条和军旅化的严苛手段。"⑥

（4）惩罚。赫尔巴特提出，当教师必须采取惩罚、禁止等严厉"管理"手段时，"教师必当为冷静的、简明的与严苛的"。⑦

（5）权威和爱，这是管理的一种辅助手段。赫尔巴特认为："人心屈服于权威，因此在压制一种倾向于邪恶的、正在成长的意志，权威可以有很大

① 赫尔巴特. 普通教育学·教育学讲授纲要 [M]. 李其龙，译. 北京：人民教育出版社，1989：137.

② 张德伟. 赫尔巴特的知识主义教育思想 [EB/OL]. (2007－07－17) [2011－05－19]. http://club.jledu.gov.cn/? uid－33－action-viewspace-itemid-4079.

③ 同①，第37页。

④ 张焕庭. 西方资产阶级教育论著选 [M]. 北京：人民教育出版社，1979：268.

⑤ 同④，第269页。

⑥ 同①，第36页。

⑦ 同①，第228页。

的用处。"① 所谓"爱"，则是指情感的交流与和谐，他主张教育者应通过爱抚等手段深入儿童的感情，使二者以特殊的方式沟通。

（6）不给儿童空闲，即通过组织儿童游戏，或给儿童讲故事等活动，将儿童的空闲时间占领下来。

训育和管理、教学一样，是赫尔巴特教育学的组成部分之一。他认为，从管理到教学存在着一个过渡阶段，这个过渡阶段即"训育"。训育的对象是脱离幼儿期有待正式施教的儿童。训育与管理共同的特性是"直接在儿童的心理上发生作用"，即制约、规范儿童，在他们身上"培养一种有利于教学的心理状态"，以便为教学铺平道路。训育与教学的共同之处在于其"目的在于教养"。就训育的方法而言，赫尔巴特一方面要求"注意防范儿童热情的冲动，避免情绪有害地爆发"，为此，要求约束学生，确立行为的规则，使学生服从教师的指示。另一方面，他又强调，训育与管理的压制的方法从根本上是对立的，"训练的调子完全不同——不是短促又尖锐的，而是继续不断的、坚持的、慢慢渗透的，并且是逐渐停止的"，它"被感觉到是一种陶冶的原则"②。他认为除不得已时的惩罚外，给儿童以应得的赞许是进行训育的可取办法之一，还要求教师要"自始至终用温和的感情，耐心的嘱咐，同时还用宽宏的态度"来对待儿童。③

（三）面向"整体个人"

1. "生命个体总体生成"——文化教育学派的教育理想及其主要思想

文化教育学思想是 20 世纪 20 年代产生于德国的一种思潮。德国哲学家狄尔泰（W. Dilthey）是文化教育学派的先驱，其生命哲学理论是文化教育学思想的主要基础。文化教育学派的主要代表人物是斯普朗格（E. Spranger）和李特（T. Litt）。它主张以文化财富去陶冶学生，追求个性的养成和人格的发展。面对西方社会的危机，文化教育学思想实际上是一种新的教育观和新的生命观，认为教育应当促进"生命个体总体生成"，以反对人的片面和畸形发展，强调人的全面发展。

"体验""表达"和"理解"是狄尔泰精神科学理论体系中的三个重要范畴，它们在全新意义上阐释了教育的本体意义，为教育观念和教育思想的更新输入了新的生命活力，对 20 世纪的教育彻底摆脱古典教育学的桎梏具有

---

① 张焕庭. 西方资产阶级教育论著选［M］. 北京：人民教育出版社，1979：270.

② 同①，第 295 页.

③ 同①，第 297 页.

重要的意义，并使人们认识到"教育意味着人的一种极其深刻的精神变革"①。狄尔泰在《什么是教育学》中写到："以德国赫尔巴特、瓦茨、车勒和英国的斯宾塞等为代表的 18 世纪教育学，与当代教育观念、教育理论、教育目的发生了全面冲突，这一冲突表征在对教育目标、原则、课程价值进行评价的焦点上。今天，赫尔巴特教育学已经促成了极端的倾向，即不考虑民族的差异性，以及国家对现存学校制度的需求而树立一个死板的模式，这种教育哲学理论上的失误使学校的教育陷入危险境地。在当今学校教育这一狭窄而死寂的领域，令人惊讶地又重演了 18 世纪没有人的教育的悲剧。一种热衷于追求抽象的和普遍有效性的理论，肆意强行作用于充满生命意义社会的历史性秩序。"②

在狄尔泰的理论体系中，"体验"是一种主体和对象之间的关系，体验者与其对象不可分割地融合在一起。其中对象对于主体的意义不在于它是可以认识的物，而在于在对象上面凝聚了主体的客观化了的生活和经验。这就使得主客体关系化成了"每个个体自己的世界"。狄尔泰进一步将这一"体验"之意与教育联系起来，从教育哲学的高度对教育的本质做出了重新的理解，并从中恢复了"教育"一词的本来意义，即"抚育""自身生成""引导""唤醒"等意涵。在教育活动中，只有正确地把握教育过程中的"生活体验""生活关系"，才能真正把握人的本体和教育的本体。

"表达"是一个客观化的范畴，它使得人类内在精神体验以外在物质符号的形式（如，语言、姿态、文字或艺术符号、科学符号、行为符号等）得以保存下来。在这里，"表达"的教育学意义在于这一范畴使得教育的文化积淀和保存功能得以凸显，教育的全部过程也因而成为以过去"积淀的"人类文化知识"传递"给今天的新人，使其获得知识的同时也获得全面实现潜能的能力，去"创化"更新更美的文化财富。"正是在教育的文化的积淀、文化传承、文化创化三个维度上的总体意义上，'教育是文化的别名'（斯普朗格语）"③。

"理解"活动在狄尔泰看来，是主体参加介入的总体体认活动，这一活动带有主体自身精神人格的主观性。因而，理解不是一个单纯的主体对客体的单向涉入，而是对象作为另一个人（你）同我的对话过程，一个自我揭示的行为和价值生成过程。以此来考察教育活动，"理解"的意义在于：一方面，使得"书本"成为一种"本文"，受教育者在解读、理解这种人类文化符号的特殊形式过程中，达到了我与他人的情感、意识、人格力量的沟通，

---

①③　邹进. 狄尔泰的精神科学理论和文化教育学思想 ［J］. 北京师范大学学报：社会科学版，1988（4）：83－89.

②　邹进. 现代德国文化教育学 ［M］. 太原：山西教育出版社，1992：46.

达到了对自己小我的超越，对历史局限性的超越。另一方面，则极大地凸显了教育的主体性。狄尔泰认为，教育过程正是学生创造才华的展露和生命蓬勃的展示，这种具有理解者个人特色的理解活动绝非单纯认知过程（刺激—反应过程），而是一个本体意义的"历史活动"进程。"在教育主体相互整合过程中，将强调的是主体自身的统摄、凝聚、选择、汰变和超越力量。"① 由此，教学过程中教师和学生之间不再是主体对客体的单向灌输和塑造，而是一种"你—我"间的"对话"关系。

在上述论述基础上，狄尔泰提倡建立一种全新的教学关系模式，使教育过程成为人的生活体验过程和"追体验"过程，使传统教育中的单一的"知的教育"变为知、情、意全生命的活生生教育。从而把"总体的人"作为教育培养的目标，并由此告别赫尔巴特的理论模式，走向"新人生成""引导唤醒"的全人教育理论。

斯普朗格从狄尔泰的精神科学思想出发，认为文化由四个主要部分组成，即团体精神、客观精神、规范精神和人格精神。其中，前三种超个人的文化部分成为"客观力量"。"客观力量"必须依赖于个体的体验与汲取，才能使其生命持续丰富，而个体的人格精神也必须借助于"客观力量"的接触与充实才能完成。个体既是"客观力量"——文化的载体，同时也是它的主体；个体既依赖于"客观力量"，但同时也是独立的。文化与个人的关系是一种"生动的循环"：个人的成长，是个人的主观精神接受客观文化的影响，个人是文化生命的一个关键；另一方面，个人的主观精神是通过其创造活动，发展和创造文化的。

由此，他认为教育是一个从客观文化价值到个人的主观精神生活的转化过程。教育的重要性不在于使人单纯获得死的知识，而是使人通过文化价值的摄取，获得人生的全面体验，进而陶冶自己的人格和灵魂，达到灵与肉"全面唤醒"的高度，成为多维的人——全面发展的人。斯普朗格同时注意到，不同的人、不同的发展方向、不同的体验方式、体验深度和陶冶程度，使得每一个人的发展都与别人不相同，而呈现出自身的不可替代性和不可重复性——教育个性化和自身境遇化（典型环境）。每个人的教育都要适合于自己的本性与境遇，只有真正体验自己内心世界的美、悲、喜、崇高、雅、真、人生感，方能唤醒自己沉睡的灵魂，而成为一个内心世界丰富、趣味高尚的人。

"陶冶"一词在文化教育学派中占有特殊的地位，其意指一种精神上的内在的深刻转变和自我形成。达到"完成陶冶的人"，是李特的教育理想。

---

① 邹进. 现代德国文化教育学 [M]. 太原：山西教育出版社，1992：50.

李特认为，陶冶是在人的"内在形式"与"外在世界"之间所进行的一种精神上的、内在的深刻转变活动。"内在形式"指人的存在、精神、个性以及人之为人的一切；"外在世界"则是指人们所处身的客观环境，它包括学校、家庭、社会、团体等。"内在形式"与"外在形式"的矛盾是天然存在、无法避免的。消除这种紧张，并谋求"内在形式"和"外在世界"的和谐统一，正是陶冶的主要任务。在李特看来，陶冶的首要的和根本的作用就是把人塑造成人，就是培养和发展他的人性。他认为的"完成陶冶的人"，其人格具有完整性，在各种环境中对任何刺激、可能性都处之泰然，呈现出本真的"秩序"，也就是将"内在形式"和"外在形式"和谐统一起来的人。

　　李特反对将学生看做是"知识容器"，而强调学生的主体地位。同时，他也指出，被教育者接受陶冶的活动，并非完全受动的，也非纯心理的、主观随意的行为，而是包含创造的因素。在陶冶过程中，被教育者应充分调动其主观能动性，激活自己的想象力、直观能力、体验能力和感悟力，并进行开拓、补充和再创。同时，被教育者由于其所处的地位和境况的不同，以及性格、气质的差异，往往会呈现出千差万别的"陶冶可能性"。

　　李特认为，学校"应该是以符合青年人精神状态的形式，把青年与超出青年或不同于青年的事物，即'客观文化'联系在一起的地方"①，这是学校的"第一个基本作用"。"学校以教学论上简化和条理化的模式，把青年即将涉足的文化现实介绍给他们。因此，学校所谓的'脱离'生活，实际上正是为同生活结合作准备"②，在这里，李特的观点是明确的：学校应当是学生学习和掌握"客观文化"的地方，这种客观文化可能暂时脱离社会的现实生活。然而，他同时强调，在这"脱离现实生活"的校园里，学校应当"慎重推敲地引导，成长中的一代人才有可能面对现实得出自己的见解"，并且在青年一代身上"保护和培养未来所需要的力量"③。"学校应当在一定高度上寻找文化生活的价值。这一高度应超越日常的忧虑和需求以及一时的谋略。"④ 为此，李特主张，学校教育的第二个作用是"在教学和生活中给青年人在人的价值追求方面树立一种高尚的思想境界。"⑤

　　2. 人诗意地活着——存在主义的教育理想及其主要思想

　　在教育哲学史上，存在主义教育思想可以说是一株奇葩，它始终关注着人自身的发展以及人的主体性、自由、选择的权利与责任等问题。雅斯贝尔斯（Karl Jaspers）可以说是存在主义教育哲学思想之集大成者，他的教育专著《什么是教育》充分阐释了他的教育思想，使他成为对教育问题进行较为系统、深入探讨的为数不多的存在主义哲学家之一。

---

①②③　瞿葆奎. 教育学文集·联邦德国教育改革 [M]. 北京：人民教育出版社，1991：166.
④⑤　同①，第 167 页。

存在主义教育思想认为，人是"教育的主体"，要在"发现自我的境遇中进行人的自由发展"才是教育之目标，教育的目的是要实现"本真的人"。所谓"本真的人"，存在主义教育家认为，他是一个"意识到自由，意识到一种个人价值体现的行动的选择，本真的人对自我的界定从不依附于别人或外在力量。""本真的人"能意识到自由选择的权利，这种选择是在没有任何外在规范、束缚的情况下进行的，并为此选择的后果担当责任。存在主义教育家痛砭不合理教育对人的个性摧残，认为学校教育把学生标准化（standardization）、归类化（categorization）、平均化（average）。总的来说，存在主义教育的教育观是一种"自我生存论教育观"，并以"自我生成""自我创造"作为"教育的出发点，着眼点和归结点（目的）"①。

存在主义教育思想认为个人对自己的知识建构负有责任。在知识观上，他们提出"最重要的知识是关于人的情况和每人必须做的选择。"② 存在主义认为，知识是个人情感意识的体现，可靠性的知识是具有自身价值和对个人产生意义的那类知识。学习知识的关键不在于知识体系建构，而在于学生发现意义，并自己建立起自己知识的意义。强调知识的真实性要看它对个人主观的价值，教育应把个人的"主观性"作为出发点。由此，他们强调课程的重点应从事物转移到人格世界，尤其强调人文科学，要使所有儿童，除圣经外还要熟悉古代历史和古典著作。因为它们更直接更深刻地反映了人的生活、人与世界的冲突，能使学生更多地得到关于人的生活、人的本质和人的世界的真知灼见。技术知识的教育不能培养发展"本真的人"，不能作为教育的根本。他们认为，"教育的主要目的就是为每一具体的个人服务。教育应当指导人意识到他的环境条件，促进他顺利地投入有重要意义的生存中去。重要的具体目标是：1. 发展个人的意识；2. 为自由的、合乎道德的选择提供机会；3. 鼓励发展自我认识；4. 发展自我责任感；5. 唤醒个人的承诺感。"③。

存在主义教育派都重视行动（commitment）的教育方法，认为教育不是"训练"，而"参与（engagement）"活动才是发展个性的实际良法。存在主义主张："现代教学同传统的教学观念与实践相反，应该使它本身适应于学习者，而学习不应屈从于预定规定的教学规则"。为此，教育过程中，要赋予受教育者以适当选择的自由，"随着他的成熟程度，允许他有越来越大的自由，包括由他自己决定他要学习什么，他要如何学习以及什么地方学习

---

① 崔相录. 二十世纪西方教育哲学 [M]. 哈尔滨：黑龙江教育出版社，1989：186.
② 奥恩斯坦. 美国教育基础 [M]. 刘传忱，等，译. 北京：人民教育出版社，1984：113.
③ 陈友松. 当代西方教育哲学 [M]. 北京：教育科学出版社，1982：228.

和受训练"①，同时应使受教育者不仅对他本人的学习而且对教育过程本身承担一定的责任。

在教学观上，存在主义强调教学过程中教师和学生的双主体作用，注重教师和学生之间人际关系的平等。存在主义在求知问题上，强调学生的自我奋斗、自己选择活动或行动、亲自介入，以"自我"为出发点，其目的在于充实自我，塑造本质，扩充自己真实的存在。在课程观上，存在主义者反对学科课程，力主活动课程。在存在主义者看来，理想的教材将强调：（1）活动性课程；（2）以学生的兴趣作为学习计划与活动的根据；（3）学生在分组和个人单独活动中有完全自由；（4）课程以即时需要为根据；（5）承认个人在经验上的差异。

在具体教学方法和组织形式上，存在主义欣赏启发式教学，尤为推崇"苏格拉底问答法"。因此，存在主义认为在教学中"不必要有精确而详细的教案，那样做将会把成年人的兴趣与价值强加于学生。"② 只有师生之间的对话才是真正的教育，才是理想的教育形式。在这种方法中，才有可能养成独立性、自尊心和自主、自负的精神。这种对话是两个主体、两个人之间的谈话，两个平等、自由的人之间的交往。存在主义不赞成集体教学，但认为有时也可以采用，其着眼点在于激发集体内个人的发展，利用集体来求其个人的自我实现。此外，还强调最大限度地发挥学生的主观能动性。同时，存在主义比较重视"游戏（play）"的教学方式，比如，萨特认为游戏是一种最能启发个性自由创造的教学方式。学生可自由创作游戏的规则，且能自由表达其"自我"。

雅斯贝尔斯对"什么是教育"问题的回答，是从对教育本质的批判与建构两个层面展开的。他首先深刻地批判了人们对教育本质的误解，"本来学生的学习目的是求取最佳发展，现在却变成了虚荣心，只是为了求得他人的看重和考试的成绩；本来是渐渐进入富有内涵的整体，现在变成了仅仅是学习一些可能有用的事物而已。本来是理想的陶冶，现在却是为了通过考试学一些很快就被遗忘的知识。"③ 并进而指出，"对终极价值和绝对真理的虔敬是一切教育的本质，缺少对'绝对'的热情，人就不能生存，或者人就活得不像一个人，一切就变得没有意义。"④

在此基础上，他认为："所谓教育，不过是人对人的主体间灵肉交流活

---

① 联合国教科文组织国际教育发展委员会. 学会生存——教育世界的今天和明天［M］. 上海：上海译文出版社，1979：287-288.

② 陈友松. 当代西方教育哲学［M］. 北京：教育科学出版社，1982：229.

③ 同②，第45页.

④ 同②，第150页.

动（尤其是老一代对年轻一代），包括知识内容的传授、生命内涵的领悟、意志行为的规范、并通过文化传递功能，将文化遗产教给年轻一代，使他们自由地生成，并启迪其自由天性。"① 因而，他以此为出发点，反对将死记硬背的知识作为目的，认为知识只是使人"自由地生成"，启迪自由天性的手段而已，教育是个体自我教育和自我实现的过程。因此，他十分强调学生的自我教育，"我一直认为真正的教育是自我教育"②，"教育的过程是让受教育者在实践中自我练习、自我学习和成长……"③，"教育帮助个人自由地成为他自己，而非强求一律"④。

在雅斯贝尔斯的哲学思想中，他把获得个人的独创性，即个人的自由当做其哲学的主要使命之一。但他认为不应该把这种自由与个人的绝对任性和放纵混淆起来。人们为了实现自己真正的自由，必须与个人以外的力量主要是他人发生交往，交往中双方都是自由的个体和主体。必须把个人的自由与他人的自由联系起来。也只有借助与他人的交往，个人的自由才能实现。⑤他说，"学习的自由只能在自身精神发展的进程中、人与人之间自发的友谊和自我意识中建立起来。"⑥

以交往的观点来考察教育活动以及其中的师生关系，教育的本质就不再归结对学生成长的"造就"、"塑造"，而师生之间也就没有权威和中心存在，而是一种平等的关系。如此，"人就能通过教育既理解他人和历史，也理解自己和现实，就不会成为别人意志的工具"⑦。教育成为整体精神成长的过程，雅斯贝尔斯认为，教育不只是获得知识、技能和能力的活动，而且是师生共同参与其中的精神生活。"教育过程首先是一个精神成长过程，然后才成为科学获知过程的一部分。"⑧ 他认为，现实的教育将学生置于被动的地位，当做容器而机械地灌输，不利于学生整体精神的成长，只能训练他人意志的工具、社会的机器，而培养不出真正的人。

雅斯贝尔斯关于教育方式的观点也是建立在其交往理论基础上的。在《什么是教育》一书中，雅斯贝尔斯谈到了三种不同的教育方法："第一种是训练，它与训练动物相似；第二是教育和纪律；第三种是存在之交往；在第

---

① 雅斯贝尔斯. 什么是教育 [M]. 邹进，译. 北京：生活·读书·新知三联书店，1991：3.
② 雅斯贝尔斯. 雅斯贝尔斯哲学自传 [M]. 王立权，译. 上海：上海译文出版社，1989：118.
③ 同①，第 4 页。
④ 同①，第 55 页。
⑤ 刘放桐. 西方著名哲学家评传：下——雅斯贝尔斯 [M]. 济南：山东人民出版社，1986：318.
⑥ 同⑤，第 147 页。
⑦ 同①，第 2-3 页。
⑧ 同①，第 30 页。

三种方法（存在交往）中，人将自己与他人的命运相连处于一种身心敞放、相互完全平等的关系中。因此，训练是一种心灵隔离的活动，教育则是人与人精神相契合，文化得以传递的活动。而人与人的交往是双方（我与你）的对话和敞亮，这种我与你的关系是人类历史文化的核心。"[①] 他认为，迄今已存在的教育方式有三种：一是经院式的教育。这种教育以知识为中心，学生死记现成的知识，教师只是知识的解释者和把知识传授给学生的中介。这种教育的最大弊端是，"人们把自己的思想归属于一个可以栖身其中的观念体系，而泯灭自己鲜活的个性"[②]。二是师徒式教育。这种教育的中心是教师，教师是知识和权威的象征，学生只能被动地依从他而不需要有个性。这种教育培养的是依附他人而缺乏责任心的人。上述两种形式的教育都不利于"全人"的培养。三是苏格拉底式教育。雅斯贝尔斯特别推崇苏格拉底式的教育：对话、反讽法、助产术等。"他认为这种教育类型，教学双方均可自由地思索，没有固定的教学方式，只有通过无止境的追问而感到自己对绝对真理竟一无所知。"[③] 这种方式可以"唤醒学生的潜力，促使学生从内部产生一种自动的力量，而不是从外部施加压力。"[④]

3. "自我实现的人"——人本主义的教育理想及其主要思想

人本主义教育思想是 20 世纪 60 至 70 年代盛行于美国的一种教育思潮，其主要代表人物有马斯洛、罗杰斯和弗洛姆。人本主义教育思想以人本主义心理学为直接的理论基础，主张教育应当培养完整的、自我实现和创造型的人。

人本主义教育思想是对西方的人文主义教育传统的发展。它不再是拘泥于秉持理性而确立的人的价值的人文主义传统，而是力图纠正 20 世纪以来教育领域中主知与主情问题上的偏颇，着眼于研究人的理智与情感、高级需求与低级需求、本能冲动与价值理想之间的整合和协调问题，通过内在地挖掘出人的潜能，来确立人的价值与尊严。人本主义教育思想明确提出了教育必须促使"完美人性的形成"和"人的潜能的充分发展"，即人的"自我实现"。"自我实现"的人格特征主要表现为：一是整体性，个体不仅在身体、精神、理智、情感、情绪、感觉等方面达到内部有机的整体化，而且在协调内部世界与外部世界的关系时也达到了和谐一致；二是创造性，个体具有"创造性地做任何事情的态度与倾向"，表现出享受变革乐趣的性格，以及灵活恰当地应付突变情境的能力。

---

① 雅斯贝尔斯. 什么是教育 [M]. 邹进，译. 北京：生活·读书·新知三联书店，1991：2.
② 同①，第7页，第9页.
③ 同①，第2页.
④ 同①，第8页.

马斯洛认为，教育的目的是人的"自我实现"，即完美人性的形成和达到人所能及的境界。他相信，"在人的内部存在着一种向一定方向成长的趋势或需要，这个方向一般地可以概括为自我实现，或心理的健康成长。"① 这种"自我实现"的趋向，就是指个体在发展过程中潜能的不断实现，同时，也是指个人寻找自我同一性，寻找最适合自己本性的独特性。

罗杰斯认为，教育目标应是促进"整体的人的学习"与变化，培养独特而完整的人格特征，使之能充分发挥作用。他认为"整体的人的学习"是这样一种学习，即"它包含在认知上，在情感和需要上的一种统一性质的学习，带有关于这种统一的学习各个不同方面的一种明确的意识"②。这种学习既有丰富的认知因素，也具有情感因素，如，好奇、兴奋、发现的激动、自信、入迷等。在这种学习过程中，所学习的对象与个体产生有意义的、适合于个人特征和经验的联系。而学习者在学习过程中，则能以开放的、非防御的态度顺利学习，在变化过程中促成学习者自我结构的变化，并不断保持和完善自我。

弗洛姆综合与扬弃了存在主义和精神分析理论，认为人类"只有依靠更丰富的理性和对真理的永恒追求，才能真正修正片面的理性主义"③。他独创性地区分了"生产性性格"定向和"非生产性性格"定向，认为个人使自己与世界相关联的定向性质构成了其性格的核心。他推崇"生产性性格"定向的人才，认为这种人能在理性的引导下了解自己的力量，实现内在于自己的潜能中的能力。他认为，"必须靠着实现人的整个人格，靠积极地表现人的情感与心智潜能，才能实现自我"④。据此，他批评在现代社会中人们受到的教育愈多，愈缺乏理性的现象，尽管受的教育越来越多，但是"透过事物的表面去了解个人和社会生活中的本质力量的能力，却越来越枯竭"。⑤

相应的，人本主义者认为课程的建构应由学科中心转向个体。他们批评早期巴比特和泰勒等人所提出来的"硬课程"模式，指责这种模式只注意解释、预测和控制外部的行为，而忽略了学生行为的主体意义。并提倡"软课程"模式，主张在课程内容的选择上应适合学习者的需要，包括情感发展、认知满足、个人价值等内部需要，以及在多元社会生活中必备的学术、技能、人际交往、经济生活等各方面的外部需要，体现出思维、情感和行动之间的相互渗透

---

① 马斯洛. 存在心理学探索 [M]. 李文恬，译. 昆明：云南人民出版社，1987：139.
② 陈仲庚，张雨新. 人格心理学 [M]. 沈阳：辽宁人民出版社，1986：276—278.
③ 弗洛姆. 为自己的人 [M]. 孙依依，译. 北京：生活·读书·新知三联书店，1988：22.
④ 弗洛姆. 逃避自由 [M]. 哈尔滨：北方文艺出版社，1987：134.
⑤ 弗洛姆. 人的呼唤——弗洛姆人道主义文集 [M]. 王泽应，等，译. 上海：三联书店，1996：88.

和相互作用。正如，美国教育学者麦克尼尔所指出的："人本主义者认为，课程的功能是要为每一个学习者提供有助于个人自由发展的、有内在奖励的经验。……自我实现的人这一理想，是人本主义课程的核心。"①

为了让受教育者在自我促动中成其为自己，人本主义教育思想强调提供有利于人性内部潜能实现的自由心理气氛。罗杰斯说："只有当我创造出这样的自由气氛时，教育才能真正成为名副其实的教育，才能变成一种顽强的探索和科学的研究，而不是大量很快就会过时或遗忘的事实的简单积累。只有这时，学生才能真正处于生命的过程之中，才能过一种绚丽多姿变化万千的生活。在我所发展获得的全部经验中，我最珍视的部分之一，就是要经常在自己的周围创造出一种自由的气氛。"② 在教学过程中，他倡导"以学生为中心"的教学，以保护学生的积极性，鼓励和培养他们的独立性和创造性。罗杰斯的"以学生为中心的教学"也被称之为"非指导性教学""自由学习""自我指导的学习"等。它贯穿着一项基本的原则，即学生必须通过自由选择成长起来，别人的选择和过分控制只会削弱学生的能力。在罗杰斯看来，这种积极主动的学习经验，并非完全由某个教师的个性使然，而是由于贯彻了某些原则，才能使学习过程富有生机。③

二、中国"学生"理想的发展线索及其现实更迭

（一）传统向往："使人之为完全之人物"

在考察历史上有关教育对象观或者说学生观的过程中，我们不难发现，对受教育者或学生的理想设定或者筹划，总是与社会理想人格的建构存在内在的联系。人格，简单地说，就是人之所以为"人"的格式和标准。而社会理想人格即是一定社会历史文化背景下，人们对这些所谓的"格式"和"标准"所做出的具体的价值设定和规范。社会理想人格是人们对理想的人生的一种憧憬和总体性的描述，深刻地体现着特定时期社会及其文化的基本特征、价值观念以及总体追求。而社会教化和学校教育无疑是社会理想人格建构的重要途径，由此，我们就不难理解学生观与社会理想人格之间存在的这种天然关系。而在古代，由于受教育对象在人数上的客观限制，使得在某种程度上受教育者或者说得更确切些——读书人，就更直接地成为社会理想人

---

① 麦克尼尔. 课程导论 [M]. 施良方，等，译. 沈阳：辽宁教育出版社，1990：4.

② 罗杰斯. 与人交往 [M] //人的潜能和价值. 马斯洛，等，著. 林方，主编. 北京：华夏出版社，1987：141.

③ 坦恩·鲍姆，罗杰斯. 参加者谈：以学生为中心的教学法 [M] //人的潜能和价值. 马斯洛，等，著. 林方，主编. 北京：华夏出版社，1987：349-365.

格的现实代表。人们对社会理想人格的向往与对读书人的理想设定几乎是同一的。

因此，在考察我们国家传统教育有关学生的理想设定时，就需要参照传统文化中有关社会理想人格的建构和设定。出于研究主题的需要，这部分将主要挖掘我国传统教育思想中对当代教育问题具有启发意义、富有价值的内涵，而对其客观存在的弊端与消极方面，在此研究中不作讨论。我们认为，传统理想人格对学校教育理想及其目标的积极影响集中体现在以下两个方面：

1. 境界完美的人格要求对培养目标的影响

追求真善美统一的人格境界是传统的价值理想主要内容，传统"伦理型"人格所要达到的是"仁知并举"的完满人格境界。这对学校教育培养目标的设定起着根本的指导作用，学校教育目标也由此而指向对完满人格的追求，这在许多教育著述中得以体现。如，子以四教："文，行，忠，信"①。《大学》中说，"大学之道，在明明德，在亲民，在止于至善"②。认为教育的原则，在于使人固有之美得以彰明，在于使人们有新的精神风貌，并达到至善的境界。而扬雄对教育目的的认识更为言简意赅，他认为："学者，所以求为君子也。"③ 后来者，如，王阳明提到："今教童子，惟当以孝弟忠信礼义廉耻为专务。其栽培涵养之方，则宜诱之歌诗，以发其志意，导之习礼，以肃其威仪；讽之读书，以开其知觉。"④ 意思是说，儿童教育应当以孝悌忠礼义廉耻为主要任务，其培养教育的方法是：诱导儿童朗诵诗歌，激发他们的意志；引导儿童练习礼仪，以整肃他们的仪表；让儿童背诵，以开发他们的智慧，增长他们的知识。王国维在《教育世界》第56号上（1903年8月）发表了《论教育之宗旨》一文，开门见山地指出："教育之宗旨何在，在使人为完全之人物而已。"⑤ 张履祥认为，教育的目的，便是"尽性"，他说，"性外无学，学者所以求其尽其性"，又说"为之不厌，则能尽其性；诲人不倦，则能尽人之性"。⑥

2. 自强刚健的个体独立意识对为学之道的影响

我们认为，传统文化中"伦理型"的理想人格是建立在个体高度的伦理自觉的基础之上的。这种自觉的独立意识也体现在人们对求学读书的要求

① 文选德. 《论语》诠释 [M]. 长沙：湖南人民出版社，2005：297.
② 林觥顺. 礼记我读 [M]. 北京：九州出版社，2005：206.
③ 杨荣春. 中国封建社会教育史 [M]. 广州：广东人民出版社，1985：49.
④ 王守仁. 王阳明全集 [M]. 上海：上海古籍出版社，1992：1252.
⑤ 周谷平. 近代西方教育理论在中国的传播 [M]. 广州：广东教育出版社，1996：51.
⑥ 孙培青，韩达. 中国教育家评传：第2卷 [M]. 上海：上海教育出版社，1988：633.

中。如，陆九渊就指出学习者应当"志大，坚强有力，沉重善思"①，认为"必有大疑大惧，深思痛省，决去世俗之习，如弃秽恶，如避寇仇，则此心之灵自有其仁，自有其智，自有其勇，私意俗习，如见晛之雪，虽欲寸之而不可得，此乃谓之至，乃谓之先立其乎大者"②。意思是说，读书学习一定要有很大的疑惑、很大的畏惧，深刻地思虑、痛切地反省，像抛弃污秽邪恶、逃避仇敌一样，坚决去掉世俗的陋习。那么，这心的灵性自有其仁德，自有其志向，自有其勇武；私意陋习，如同见到阳光的雪，虽然想保留它，却无论如何也做不到，这就叫做达到了顶点，这就叫做首先树立远大志向的人。同时，他还进一步指出学习要"自得，自成，自道，不倚师友载籍"，即是认为自立自重的人在学习上必能自己有所得，自己有所建树，自己达到道义的境界，而不必依赖师友的帮助或现成的书本知识。王阳明则提出，"博学也，审问也，慎思也，明辨也，笃行也，惟是'致良知'而已。"③ 强调的是要博闻强识，对问题要追究明白，慎重地思考，明辨是非，坚定行动。王廷相认为，"学者于道，不运在我心思之神以为抉择取舍之本，而惟先儒之言是信，其不为函谷之鸡者几希矣！"④ 同样指出读书人学习知识，应当自己开动脑筋进行选择，而不应该总是听信先生的话，不明是非而随声应和。王夫之则说，"学者不自勉，而欲教者之俯从，终其身不知不能而已矣"⑤，意思也是认为学生应当自勉自立，如果不知自勉，而想要求教师迁就他，那么学生这一生也就会不懂知识，不会有什么大的作为。

　　由此可见我国传统教育关于学生的理想，在培养目标上表现出追求完满人格实现的价值理想，认为这样的教育才是"尽性"和追求"完全之人物"的；在学习方式和学习品质上，传统教育其实非常注重学生自立、自主和自决的学习态度以及自强刚健的自我修为。尤其是后者，有助于我们改变和修正长期以来对传统教育的教育教学方式以及学生形象存在的一些片面理解，而且对于我们批判地继承传统教育的优秀精神，对现代教育的创新无疑具有重要的启示意义。

（二）近代启蒙："尚自然"与"崇个性"

　　五四运动是中国文化整体变革、转换的重要转折点，它所包含的启蒙意义和革新精神同样渗入教育领域，并引起教育领域相应的革新和发展。始于

① 郭齐家. 中国教育思想史 [M]. 北京：教育科学出版社，1987：287.
② 邱椿. 古代教育思想论丛：第1卷 [M]. 北京：北京师范大学出版社，1985：129.
③ 同②，第205页.
④ 毛礼锐，沈灌群. 中国教育通史：第三卷 [M]. 济南：山东教育出版社，2005：492.
⑤ 同①，第341页.

1919年并在20世纪20年代前期形成高潮的中国"新教育"改革运动，力图对中国根深蒂固的旧教育进行彻底改革，并顺应当时世界性的现代教育潮流，开始促使中国教育"现代化"的进程。一大批教育和文化界人士，表现出了批判、破除旧教育，创建新教育的强烈愿望以及批判和建设的锐气。其中，著名的教育家有蔡元培、鲁迅、陶行知和陈鹤琴等。他们共同的"新教育"理想是要"开民智"，培养和造就个性独立、思想自由、人性解放、具有创造力的个人。

蔡元培是中国教育史上无疑具有重要意义的教育家。他的教育思想兼具中国传统文化特色以及西方现代精神文明，这与他个人学贯中西的知识背景、高度的民主和创新精神是分不开的。这样的背景，使他尤为关注教育的价值关怀及其独立意义，在培养目标上，他追求"完全人格"，提倡"五育并重"；在办学方针上，主张"思想自由，兼容并包"。其颇具特色和见地的教育哲学见解，以及锐意改革的精神，使其教育思想富有"现代"意义。

就教育的本体意义而言，蔡元培认为："教育者，则立于现象世界，而有事于实体世界者也。故以实体世界之观念为其究竟之大目的，而以现象世界之幸福为其达于实体世界观念之作用"。[1] 其意指教育应当有追求现世幸福的价值意义，但同时应当抱有达到"实体世界"的终极理想。也就是说，教育应该在实现现世幸福的基础上，通过世界观和美感教育去陶冶人的美好情操，关怀人的精神归宿，使之达于"绝对自由"的实体世界。

由此，蔡元培认为教育的目的应从"从受教育者本体上着想"，"教育是帮助被教育的人，给他能发展自己的能力，完成他的人格，于人类文化上能尽一分子的责任；不是把被教育的人，造成一个特别器具，给抱有他种目的的人去应用的"[2]。教育的终极目标是培养具有自由意志和独立个性的自由人格。而要造就自由的个人，则需有自由的教育，也就是说教育本身要具有一定的独立性。

以"造就自由的个人"为出发点，蔡元培深刻地批判了封建专制主义教育扼杀个性、造就奴才为旨归，学生死记硬背，在圣贤阴影下亦步亦趋，没有丝毫的自主性、独立性和创造性的状况。他曾提到："夫新教育所以异于旧教育者，有一要点焉，即教育者非以吾人教育儿童。而吾人受教于儿童之谓也。吾国之旧教育以养成科名仕宦之材为目的。科名仕宦，必经考试，考试必有诗文，欲作诗文，必不可不识古字，读古书，记古代琐事。于是先之以《千字文》《神童诗》《龙文鞭影》《幼学须知》等书；进之以四书五经；又次则学为八股文，五言八韵诗；其他若自然现象，社会状况，虽为儿童所

---

① 蔡元培. 对于新教育之意见［M］//蔡元培全集：第二卷. 北京：中华书局，1984：133.

② 蔡元培. 教育独立议［M］//蔡元培全集：第四卷. 北京：中华书局，1984：177.

亟欲了解者，均不得阑入教科，以其于应试无关也。是教育预定一目的，而强受教育以就之。故不问其性质之动静，资禀之锐钝，而教之止有一法，能者奖之，不能者罚之，如吾人之处置无机物然，石之凸者平之，铁之脆者煅之；如花匠编松柏为鹤鹿焉；如技者教狗马以舞蹈焉；如凶汉之割折幼童，而使为奇形怪状焉。追想及之，令人不寒而慄。新教育则否，在深知儿童身心发达之程序，而择种种适当之方法以助之。如农学家之于植物焉，干则灌溉之，弱则支持之，畏寒则置之温室，需食则资以肥料，好光则复以有色之玻璃；其间种类之别，多寡之量，皆几经实验之结果，而后选定之；且随时试验，随时改良，决不敢挟成见以从事焉……"①

因此，他认为"教育者，与其守成法，毋宁尚自然；与其求划一，毋宁展个性"②。新旧教育的分歧，或者说新教育的先进性，即在于对学生天性的关注与尊重，以及在此基础上顺应学生的个性发展，充分发展学生的个性能力。这种对"自然"和"个性"的崇尚无疑是新教育的基本精神之一。

另一方面，鉴于对中国传统文化的天然情感和理性的认识及继承，蔡元培对教育对象的理想设定在一定程度上仍然具有中国传统理想人格的鲜明特征。他曾提到："盖群性与个性的发展，相反而适以相成，是今日完全之人格，亦即新教育之标准也。持个人的无政府主义者，不顾群性；持极端的社会主义者，不顾个性；是为偏畸之说，言教育者其慎之"③。可以说，蔡元培不仅吸收了西方新教育的思想精神，而且为中国传统文化对理想人格的追求注入了新的、富于时代特征的内涵，极大地促进了中国传统教育的"现代化"。

鲁迅的教育思想具有浓郁的"革命性"。尽管对教育的专门论述比较少，但是我们仍然可以从其相关的诸篇杂文中寻觅到他见解深刻的教育思想。这些思想不仅富有其独特的个性色彩，而且在一定程度上自成体系。其中，"立人""兴国"是其重要的教育理想。"立人"，就是要实现"'人'的价格"④，由此实现国民劣根性的改造，达到"兴国"。他在《文化偏至论》里谈到："然欧美之强，莫不以是炫天下者，则根柢在人……是故将生存两间，角逐列国是务，其首在立人，人立而后凡事举；若其道术，乃必尊个性而张

---

① 蔡元培. 新教育与旧教育之歧点 [M] //蔡元培全集：第三卷. 北京：中华书局，1984：173－174.

② 同①，第 174 页。

③ 蔡元培. 教育之对待发展 [M] //蔡元培全集：第三卷. 北京：中华书局，1984：261.

④ 鲁迅. 坟·灯下漫笔 [M] //鲁迅全集：第 1 卷. 北京：人民文学出版社，1981：159.

精神"①，"人既发扬踔厉矣，则邦国亦以兴起"②。

从"立人"的理想出发来考察鲁迅有关儿童教育的思想，我们可以看到，其始之于对封建制度下旧教育种种弊端的深刻剖析和猛烈批判，这集中地反映在其"救救孩子"的强烈呼吁中。鲁迅认为封建主义的教育制度下施行的是一种培养"奴才"式的"奴化教育"，从而导致了全体国民的"奴性意识"和"奴性人格"。因此，他呼吁要"解放孩子"，"没有法，便只能先从觉醒的人开手，各自解放了自己的孩子。自己背着因袭重担，肩扛住了黑暗的闸门，放他们到宽阔光明的地方去；此后幸福的度日，合理的做人"。③

他对儿童有着美好的憧憬，他认为"孩子是可以敬服的，他常常想到星月以上的境界，想到地面下的情形，想到花卉的用处，想到昆虫的言语；他想飞上天空，他想潜入蚁穴……""他们在未接受教育之前，心地都是极纯白的"④。他在其《寡妇主义》《我们现在怎样做父亲》《从孩子的照相说起》等文章中对心目中"新的孩子们"做了勾勒：他们"应当天真烂漫""应当有朝气，敢作为"，他们"活泼，健康，顽强，挺胸仰面"，而不是"低眉顺眼，唯唯诺诺"，要"成为一个独立的人"。

具体而言，首先，"'人'的价格"的实现是其教育理想的最高目标，因此他指出要"尽力的教育，完全的解放"⑤，"解放人性，普及教育"⑥。只有通过教育和解放，恢复人本应具有的"价格"，才能使之成为"支配自己命运"的人，也才能真正实现"尊个性而张精神"。其次，解放的目的是为了获得自由，尤其是思想和精神的自由。鲁迅指出，要使下一代，"以养成适应时代之思想为第一谊……只须思想能自由，则将来无论大潮如何，必能与为沉瀁矣。"⑦ 这样，才是"完全解放了我们的孩子"⑧。这样的"新人"，他们"有耐劳作的体力，纯洁高尚的道德，广博自由能容纳新潮流的精神"⑨。再次，思想自由的人必然是独立、自主的。鲁迅强烈地抨击旧的家长制度把孩子当做"私有财产"和"附属物"的做法。他认为，"子女是即我非我的

———————————

① 陈漱渝，肖振鸣. 文化偏至论 [M] //编平体鲁迅著作选集：第一卷. 福州：福建教育出版社，2006：90.

② 鲁迅. 坟·文化偏至论 [M] //鲁迅全集：第1卷. 北京：人民文学出版社，1981：46.

③ 鲁迅. 坟·我们现在怎样做父亲 [M] //鲁迅全集：第1卷. 北京：人民文学出版社，1981：130.

④ 鲁迅. 看图识字 [M] //鲁迅全集：第6卷. 北京：人民文学出版社，1981：36.

⑤ 同③，第136页.

⑥ 鲁迅. 坟·坚壁清野主义 [M] //鲁迅全集：第1卷. 北京：人民文学出版社，1981：258.

⑦ 鲁迅. 鲁迅书信集：上册 [M]. 北京：人民文学出版社，1976：20.

⑧ 陈漱渝，肖振鸣. 随感录·四十编平体鲁迅著作全集：第1卷 [M]. 福州：福建教育出版社，2006：221.

⑨ 同③，第140页.

人，但既已分立，也便是人类中的人。因为即我，所以更应该尽教育的义务，交给他们自立的能力；因为非我，所以也应同时解放，全部为他们自己所有，成一个独立的人。"① 总体而言，在鲁迅的教育理想中，应当把儿童培养成为人格独立、自主，思想自由、强健的人。

为了实现上述教育理想，鲁迅在其著作中还提出了具体的教育原则，即"理解、指导、解放"三原则，力主用科学的、民主的、长幼平等的思想教育下一代。首先，他认为，"开宗第一，便是理解"。理解指的是要理解儿童天真、好学的特点，研究孩子的心理特点，了解孩子的世界，以便从孩子的特点出发，因势利导，进行恰当的教育。其次，便是指导。他认为"长者须是指导协商者，却不该是命令者"，教育者要当儿童的指导者和协商者，而不是命令者，应该以平等民主的态度对待儿童，从中培养他们自主的能力。再次，便是解放。②

陶行知是我国五四运动以后最有影响的教育家，其在继承古今中外教育思想和总结教育实践经验的基础上提出了著名的"生活教育"论。在"生活教育"的丰富思想中，陶行知对儿童教育问题也进行了深入的探讨，对儿童观、儿童创造教育以及相应的教育教学方式、课程内容、教材等都提出了许多见解深刻的观点。他非常鲜明地指出："儿童是新时代之创造者；不是旧时代之继承者"③，并在此基础上强烈地呼吁"解放儿童"。

陶行知认为，"人生有三种境界，教育也有三种境界。你所说的是第一种境界。人生得到自由也是一样的幸福。教育办到这种境界，学堂是造成天堂，小孩们是变为活神仙了。生命遇着对敌，必起而奋斗，这是第二种境界。你再看一粒种子！这粒种子要想发芽、抽条、开花、结果，你必得让它用一些时间深藏在谷里，潜伏在地中慢慢去吸收水分、肥料、空气、阳光以发挥它的生命，这是第三种境界。"④ 这种教育，"是要在儿童自身的基础上，过滤并运用环境的影响，以培养加强发挥这创造力，使他长得更有力量，以贡献于民族与人类。"⑤ 依据儿童的自然天性，启发、解放和促进儿童创造力的发展，在陶行知看来是教育的重要任务。

陶行知对"学生"作了独到的解读，他认为："'学'字的意义，是要自己去学，不是坐而受教，先生说什么，学生也说什么，那便如学戏，又如同留声

① 鲁迅. 坟·我们现在怎样做父亲 [M] //鲁迅全集：第 1 卷. 北京：人民文学出版社，1981：136.

② 同①，第 135—136 页。

③ 陶行知. 儿童生活杂志之中心主张 [M] //陶行知全集：第 11 卷. 成都：四川教育出版社，1991：333.

④ 陶行知. 古庙敲钟录 [M] //陶行知全集：第 2 卷. 长沙：湖南教育出版社，1985：509—510.

⑤ 陶行知. 创造的儿童教育 [M] //陶行知全集：第 3 卷. 长沙：湖南教育出版社，1985：522.

机器一般了。'生'字的意义，是生活或生存。学生所学的是人生之道。人生之道，有高尚的，有卑下的；有片面的，有全部的；有永久的，有一时的；有精神的，有形式的。我们所求的学，要他天天加增的，是高尚的生活，完全的生活，精神上的生活，永久继续的生活。进一步说，不可学是学，生是生，要学就是生，生就是学。……所以每天的一举一动，都要引他到最高尚、最完备、最能永久、最有精神的地位，那方才是好学生。"① 由此可见，自主独立、主动学习、精神圆满是陶行知教育理想中"好学生"的主要特征。

然而，旧的教育制度和教育方式束缚乃至禁锢了学生创造力的发展，陶行知就曾指出："儿童的创造力被固有的迷信、成见、曲解、幻想层层裹头布包缠了起来。我们要发挥儿童的创造力，先要把儿童的头脑从迷信、成见、曲解、幻想中解放出来。迷信要不得，成见要不得，曲解要不得，幻想更要不得，幻想是反对现实的。"② 进一步，他提出，这个儿童世界不是由大人们造好之后，现现成成交给小孩子去享受。大人代儿童造的世界必是对儿童有害的。儿童的世界是要由儿童自己动手去创造。我们要停止一切束缚，使儿童可以自由活动，这样，儿童的世界，才有出现可能。所以我们最重要的工作，在于解放儿童的头脑与双手；儿童的手脑一经解放，这新的儿童世界自然会应运而来了。③

具体而言，解放儿童，就是要"把基本的自由还给儿童，即（一）解放儿童的头脑，使之能思；（二）解放儿童的双手，使之能干；（三）解放儿童的眼睛，使之能看；（四）解放儿童的嘴，使之能谈；（五）解放儿童的空间，使之能接触大自然和社会；（六）解放儿童的时间，不逼迫他们赶考，使之能学习自己渴望的东西。"④

为着解放儿童以及培养独立自主，具有创造力的学生，蔡元培进一步阐释了"生活教育"的理想以及"教学做合一"的教学思想。他指出："我们主张生活即教育，要是儿童的生活才是儿童的教育，要从成人的残酷里把儿童解放出来"，"没有生活做中心的教育是死教育。没有生活做中心的学校是死学校。没有生活做中心的书本是死书本。在死的教育、死的学校、死的书本里鬼混的人是死人——先生是先死，学生是学死！先死与学死所造成的国是死国，死国所造成的世界是死世界"⑤。另外，他对教育者的意义及其限度

---

① 陶行知. 新教育. 陶行知全集：第 1 卷 [M]. 成都：四川教育出版社，1991：136.
② 陶行知. 创造的儿童教育 [M] //陶行知全集：第 3 卷. 长沙：湖南教育出版社，1985：524.
③ 陶行知. 儿童的世界 [M] //陶行知全集：第 3 卷. 长沙：湖南教育出版社，1985：155.
④ 陶行知. 陶行知全集：第 3 卷 [M]. 长沙：湖南教育出版社，1991：537.
⑤ 陶行知. 教学做合一下之教科书 [M] //陶行知全集：第 2 卷. 长沙：湖南教育出版社，1985：289.

问题作了探讨，他认为，"小孩子最好的先生是前进的小孩子"，"知识分子最多只可做小孩与大众的顾问"，"超过顾问的范围，就要损害他们的自动精神"。①

陈鹤琴的"活教育"思想同时吸取和融汇了美国杜威和陶行知的教育思想，并根据自己的教育研究实践，进一步提出了各种别具特色的教育主张。创立并倡导"活教育"理论，寄托了陈鹤琴"要把那种死气沉沉的腐化的教育，……变为前进的、自动的、活泼的、有生气的教育"② 的理想。

在儿童观上，陈鹤琴认为，"儿童不是'小人'，儿童的心理与成人的心理不同样，儿童的时期不仅作为成人之预备，亦具他的本身的价值，我们应当尊敬儿童的人格，爱护他的烂漫天真。"③ 为了在教育过程中保有这种"烂漫天真"，并促进儿童人格的健康发展，就要提倡"活"的教育，反对和摒弃旧教育、"死"教育的做法。

活教育思想向传统教育思想展开了全方位的挑战。陈鹤琴认为，死教育的弊端在于：从教育目的来看，死教育的目的在于灌输许多无意义的零星知识，养成许多无关紧要的零星技能。从教育活动来看，学校的一切设施、一切活动，教师是中心、是主体。一切教学，集中在听，教师口里讲，儿童用耳听。从学习方式来看，主要以班级教授、个人学习为主。从教育内容来看，固定的课程，呆板的教材，不问儿童能否了解，不管时令是否合适，只是一节一节地上，一课一课地教。从教育管理来看，教师以个人主见来约束儿童，以威以畏来约束儿童，师生界限分明，隔膜横生。从教育氛围来看，校墙高筑，学校与社会毫无联系，儿童呆呆板板，暮气沉沉，不好动，不好问，俨然一个个小老头儿。

反之，活教育的理想形态应该是这样的：教育的目的在培养做人的态度，养成优良的习惯，发现内在的兴趣，获得求知的方法，训练人生的基本技能。一切设施、一切活动都以儿童为主体，学校里一切活动差不多都是儿童的活动。一切教学，集中在做，做中学，做中教，做中求进步。分组学习，共同研讨，师生共同生活，教学相长。以爱以德来感化儿童，儿童自定法则来管理自己。课程是根据儿童的心理和社会的需要来编定的，教材也是根据儿童的心理和社会的需要来选定的，所以课程是有伸缩性的，教材是有活动性而可随时更改的。学校是社会的中心，师生集中力量，改造环境，服务社会。儿童天真烂漫，活泼可爱，工作时很静很忙，游戏时很起劲很高兴。

---

① 陶行知. 普及现代生活教育之路 [M] //陶行知教育文选. 北京：教育科学出版社，1981：168.
② 沈灌群，毛礼锐，孙培青，韩达. 中国教育家评传：第 3 卷 [M]. 上海：上海教育出版社，1989：787.
③ 郭齐家. 中国教育思想史 [M]. 北京：教育科学出版社，1987：459.

从活教育和死教育的相互对比中，我们可以明显地感受到，活教育崇尚自然、富有人情味、生动活泼的精神气质。为了实现活教育的上述理想，相应的，陈鹤琴还提出了许多具有针对性、新颖的教育原则，比如，凡儿童自己能够做的，应该让他自己做；凡儿童自己能够想的，应当让他自己想；你要儿童怎样的，就应当教儿童怎样学；鼓励儿童去发现自己的世界；注意环境，利用环境；分组学习，共同研究；教学游戏化、故事化；教师教教师，儿童教儿童，等等。

（三）当代追求：全面发展的现代新人

当代的教育理想或者教育目标，是与我们国家和社会发展的目标紧密相关的，教育现代化是当前重要的时代课题。作为一个发展中国家，"现代化"是我们国家和社会今后较长时间内的发展目标和发展策略。随着现代化进程的推进，"转型"已经成为这个时代我国社会发展的基本特征与重要趋向，经济、文化、生活方方面面都处于巨大的变革之中。相应地，从人格精神来讲，也要求我们勇于从传统的价值观、行为方式、思维方式和人格品质的羁绊中摆脱出来，从盲目服从、依赖权威、自我封闭的依附型人格转向独立、开拓、创造、开放的独立型人格，从而以积极的姿态主动地参与、创造、享受现代化的社会生产和社会生活。

事实上，"现代化"最为根本的内核就是要实现人们文化心理结构、人格特质的现代化。而人格现代化在本质上是人类本性的自我解放和自我提升，正如有研究者指出的："现代化的实质既不能理解为物质化程度的不断提高，也不能理解为人们的心理水平随工具化水平的增长而提高，而应理解为现代化是'人化'程度的不断提高，是'人性水平'的逐步发展，是人格境界的日益提升。概括地说，现代化的实质是人的价值不断实现和人性的不断解放和提升。"① 具体从学生观的内涵来说，则需要由以往片面的知识人格向现代的精神人格转变。21世纪教育委员会在其向联合国教科文组织提交的一份报告中也描摹了现代教育应当培养的现代人："教育应当促进每个人的全面发展，即身心、智力、敏感性、审美意识、个人责任感、精神价值等方面的发展。应该使每个人尤其借助于青年时代所受的教育，能够形成一种独立自主的、富有批判精神的思想意识，以及培养自己的判断能力，以便由他自己确定在人生的各种不同的情况下他认为应该做的事情。"②

从现代化的时代背景出发，联系我们国家重要的教育思想变革以及当前

---

① 余潇枫. 哲学人格 [M]. 长春：吉林教育出版社，1998：188.

② 联合国教科文组织国际21世纪教育委员会. 教育——财富蕴藏其中 [M]. 北京：教育科学出版社，1996：85.

的教育改革背景，我们认为，我们国家现代学生观的主要内涵表现为：

1. 学生作为独立自主的主体

无论是从世界现代化发展的主潮流来看，还是从我国改革开放、加快现代化建设步伐的进程来看，现时代把人的主体意识觉醒、人的主体能力的发展提到了一个前所未有的高度。因为现代社会的快节奏发展呼唤建设的和创造的主体性，现代社会所营造的开放、多元及广泛交往的生存环境要求人的主动积极的主体性，现代市场经济通过确立个人或群体的实践主体地位而要求人的主体意识与主体能力同步发展①。始于 20 世纪 80 年代以来的主体教育思想无疑是在教育领域对上述呼求的回应，"在科学人性观的基础上要求确立和提高人的主体地位，充分释放和发挥人的巨大能动作用，让他们意识到并主动地追求和实现个人在教育过程、自我发展中对未来社会的价值，充分调动积极性，能动地进行学习、工作与社会生活，成为社会所需要的、既全面发展又有个性特点的、富有主体性的人。"② 有研究者进一步指出，之所以要培养全面发展的人，就是要发展人的主体性，主体性集中了人的一切优秀品质和个性特征，是身、心或德、智、体、美诸方面都得到良好发展的综合表现。主体性强的人就是自觉能动性强的人，就是在客体面前拥有主动权和自由的人。③ 经过十余年的理论探索和实践研究，主体教育理论构建了学生主体性发展的三维结构：自主性、主动性和创造性④，并进一步就此三方面要素结构建立了具体的目标体系。我们认为对学生主体地位的确认是建构现代的、新颖的学生观的前提。使得我们的学生成为具有独立判断能力和能动创造精神的积极主体，形成和具备自觉的主体意识和自主的选择能力，能够正确地认识和评价自己，能够积极、合理地筹划未来的发展，这是主体教育理想在学生观上的特有内涵。

2. 学生作为生命丰满的个体

"现代化"的推进在相当程度上革新了人们的生产方式、生活方式、行为方式乃至精神世界，为人类的生存和发展创造了崭新的条件和高效、多样、开放、创新的前景。然而，科学技术在前所未有的程度上满足人们的物质追求和生活理想的同时，也一度造成了人自身意义的遮蔽和精神追求的失落。"现代化"的科技理性或者工具理性对人的生命意义及其价值的忽略和疏离之弊端也同时为人们所诟病和担忧。在教育领域，则表现为现实教育对

---

① 杨小微. 现代化与主体性 [M]. 教育研究，1996（7）：41-44，69.

② 郭文安. 为弘扬主体教育思想而努力 [J]. 教育研究与实验，1993（1）：3-6.

③ 王策三. 教育主体哲学刍议 [J]. 北京师范大学学报：社会科学版，1994（4）：81-87.

④ 选自：2004 年的《"主体教育与我国基础教育现代化发展的理论与实验研究"专题研究文集（第四集）》中裴娣娜撰写的《主体教育理论研究论纲》一文。该文集属内部资料，未出版。

学生生命价值的宰制。如，有研究者指出："知识、技能教育、潜能发展是现代教育的主题，这其实是教育工具化和人工具化的表现，这一表现的结果就是教育与人的精神建构疏离了。"① 因此，我们认为有必要对现代化的发展向度和终极价值进行重新审视和合理定位，对人自身的生命意义和主体价值进行省思和发掘。同时，对教育现代化的内涵及其教育理想进行审慎地思考和建构，关注和尊重学生作为独立生命个体的价值和尊严。具体而言，就是要在教育教学过程中，承认每个学生都是独特的生命体，承认他们各自独特、鲜明的个性，帮助学生在各自不同的兴趣、爱好和需要等基础上形成健康的、积极的、丰满的个性，帮助学生形成对个人生活价值的正确体验和积极追求，让他们体验到各自生命的自尊感和价值意义。

基于此，从个体生命的立场出发，关注学生在教育教学过程中的生命成长和自身生命价值的获得和实现，成为近年来教育领域的一个新的关注点。比如，叶澜教授所倡导的"生命实践教育学"，就呼吁"让课堂教学焕发出生命的活力""把个体精神生命发展的主动权还给学生"。此外为数众多的教育研究者的相关论说都倾向于把教育教学过程认定为学生生命成长和自身意义实现的一个生命历程，并由此认为教育的理想或者目标就是要帮助学生形成主动、积极的生存方式和良好的生命状态。而主动、积极的生存方式，"与人所特有的发展、创造的需要联系在一起，与生命活力的激发和潜在可能的实现联系在一起。以这样的态度去对待周围世界、对待自己的人生，人的生命过程就会积极呈现出自主的色彩，个体会具有独特，会出现创造，不仅创造出新的事物、新的方法、新的思路、新的作品、新的外部世界，而且会不断丰富自己的内在精神世界，创造新的生命历程。"②

3. 学生作为具有现代学习品质的学习者

学生作为以学习为主要任务的学习者，形成高质量的学习品质是适应现代社会发展的要求，也是参与现代社会生活的必然要求。据此，新基础教育课程改革的一个显著特征和核心任务，即是要转变学生的学习方式，不断提升学生的学习品质。《基础教育课程改革纲要（试行）》就明确指出：教师在教学过程中应与学生积极互动、共同发展，要处理好传授知识与培养能力的关系，注重培养学生的独立性和自主性，引导学生质疑、调查、探究，在实践中学习，促进学生在教师指导下主动地、富有个性地学习。教师应尊重学生的人格，关注个体差异，满足不同学生的学习需要，创设能引导学生主动参与的教育环境，激发学生的学习积极性，培养学生掌握和运用知识的态度

---

① 金生鈜. 理解与教育 [M]. 北京：教育科学出版社，1997：113.

② 叶澜. 把个体精神生命发展的主动权还给学生 [M] //郝克明. 面向 21 世纪我的教育观：综合卷. 广州：广东教育出版社，1999：334.

和能力，使每个学生都能得到充分的发展。

我们认为转变学习方式，提升学生的学习品质的要求具有鲜明的时代性。联系当前教育变革精神，我们认为高质量的学习品质就是要求：学生成为主动的学习者和研究者；具有强烈的学习愿望和学习兴趣，形成对学习的正确价值观；具有良好的理智品质和理性精神，能独立思考，不盲从；具备较强的自我学习能力，以及较强的个人效能感，能够对自己的学习做出恰当的计划和评价；具有自我负责的学习责任感，勇于承担责任，能够完成富有挑战性的任务；思路广阔、头脑开放，能够吸纳不同的意见和看法，以及形成与此相关的尊重、沟通、交往、协作、分享等良好的社会品质，等等。

三、必要的回眸：从教育的原典意义关注学生的实际发展

（一）理想的建构：中西方教育理想的契合与差异

这里，我们不惜篇幅对中外历史上主要的教育理想或者说教育论说进行了回顾和考察，从中我们可以发现，中西方教育史上对儿童自由、自主、自决的憧憬和向往，事实上由来已久。尽管它们依据的社会历史条件以及具体立场各异，论说和表达方式或激情昂扬，或平实恳切，但对我们在当前时代背景下建构合理的学生观或者教育理想都具有丰富的启示意义。回顾和重读教育理想，不仅有助于我们探明有关学生自主问题的"历史基因"，从而避免权宜性认识，而且也有助于理清它所内具的时代内涵，从而历史地把握其深层意义。由此，应该指出，我们探讨的"自主的学生"不仅是现代的，而且是历史的；不仅是我们国家当前面临的一个重要问题，而且是世界教育的共同主题。当然，对于不同文化、政治、社会背景所客观形成的历史与现实差异，我们也必须审慎地加以对待。

正如我们前面所论及的，教育的理想或者有关"学生"的想象总是与不同阶段人类发展的总体理想和要求紧密相关并内在契合的。追求人自身的自由和解放，摆脱各种束缚和奴役的枷锁，从而获得自由、全面、和谐的发展，是人类历史上一个永恒的主题。我们在考察中西方历史上的教育理想时，可以明显地感受到这种发自人们内心的共同祈求与希望。从西方来看，对理性和自由的向往以及人性完满与和谐的要求是希腊精神的内核；经过文艺复兴以"人的自由和尊严"为主题的人性革命，驱逐了中世纪的阴霾，人的价值和地位以及个性的自由和解放再次引起关注；之后，资本主义的萌芽和发展，更是进一步增强了人性解放和个人独立自主的要求。从我们国家来看，尽管传统人格的依附型特征经常是为时人诟病和批评的对象，但正如我们前文所提到的，我们国家传统的教育思想中亦不乏追求完满人格，以及对

理性自觉的向往。尤其是五四运动以来，以科学、民主为主要特征和内核的文化启蒙，同样给我们的教育带来了一股推陈出新的清新之风，崇尚人性解放、个性独立、思想自由的理想对于教育界来说无疑亦是一次启蒙。而当代诸多新颖的教育理念对学生作为主体之人及其生命本质的认识与提倡，前所未有地丰富了我们的教育理想，同时使得我们有关教育及学生的认识也日趋丰富、全面，并且更富时代性。

就差异而言，如前文所提及的，主要体现在由于中西不同文化传统以及社会政治、经济背景而造成的教育理想的差异。就文化传统而言，作为西方文化的源头，正如研究者认为的："全部希腊文明的出发点和对象是人。它从人的需要出发，它注意的是人的利益和进步，为了求得人的利益和进步，它同时既探索世界也探索人。"① "人"是希腊文化的基点和旨归，因此普罗塔哥拉曾经充满激情地宣称："人是万物的尺度，是存在者存在的尺度，也是不存在者不存在的尺度。"② 也就是说，在普罗塔哥拉及其同时代的先哲看来，人显然是高于一切的。这种思想对后来西方文化的发展具有深远的影响，并进而影响人们在教育领域的价值设定和理想期待。另一方面，就西方社会政治、经济文化而言，建立在资本主义经济形式基础之上的资本主义文明和资产阶级文明，对个人的自我实现以及个人成功原则的强调和提倡无疑对教育领域的培养目标和教育目的也具有重要影响。西方现代社会学家丹尼尔·贝尔对资本主义文化有较为深入的分析，他提到，"资本主义是这样一个社会经济系统：它同建立在成本核算基础上的商品生产挂钩，依靠资本的持续积累来扩大再投资。然而，这种独特的新式运转模式牵涉着一套独特文化和一种品格构造（character structure）。在文化上，它的特征是自我实现，即把个人从传统束缚和归属纽带（家庭或血统）中解脱出来，以便他按照主观意愿'造就'自我。在品格构造上，它确立了自我控制规范和延期报偿原则（delayed gratification），培养出为追求既定目的所需的严肃意向行为方式。正是这种经济系统与文化、品格构造的交融关系组成了资产阶级文明。"③可见，资本主义经济的发展必然要求培养出适合其独特文化和品格构造的人才，他们是具有强烈的自我实现愿望，个性开放、独立自主的人。

相较于西方文化传统以及社会文化背景，我们国家历经几千年的封建统治，以及农业经济、君主制度、礼教等构成的文化格局对个人的发展在相当

---

① 鲍·季·格里戈里扬. 关于人的本质的哲学 [M]. 汤侠声，等，译. 北京：生活·读书·新知三联书店，1984：28-29.

② 北京大学哲学系. 西方哲学原著选读：上卷 [M]. 北京：商务印书馆，1982：54.

③ 丹尼尔·贝尔. 资本主义文化矛盾 [M]. 赵一凡，等，译. 北京：生活·读书·新知三联书店，1986：25.

程度上具有限制和压抑的不良影响。这种不良影响集中表现为个人对自我的抑制,以及差别等级观念的认同与屈服,从而在整体上缺乏独立的人格特征和鲜明的个性品质。从教育文化来看,在中国漫长的封建社会里,人们"对于儿童多不能正当理解,不是将他当做缩小的成人,拿'圣经贤传'尽量地灌下去,便将他看做不完全的小人,说小孩懂得什么,一笔抹杀,不去理他。"① 有研究者认为,中国几千年的教育就是两个字"听话",其结果是"培养出来的人不敢想,不敢讲,不敢闯,缺乏开拓创新精神,严重阻碍了中国近代社会的发展"②。这种文化传统对教育的影响,在现在看来,仍然是深刻和明显的。

这里主要是从文化传统以及社会政治、经济背景来揭示历史上中西方教育理想设定上的客观差异,由于这方面的相关研究已较为丰富,因此不再赘述。应当指出的是,当我们再度回顾教育理想的历史变迁及其发展,并试图赋予其以新的时代精神,进而建构符合现时代社会以及个人发展状况的教育理想时,我们国家传统文化的消极影响及其惯性是需要正视并加以批判和改进的。对于西方教育思想的有关认识也应当批判性地认识和吸收,比如,联系本研究的研究主题,在当前我们积极地倡导学生自主,以及引进国外有关学生自主学习的先进理念以及具体做法时,尤需充分地考虑文化境遇以及文化适应性的问题。

(二)现实的焦虑:当前"教育现代化"的隐忧

教育理想,作为一种对教育的理想表达,总是基于现实,而又超越于一定现实的。因此,当我们探讨教育的理想设定时,必须首先立足于当前教育的状况和现实,并以此作为基点和根据,才能使我们的探讨更有针对性,并更富实际意义。联系当前我们国家的教育现状,我们认为,在重新确立与建构新时代的教育理想时,不得不注意和考虑教育在现代化过程中存在的隐忧。这种隐忧来自两个方面:一是现代教育文化的先天不足;二是现实教育本真意义的失落。

首先,就第一方面而言,有研究者认为:"中国现代教育在与传统的教育形式告别之后,似乎一开始就表现出先天不足、贫血,缺少一场相对独立的教育的启蒙与深刻反思、自我塑造与生成……故中国现代教育一直就没有真正地树立、培植出属于'中国现代教育'的健全的内在精神资源。"③ 我们

---

① 周作人. 知堂回想录:第35卷 [M]. 石家庄:河北教育出版社,2002:768.

② 顾明远. 论中国传统文化对中国教育的影响 [J]. 杭州师范学院学报:社科版,2004 (1):1—9.

③ 刘铁芳. 沉重的书包与教的权力 [J]. 清华大学教育研究,1999 (4):101—107.

认为这种评价是客观而深刻的。其实，我们在前面对中国的教育理想进行考察时，也不难发现这个问题的存在。这种先天不足以及内在精神资源的不完备的情况，必然会影响教育的实际展开及其教育意义的完全实现。无独有偶，另有研究者从文化角度对这一问题进行了进一步的反思和剖析："缺少文化根基的课程知识和教学模式，不能不使中国现代教育面临着双重缺憾：既拙于养成具有文化底蕴的现代人格，也难以造就具有创造精神的现代人才。因而，中国现代史上一次又一次以'新'为追求的现代教育和课程改革，在某种意义上，都是在不断用'新'的外衣，去掩盖内在精神和文化价值的日益贫瘠。在一个日益全球化的现代社会中，不同文化的碰撞和冲突，是文化创造、也是旨在养成饱满人格、创造型人才之教育的根本动力。那种抽象化的、缺乏文化张力的课程结构和课程知识，很可能是造成文化贫瘠、创造力萎缩的深层根源之一。"① 应该说，这种认识对于认识我们国家当前的教育文化以及教育理想的设定同样具有重要的启发意义。从我国当前的教育现状来看，迫切和根本的任务是要重建和再造精神丰厚、具有内在动力以及自我张力的教育文化。如果我们的教育文化缺乏足够的内在力量，那么任何形式的变换，其意义都将是有限的。

其次，从第二个方面来看，教育现代化的过程中，教育本真意义的急速失落是当前教育面临的严峻问题。教育的现代化使之与经济、政治、社会更进一步地广泛联结，这既是教育现代化的要求与实现条件，同时也是其必然的客观结果。与此相应，符合现代经济发展的效率、秩序原则以及技术理性在相当程度上僭越了教育的本真意义，教育中作为个体人的生命状态的自然舒放，以及对自我意义的理解和感受都付之阙如，导致教育越来越成为一种技艺乃至技术之学。"当教育和学校在履行越来越多的社会责任的同时，教育和学校最为基本的职能——促进作为个体的人的成长和发展——却被遗忘了或消失了。"② 正如，英国教育家劳伦斯所批判的："今天，我们却不问怎样使一个孩子成为一个完善的人，而是问我们应当教他什么技术，使他成为只关心物质财富的世界中的一颗光滑耐用的齿轮牙。"③ 甚至，有人认为，受"教育"的过程也是一个"失去"的过程：

"在受教育的过程中，在得到一些东西的同时，我真切地感觉到一些美好的东西从我及周围许多人的生命中白白流失掉了，并没有按教育者的意愿

---

① 于述胜. 让课程保持必要的文化张力——中国现代课程改革中的文化问题论纲 [R]. 北京：北京师范大学教育学院博士课程班讲座，2005.

② 张斌贤. 教育历史：本性迷失的过程 [J]. 清华大学教育研究，2003 (2)：1—5.

③ 伊丽莎白·劳伦斯. 现代教育的起源和发展 [M]. 纪晓林，译. 北京：北京语言学院出版社，1992：序言.

转化为我们生命的组成部分，转化为我们的生活态度与习惯，并进而影响我们的一切。"①

这不由得使我们反思教育的本应具有的意义，《读者》上有一段利奥·巴恩格利亚先生写的话：

"我们整天在干些什么？我们如此忙于传授知识。如果我们没有教莉亚妮任何她真正需要知道的东西，譬如：如何快乐地生活着，如何有个人价值感和自尊心，而单教给她如何读书、写作、算题，这又有什么用呢？"②

在利奥·巴恩格利亚先生看来，有价值感和自尊心，而且快乐地生活才是教育所应追求的本真意义，教育显然不能仅仅满足于教人技艺和知识之追求，而应当担当培育和实现人作为人的尊严的任务。另有研究者提出："教学的真正目的应该是完整的人的成全。如果我们总是只关注'考试考不考'，那么这种画地为牢、削足适履的教学就只能培养出鼠目寸光、兴趣狭窄、内心贫乏、对人类苦难和外部世界报以冷漠的人。"③可见，教育不仅意味着要帮助受教育者提高生存能力，而且要帮助他们提高存在的智慧；教育不能仅以功利的眼光来看待教育的对象，还应该以存在的眼光来对教育对象的生存价值予以观照。

（三）必要的回眸：从教育的原典意义关注学生的发展

上文我们论及了当前教育现代化过程中存在的隐忧，并讨论了教育本真意义被经济、政治等外在逻辑和原则僭越而导致其意义失落的事实。笔者以为，教育尽管与社会存在着天然的关系，彼此不可分离，但应当在其价值追求和理想设定上保持其一定的独立性，尤其是基础教育阶段更应保持其纯正的品格。由此，我们认为，在当前背景下，回顾和探讨教育的原典意义，进一步反思和关注教育的理想设定和学生的培养目标是非常有意义的。那么，何为教育的本真意义？教育的本真意义，是引起许多哲学家、教育家关注和探讨的问题，他们的探讨和论述，对于我们充分认识和把握这一问题有着导引和启发的意义。

康德曾经充满信心地期待："教育或许会变得越来越好，而且每一代都向着人性的完满实现更进一步；因为在教育背后，存在着关于人类天性之完满性的伟大秘密。从现在开始这种进步就会发生。因为人们现在才开始对一

---

① 韩涛. 属根的事物 [M]. 沈阳：辽海出版社，2000：序言.

② 朱慕菊. 走进新课程：与课程实施者对话 [M]. 北京：北京师范大学出版社，2002：118-119.

③ 肖川. 我的教育主张 [R]. 北京：北京师范大学教育学院博士课程班讲座，2005.

种良好的教育究竟意味着什么，有了正确的判断和清楚的认识。这种设想令人陶醉：人的天性将通过教育而越来越好地得到发展，而且人们可以使教育具有一种合乎人性的形式。这为我们展示了一种未来的，更加幸福的人类的前景。"①

存在主义哲学家、教育家雅斯贝尔斯认为："所谓教育，不过是人对人的主体间灵肉交流活动，包括知识内容的传授、生命内涵的领悟、意志行为的规范，并通过文化传递功能，将文化遗产教给年轻一代，使他们自由地生成，并启迪其自由天性。因此教育的原则，是通过现存世界的全部文化导向人的觉醒之本源和根基，而不是导向由原初派生出来的东西和平庸的知识。真正的教育绝不容许死记硬背，也从不奢望每个人都成为有真知灼见、深谋远虑的思想家。"②

麦金泰尔则提出："教育的目的应该是帮助人们发现其目的并非外在于其本身的活动；而所有智力研究恰恰是在自身之内并为自身提供这种活动。应该作为教育成果的关键性的能力是直接为它本身，为拥有它的人服务的。"③

马丁·布伯认为："教育，如果它最终产生了，确实存在着，那么它就能加强行为者内心中的启明灰暗的力量。"④

······

鉴于人们对教育的亲历特点，因此有关教育及其意义的探讨和论述自然是非常丰富和深刻的，这里不可能探讨完全到位，但是它们往往表现出论者类似的情怀，以及对教育的共同憧憬。从上述论述中，可以看出，对于人类而言，教育的意义在于促进人们天性发展、人性完满，以及获得幸福。对于个体而言，教育的意义在于引导内在价值、丰富生命的内涵、赋予知识和意志行动的提升，在于促成个体自由的生成、自主的行动，以及内在力量的形成与获得，从而促成个体身心的前进，使之"圣善地完成自己"。这是我们认为的教育的本真意义。

然而，联系学校教育日常化情境中实际的教学形态，以及学生的生存状态，教育的本真意义并不能如其所是地得以呈现。这是由于：其一，我们所认为的教育本真意义作为教育、教学的理想追求，它的实现和显现必定是有过程的，它的作用在于不断地引导教育意义的实现；其二，在实际的教育教学中，确实存在着教育的本真意义被遮蔽、被弱化、被替代的现象，从而导

---

① 伊曼努尔·康德. 论教育学 [M]. 赵鹏，何兆武，译. 上海：上海人民出版社，2005：6.
② 雅斯贝尔斯. 什么是教育 [M]. 邹进，译. 北京：生活·读书·新知三联书店，1991：3.
③ 约翰·怀特. 再论教育目的 [M]. 李永宏，等，译. 北京：教育科学出版社，1992：1.
④ 马丁·布伯. 人与人 [M]. 张健，韦海英，等，译. 北京：作家出版社，1992：122.

致我们现实的教育不可避免地附着功利的、权宜的色彩。鉴于此，近年来，人们对教育现实的批判之声日盛，翻阅相关的教育类期刊文章，"异化、宰制、规训、压制、禁锢、扼杀、过分限制、规约、强制……"，这些词汇时常能跃入我们的眼帘，它们被用来批评、批判教育对受教育者个体精神的消极限制。对于这些日益众多的批评和批判，我们只有审慎地加以思考、辨析，剔除情绪化的因素，批评和批判才会是所指有物，才会是客观的，才会是理智的、有效的。当然，这些批评和批判也让我们不得不去思考如何去除"异化、宰制、规训、压制、禁锢、扼杀、过分限制、规约、强制……"，从而使教育回归对本真意义的追求。联系研究主题，本书更为关注在日常的教育教学场景中，教育对于个体学生的意义及其实现的问题，也就是说学生个体如何能够在学校教育教学的引导下不仅丰富掌握知识和技能，更为重要的是形成和发展内在精神、内在力量以及内在自由。可以说，这是本书倾心探讨的主要问题之一。

第二节 挑战与应对：当代"学子"的自我命名

一、背景："后喻文化"时代的来临及其教育意义

随着二十世纪社会政治、经济、文化的广泛而深刻的变革，教育的任务也相应面临着整体的重大变革。可以预料的是，教育的这种变革在新的世纪、新的时代将会有更为深刻和全面的表现。因为，这与教育的文化属性和社会属性是分不开的。人类的教育总是要对社会文化的更新、民族的繁衍以及个体的发展等诸多方面作出自己的回应。此种意义上可以说，人类的教育集中体现着人类流动历史之河变动不居的特征。而教育的对象——年轻人及孩童无疑处在人类流动历史之河的中心位置。可见，文化、教育、年轻人、孩童显然具有内在天然联系，同时又是相互相生的。孩童、年轻人在人类变动的阶段之中，通过文化和教育的涵养化育，得以"臻于完整"。教育及其文化对于年轻一代的这种促成功能成为人类社会一个永远耐人寻味的事实。然而，文化和教育的延续并不等同于天然的绵延，其中必然会有这样或那样的原因而促使其发生跃动，并表现出创造性的更替和向前发展。从这种意义上可以说，教育是人类流动的历史之河。同时，阿伦特指出年轻人乃是在全部人类"变动观"的中心位置，她描述孩童好似"在变动的过程中尚未臻于完整的人"。可见，文化、教育、年轻人、孩童无疑具有内在天然联系又是相互相生的。孩童、年轻人在人类变动的阶段之中，通过文化和教育的涵养化育，得以"臻于完整"。教育及其文化对于年轻一代的这种促成功能成为

人类社会一个永远耐人寻味的事实。然而，文化和教育的延续并不等同于天然的绵延，其中必然会有这样或那样的原因而促使其发生跃动，并表现出创造性的更替和向前发展。

本书这里要讨论的是，来自年轻一代或者说受教育一代的文化力量，也就是被称为"后喻文化"对教育的影响，以及由此引发的对年轻人或者说受教育者的认识与看法。讨论的目的在于，联系研究主题，试图从文化变迁及其与教育的关系入手，揭示当前学生发展的文化特征及其意义，并进一步探讨学校教育在理想设定以及确定学生培养目标方面应当注意的相应变革。

"后喻文化"是美国文化人类学家玛格丽特·米德提出来的一种文化类型或者说文化模式，与之相对应的是"前喻文化"和"并喻文化"。三者的划分依据主要是看前辈文化与后辈文化之间以及内部的关系。

"前喻文化"的特点是："对文化缺少认识，每一代儿童都能不走样地复制文化形式"①，"在这种文化类型中，老一辈是权威主体，他们的文化具有不可更改的固定性，他们以生活方式中的一言一行来认同过去的文化积淀，并以此为榜样向儿童传递这种代代复制的文化。缺少疑问，缺少觉悟，这是保存后象征文化的关键条件"②。在这种文化类型中，前代文化被视为圭臬，文化的继承等同于复制文化，而不进行文化的变更和创造。"这种文化强调儿童的适应与遵守，压制和束缚自主行为，长辈们为有效控制儿童压抑其自主表达的欲望，常常举行恐怖的宗教仪式，获得长久而牢固的权威是通过强权，这种强权或者是内在的，即对灵魂施加压力，或者是外在的生理上的强迫。"③"并喻文化"则指的是同辈群体之间的文化影响，也可以称为"同辈文化"。在这种文化形态中，老年人已经不再是现在幼儿学习的权威，"同辈人是比正在被取代的父母更重要的行为榜样"④。"同辈文化"是年轻一代自己选择、自己建构的文化类型，实现自己的独立自主。"后喻文化"与"前喻文化"相对，指的是年轻一代将知识文化传递给他们生活在世的前辈的文化形态。米德认为"后喻文化"是在科技革命蓬勃发展使整个社会发生了巨大变革的情况下产生的，在这种全新的历史时代面前，年长者的经验不可避免地丧失了传喻的价值，而新生活的挑战却激发了年轻一代前所未有的活力。这种现实和矛盾一方面不可避免地酿就了两代人的对立和冲突，并导致"代沟"的出现，另一方面则促成了年轻一代"反哺"年长一代的可能性。就当前社会发展状况而言，"并喻文化"和"后喻文化"的影响和作用将日

---

① 玛格丽特·米德. 代沟［M］. 曾胡，译. 北京：光明日报出版社，1988：22.

② 同①，第41页。

③ 雅斯贝尔斯. 什么是教育［M］. 邹进，译. 北京：生活·读书·新知三联书店，1991：70.

④ 同①，第67页。

益明显，我们甚至可以认为"后喻文化"的时代已经来临。

如前所述，教育总是在不断地回应社会、文化的变迁和发展。在当前情况下，"后喻文化"来临之际，教育又应当做出怎样的回应？一方面面对新一代文化力量的新兴，文化机制在相当程度上突破单一的传统文化传喻机制这样的事实，教育又如何来设定自己的培养目标和价值理想呢？另一方面的问题是，随着"后喻文化"时代的到来，青少年一代表现出哪些新的文化特征，以及新的文化式样？尤其是"并喻文化"或者说"同辈文化"以及"后喻文化"对青少年学生的影响和作用日益显现，这对我们的学校教育又产生了怎样的影响？

我们认为，上述两个方面的问题是相互联系的，需要结合起来加以思考。"并喻文化""后喻文化"的存在必然会在客观上对现实教育教学中长期以来形成的"权威"意识以及师生之间的"权威"关系起到调节的作用，并且能够在相当程度上促成学生同辈之间以及师生之间的良性互动。进一步而言，这两种文化机制的影响，尤其是学生自身文化力量的凸显，不仅使得在新的文化背景下，学生具有"自我命名"以及建构自我文化身份的可能，而且同时促使我们对学生及其发展进行重新的认识和建构成为必要。

二、挑战：学生"自我命名"的两种方式

学生的"自我命名"或者说实现自我文化身份的建构，主要体现在其作为文化新一代的整体的精神气质、文化追求、思想风格、价值追求等具体维度上，并体现出其所置身其中的文化处境的基本特征。他们力图从上述维度建构能够自我甄别的文化式样，以达到自我认可、自我命名以及自我呈现的目的。这种文化需求和愿望可能以主动的、温和的、符合主流文化的形式表达出来，从而形成一种积极的自我文化建构机制。这种积极的建构机制，有助于青少年形成和建设符合自身年龄特征和身心发展状况、积极、健康、新颖、富有特色的自我文化，以及乐观、向上、富有时代感的文化形象。另一方面，青少年学生的文化在表达自身的文化需求和愿望时，也可能会采取极端的表达方式，从而导致各种偏差行为。比如，粗暴、堕落、无所追求、没有理想、物质至上、极端自私等语词就是人们用来形容青少年一代自我建构的消极文化形象。这种文化样式所体现的文化心理特征是"对抗"，是青少年在缺乏宽容和认同的文化境遇下的一种消极"突围"。

（一）正向建构：自我文化主体的担当

随着社会文化环境的时代变迁，当代学生的自我命名与自我文化身份建构的文化处境已经迥异于以往。因此，学生的自我命名首先表现为对传统文

化价值期待的一定程度上的疏离，并在此基础上表现出新的文化特征，以及日益鲜明的自我建构的力量。

1. 对传统社会文化期待的疏离

我们的社会处在转型时期，相应的，我们的文化以及民族性格都处在更新和变革的时期。在这种情况下，当前学生所面临的文化处境必然带有全新、独特、多元、复杂等特征，他们在价值观念、行为准则、生活方式、社会参与等方面都形成了与此前数代人都极具区别性的特征。

"他们不再是对这样一句话耳熟能详的人——'为革命保护视力，眼保健操现在开始……'

他们不再是在小时候写作文时，言必称——'自十一届三中全会以来……'或'改革的春风……'之类的人；

他们不再是学校开会一冷场有事没事就开唱'没有花香，没有树高'的人；

他们不再是在接受计算机启蒙教育时，还见识过BASIC语言的人；

他们不再是小学劳动课上还去打扫厕所、捉苍蝇、老鼠的人；

他们不再是对五讲四美三热爱倒背如流，但始终也没搞清楚什么时候才能练成四有新人的人；

他们不再是告诉自己，要有理想有信念，要好好学习天天向上，走在路上看见一分钱也要交到警察叔叔手里边的人；

他们不再是走在路上看见方格子地砖想着跳房子，跳橡皮筋的时候唱'我爱北京天安门'，每个月存5毛钱指望小学毕业去看天安门的人；

他们不再是看过黑白小人书《岳飞》《丁丁历险记》《烈火金刚》《七剑下天山》的人；

他们不再是在中学毕业都要含着眼泪唱小虎队的《骊歌》中的'南风又轻轻地吹送，相聚的光阴匆匆……'和《再见》中的'请相信我们明天一定会再见，就像白云离不开蓝天……'的人……"①

从这段描述中，我们大致可以把握当代学生身上所表现出来的文化特征及其发展趋向。

首先，渐隐的政治意识。中国社会在20世纪70年代末以前，基本上是一个政治化的社会。政治观念一度渗透在社会生活的各个角落，甚至成为普通百姓的潜意识。学校教育与政治结合得尤为紧密，并突出地表现在学校培养目标的设定上。随着我们国家中心任务由阶级斗争转向经济建设以来，人

---

① 风流一笑. 生于七十年代的我们，是最后一拨这样的人 [EB/OL]. (2002－05－28) [2011－05－27]. http://www.tianya.cn/publicform/Content/free/1/51624.shtml.

们的关注点也相应地发生了转向,以往对政治的激情转变为发展经济的热情和努力。当代学生对曾经的政治化社会生活缺乏直接的体验,因此,较其前几代人来说,他们的政治意识和政治兴趣不再表现得那么明显,在现实生活中他们甚至有意无意地以戏谑的方式去抵制所谓"主旋律"对他们的要求。

其次,独特的文化趣味。当代学生生活在一个物质日趋丰富的时代,他们开始广泛地享受现代物质文明的丰硕成果。物质条件的提高和充足,不仅为当代学生一代创设了便利的生活、学习环境,更为重要的是在很大程度上影响并造就了他们独特的文化趣味。当代学生独特的文化趣味主要表现为对时尚和流行文化的追求,他们更为注重文化形式的愉悦性、感受性和消费性。

再次,价值追求的世俗化倾向。当代学生在价值观念和社会心态上,表现出了比前几代人鲜明的世俗化倾向。这里所谓的"世俗化"主要是指对现实世俗生活及其意义的关注和重视。"世俗化"的积极意义在于,唤起不同社会群体对自身物质利益的合理追求,激发社会成员实现自我潜能与价值的成就动机,以及促进公民意识的生长和个性的解放。这对当代学生的发展是有积极意义的。当然,值得注意的是,"世俗化"附带的实用主义、功利主义的色彩对传统的理想主义无疑是一种挑战。

2. 对自我文化身份的建构

开放的社会背景,以及前所未有的多元文化景观,不仅给个人提供了多样选择的机会,也为当代学生充分发挥自己的个性创造了广阔的空间。当代学生出生、成长在一种全新的时空状态下,一方面表现出对社会与文化的传统期待的疏离;另一方面则表现出许多崭新的取向,他们呈现出比较开放、透明的心态,并积极地建构着属于自己的文化身份。当代学生的文化身份的"自我命名"及其愿望主要体现在以下几个方面。

一是,对自我的认识和宣言。这主要是指当代学生对自我的全面认识以及对自己成长的宣言,是他们对自己的理想、价值追求、行动根据、生活态度等方面的认识和真实想法,是对自主个体生命成长历程的期待与规划,并以积极、主动、自信的姿态面向成人社会,勇于敞开自我。下面的引文来自于学生杂志的一篇文章,题目就是《自我宣言》,有助于我们了解和把握当前这一代学生对自我的认识状况及其理想期待。

"在这个世界上,我是独一无二的个体。也许我有些地方与别人相似,但我仍是无人取代的。我的一言一行都有我自己的个性。因为这是我自己的选择。

我是自己的主人——我的身体,从头到脚;我的脑子,包括情绪思想;我的眼睛,包括看到的一切事物;我的感觉,不管是兴奋快乐,还是失望悲伤；我所说的一字一句，不管是说对说错，中听还是逆耳；我的声音，不管是轻柔还是低沉；以及我的所作所为，不管是值得称赞还是有待改善。

我有自己的幻想、美梦、希望以及恐惧。

成功胜利由我创造，失败挫折由我自己承担。

因为我是自己的主宰，所以我能深刻了解自己。由于我认识自己，所以我能喜欢自己，接纳自己的一切，进而将自己最好的一面呈现出来。

然而，人多少会对自己产生疑惑，内心总有一块连自己也无法了解的角落；但是只要我多支持和关爱自己，我必定能鼓起勇气和希望，为心中的疑问找到解答，并更进一步地了解自己。

我必须接受自己的所见所闻，一言一行，所思所想，因为这是我自己真实的感受。之后我可以回头检视这些发自内心的行为，若有不合适之处，便加以纠正；若有可取之处，就应继续保持。

我身心健全，能自食其力。我愿发挥自身潜能，并关怀他人，为创造一个更美好的世界贡献一定的力量。

我能掌握自己，做自己的主宰。

我就是我，世上不会有第二个我。"①

二是，对自我实现的理想期待。当代学生对自我实现的理想期待是建立在他们自我认识的基础之上的，寄托着他们积极的自我期待、对未来的希翼，以及对自身发展的初步设想。梦想与激情、成功与期望促成了他们乐观、积极以及奋发向上的精神气质，还有开始凸显的自我奋斗的生存力量。应该说，对自身发展的积极眷注与理想期待，以及为实现自我人生目标、发展理想的努力务实的态度是当前学生一代最为主要的精神状况。深受当代学生喜欢的台湾歌手周杰伦的歌曲《蜗牛》在一定程度上唱出了他们的心声：

"该不该搁下重重的壳/寻找到底哪里有蓝天/随着轻轻的风轻轻地飘/历经的伤都不感觉疼/我要一步一步往上爬/等待阳光静静看着它的脸/小小的天有大大的梦想/重重的壳挂着轻轻的仰望/我要一步一步往上爬/在最高点乘着叶片往前飞/让风吹干流过的泪和汗/总有一天我有属于我的天。"②

三是，对个体独特性的热切追求。优越的成长环境和独特的成长经历，使得当代学生视野开阔、个性张扬，他们以勇敢、乐观的态度追求个体生命意义及其体验，以自信、坚定的方式表达自己独有的沉思和感悟，表现出相

---

① 自我宣言 [J]. 小学生：高年级版，2005 (1)：12.

② 歌曲《蜗牛》歌词，作者周杰伦。2004 年 3 月 15 日《法制晚报》报道：上海市德育教育工作会议决定，将包括台湾地区歌手周杰伦创作的《蜗牛》在内的 100 首歌曲收入上海中学生爱国主义歌曲推荐目录之列。此举一经公布，立刻引起了社会各界的广泛关注。

当的抱负和锐气。甚至是，追求"特立独行"的生活态度、行事风格以及自我表达。

"我觉得我一直都特别喜欢两个词用在我的写作里面，一个是沉和，沉是沉重的沉，和是和睦的和，然后还有一个嚣艳，嚣是嚣张的嚣，艳是艳丽的艳，我觉得这两个词既是我本人的两面，也是写作中的两面，我觉得写作当中既有那种特别稳妥，特别深重的东西，也有颜色特别浓郁的跟我们这种年龄特别相称的东西，我觉得这是一种骨子里的东西，就像我今天穿非常素的衣服，一样艳不可挡。"①

（二）消极"突围"："反学校文化"初显端倪

"反学校文化"（counter-school culture）主要指称的是与学校主流文化相悖的一种文化现象，在西方始于美国 20 世纪 60 年代旨在反对学校权威体制的"反学校运动"。随着现代化进程的推进，最近几年来青少年学生的"反学校文化"现象在我们国家也初现端倪。由于时代和社会政治背景不同，我们国家在青少年学生中出现的"反学校文化"现象与西方国家在内涵、表现方式乃至本质特征上均存在差异。

台湾研究者张人杰教授认为，"反学校文化"在本质上是校园文化中根本价值观之异化。以此种观点来理解和分析当前我们国家青少年群体中出现的"反学校文化"现象是较为适切的。自学校教育诞生以来，学校一直被认定为传承人类先进文化和精神的主要场所，它担当着涵养化育新一代的基本任务，它在发展历史中所体现出来的崇高、神圣、公正、权威等精神得到了人们普遍的心理认同。从当前我们国家青少年的"反学校文化"行为来看，其主要表现为对长期以来形成的正统的学校教育文化及其精神的反叛、挑战以及抵抗。具体表现为挑战学校权威、违反校规、侮辱师长、校园暴力等失范和越轨行为，以及迟到、旷课、考试作弊、课桌文化、酗酒、打架、赌博、偷窃等具体表象。除了上述表现的实际行动以外，青少年一代还通过歌曲、童谣、小说等其他较为间接的表达方式对学校教育及其教学内容、师生关系、教学方式、学校制度等各个层面都进行了调侃、戏谑和批判，以此表达他们"反学校文化"的情绪。例如：

"我从来不上学，/你也别教育我，/如果你要是教育我，/我就会成为公害。/我们不会生活，/也不想知道怎么生活，/你别告诉我，/我根本就不想生活，/滚到，滚到，滚到一边去。"②

---

① 2004 年 9 月 8 日，CCTV-10《读书时间》，专题节目《聆听 80 后一代的声音》访谈内容。
② 摇滚歌曲《13 点》，作者小海。

"我们的社会书分四个单元。第一单元是'近代的中国'，简称为'条约'；第二单元是'中国共产党成立后的近代革命'，简称为'胜利'；第三单元是'中华人民共和国的国家机构'，简称为'机构'；第四单元是'社会主义建设的辉煌成就'，简称'成就'。……我们班同学不可否认地都爱国。因为我们都很怕上'条约'。又该上条约了。老师身穿黑色旗袍，自然满眼泪水，满腹气愤地走进教室。……我们班同学还是不可否认地爱国。所以我们喜欢上'胜利'。老师身穿大红旗袍，自然满脸庄严。……上'机构'时，老师穿着铁路制服。'机构'比较枯燥，就不说了。……我们最喜欢上的是'成就'。老师改革开放，身穿开一个开大叉的旗袍，胸前还开了个水珠形的漏洞。……"①

"我曾经说过中国教育之所以差是因为教师的水平差……教师本来就是一个由低能力学校培训出来的人，像我上学的时候，周围只有成绩实在不行，而且完全没有什么特长，又不想去当兵，但考大专又嫌难听的人才选择了师范，而在师范里培养出一点真本事，或者又很漂亮，或者学习优异的人都不会选择出来做老师，所以在师范里又只有成绩实在不行，而且完全没有特长，又不想去当兵，嫌失业太难听的人选择了做教师。所以可想教师的本事能有多大。"②

上述述及的外显的、直接的失范和越轨行为以及较为隐晦的、间接的情绪表达，可以说是当前我们国家青少年"反学校文化"的主要表达方式。从其内容来看，主要表现为青少年对学校主流文化价值及其权威的怀疑、批判、否认甚至叛离和拒斥，并未呈现出在西方国家中所体现出来的阶级抵抗的特征以及鲜明的意识形态色彩。华东师范大学郑金洲教授认为，从其发展态势来看，我们国家青少年的"反学校文化""表现出显形化、多样化、强烈化、长期化、低龄化等五种趋向"。③

"反学校文化"的初显端倪以及渐趋成型可以说是一个"现代性"的问题，在现代化过程中出现和发生的社会转型、阶层分化、文化多元、道德重构、价值重估、传媒涉入等诸种社会和文化现象是"反学校文化"现象产生的重要背景。另一方面，就学校教育内部而言，它在自身发展过程中所存在的某些问题与矛盾也随着社会发展的进程而暴露出来，这也是造成人们对学校教育的合理性及其权威产生怀疑和对抗的主要原因。再一方面，从当今社

① 钱理群. 孩子向我们发出的警示 [EB/OL]. （2007－07－22）［2011－11－23］. http：// life. cersp. com/child hood/lists/200707/2089. html.

② 韩寒. 教师的问题 [EB/OL]. （2006－10－10）［2011－11－23］. http：//www. sowerclub. com/ViewTopic. php？id＝263129.

③ 李伟胜. "当代教育与儿童发展国际研讨会"综述 [J]. 教育发展研究，2002（11）：89－91.

会文化的发展模式来看，如，前文所提到的"前象征文化"① 发展机制的作用已经日益凸显，新一代青少年力图通过塑造属于自己一代的文化特征而进行自我甄别，并试图对前辈文化、社会主流文化产生影响。可见，"反学校文化"现象的产生与青少年一代的这种文化诉求是分不开的。这是青少年学生群体中出现"反学校文化"的主观原因。由此我们认为，青少年学生的"反学校文化"的建构，如前面所分析的是青少年学生相对于学校主流文化所做的一种消极"突围"，从中寄托自己文化独立的愿望和冲动，并从中缓解和释放他们内心对自我状态的某种焦虑。从一定意义上说，它也可能是学生群体试图打破学校所安排的制度性设计，寻求自身意义的一种积极的解放形式。

三、必要的前瞻：从时代的发展趋向拓展学生的理想设定

上面我们主要探讨了社会文化变迁以及"后喻文化"的来临对学校教育以及我们关于学生认识的影响，并在此基础上进一步分析和探讨了当前学生一代"自我命名"的文化要求，既揭示了当代学生自我文化身份建构的积极形式及其文化特征，也对其消极的文化样式即在当前一代学生中初显端倪的"反学校文化"倾向进行了分析。总的来说，这是当前一代学生文化发展的整体状况。这种状况既反映了我们国家整体的社会变革及其发展赋予学生的"时代印记"与"文化标志"，同时，也构成了我们认识和分析这一代学生的客观前提。

我们认为，"学生"这一概念从某种意义上说是一种文化的假设，其内涵具有历史的、文化的、社会的特征，与历史发展、社会变迁和文化转型关系密切。因此，对于"学生"一词的看法应随着社会和时代的发展而有不同的调整，为了使学生有更大的发展空间，学校教育应赋予"学生"一词以更为自由、更具弹性、更有力量的时代内涵，并进而完善和发展我们对学生的理想设定。为此，有必要将这一问题融入到当前我们国家的现代化进程及其文化境遇当中来进行思考。具体而言，需要注意以下几个方面的问题。

首先，积极改进关于学生的基本假设。对学生的基本假设，是探讨教育问题的起点。从前文分析来看，当前一代学生无论在心理层面，还是在行动层面都表现出与以往学生不同的需求和特点。我们显然不能用过去对学生的基本假设来研究和讨论当代学生面临的实际问题。具体地来看，当前我们对学生的假设应当发生以下基本的转变：其一，由"知识人"转向"文化人"

---

① 美国人类学家玛格丽特·米德在其《代沟》一书中揭示的文化模式，主要指后辈对前辈的文化影响。

假设转向。"知识人"的假设显然仅是从学校教育中教与学的关系与意义来理解和定义学生的，基于上述我们对学生文化身份的自我需求及其自我建构的分析，我们认为，从更为全面的意义来看，学生具有丰富的文化特征和意义。尤其是"后喻文化"时代的来临，对学校教育教学更不仅提出了崭新的挑战，而且甚至会在一定程度上变革教育教学的未来走向。因此，拓展文化的视角更有助于我们把握学生的意义。其二，由"集体之人"转向"个体之人"。中国传统社会一向是以社会理性为本位的，而计划经济体制下社会文化单一、意识形态单纯、社会价值观高度同质的社会状况进一步促成了我们国家"集体主义"的绝对地位。因此，长期以来在社会理性以及集体主义的影响下，个体之人的感性生命及其意义是被遮蔽而晦暗不明的。这种状况同样体现在教育领域，如，研究者所指出的："几十年来，在我国的教育价值取向上，作为个体的人的发展问题，始终没有得到决策者的重视。"① 因此，关注个体之人的教育及其独立人格的建构成为我们当前努力的方向。

其次，充分重视青少年学生"自我建构"的力量。从前文分析来看，我们认为青少年学生在其自身的发展过程中，总是在自主地建构着属于他们自己的文化样式，无论这种建构从内容而言是积极、健康的，还是消极、不良的。就其内在机制而言，这种建构又既可能是被动的、迫于无奈的，也可能是基于反思的、主动积极的。因此，我们必须对之有正确的认识，趋利避害，要积极地引导学生形成反思性、批判性的意识以及认知能力，让学生这种"自我建构"的力量真正促成其成为能够进行内在指引以及自我操纵自给自足的人。德国教育运动家威尼肯（G. Wyneken）在其 1913 年出版的《学术与青年文化》著作中曾充满热情地呼吁："青年不仅仅是儿童和成年人之间的过渡期，也不只是成年人的准备期，它有着自身的美与价值，有着依照自己的式样来形成的生活的权利，青年应该背离成年人社会的种种劣迹，在新的生活中展现一种绝对精神。"② 因此，应当努力帮助青少年学生在新的时代背景下，塑造具有自己独特个性内涵的文化形象和文化特质，建立正确的文化身份以及文化认同与归属感，并能够在学业发展的同时实现个人才干、人格和社会能力的增进与完善。

---

① 涂艳国. 走向自由——教育与人的发展问题研究 [M]. 武汉：华中师范大学出版社，1999：199.

② 陈映芳. 在角色与非角色之间——中国的青年文化 [M]. 南京：江苏人民出版社，2002：11.

第 三 章

"'自主'的学生"：理论的确证及其构想

　　在本章，本书所要回答和解决的问题是"何谓学生'自主'"，或者换言之，"自主的学生是怎样的"。"自主"作为哲学、社会学、心理学等多门学科领域中的一个重要概念，具有其丰富的意义。我们在回答上述问题时，首先需要对"自主"的丰富内涵作一深入和较为全面的理解，然后，在此基础上，立足于教育学的特殊语境，对"学生自主"的内涵做出具体的理论构想。我们认为，从上述学科视域中"自主"的内涵及其相关研究来思考学生自主的具体内涵是必要的，一方面可以给我们提供全面和深入的视角，避免对学生自主内涵的简单甚至轻率的认识；另一方面则能提供方法论意义上的帮助，保证我们形成正确的理解方式和认识方式。

第一节　多学科视野中有关"自主"的
相关研究及其启示

一、马克思哲学有关"自主"的研究及其启示

马克思哲学主要是在其有关"人的全面自由发展"理论、个体解放等人学理论、人学思想的论述；有关"个人自主活动"的集中论述；以及人的发展与社会之间的关系中涉及"自主"这一概念的。因此，这里我们主要从三个方面对之进行考察：一是，立足于马克思哲学的人学思想，从人的自由自觉的活动与解放的角度出发理解和把握马克思哲学中"自主"的精神意向；二是，从马克思有关"个人自主活动"的重要论述中揭示自主活动的内涵、条件及其历史意义；三是，从马克思有关社会与人的发展之间的关系中来进一步补充对"自主"内涵及其限度的认识。

（一）"自主"作为一种追求人性解放以及个人全面自由发展的一种精神意向

马克思主义人学理论尤其是人的全面自由发展思想，是在批判19世纪中叶西方资本主义社会人的异化状况中建立起来的。早年的马克思，为批判普鲁士王朝的书报检查令曾写下一段精彩动人的文字：

"我是一个幽默家，可是法律却命令我用严肃的笔调。我是一个激情的人，可是法律却指定我用谦逊的风格。没有色彩就是这自由唯一许可的色彩。每一滴露水在太阳的照耀下都闪耀着无穷无尽的色彩，但是精神的太阳，无论它照耀着多少个体，无论它照耀着什么事物，却只准产生一种色彩，就是官方的色彩！"①

这种对自由个性以及个人自主的热切呼吁贯穿了马克思对人的问题持续一生的思考，也以此奠定了其追求人性解放以及人的全面自由发展理论的基本旨向。

马克思个体解放的思想有两个层次：一是个人的独立自主性的获得，即使个人成为个性和自由意志的独立个体；二是更高的层次，即个人的完善化和全面发展。从中我们可以看出，独立、自由以及完整、全面的发展是马克

---

①　中共中央马克思恩格斯列宁斯大林著作编译局，编译. 马克思恩格斯全集：第一卷［M］.北京：人民出版社，1995：111.

思人学理论中最为核心的思想。首先，在马克思看来，"任何一个存在物只有当它用自己的双脚站立的时候，才认为自己是独立的，而且只有当它依靠自己而存在的时候，它才是用自己的双脚站立的"①，独立是个人解放和自主活动的基础和前提。马克思进一步提出，"人的类特征就是自由的自觉活动"，"动物和它的生命活动是直接同一的。……人则使自己的生命活动本身变成自己的意志和意识的对象。……仅仅由于这一点，他的活动才是自由的活动。"② 也就是说，"每个人的自由发展是一切人的自由发展的条件"③，人类的自由必然要落实到个人自由的基础之上。因此，自由表现为人类的特征，又是个体本质的基本规定之一。而所谓完整、全面的发展，是指个体"以一种全面的方式，也就是说，作为一个完整的人，占有自己的全面的本质"④，并使他"从自身的自然中沉睡着的潜力发挥出来，并且使这种潜力的活动受他自己控制"⑤，也就是实现"个人本身力量的发展"。关于人的全面发展，马克思认为，"只有到了外部世界对个人才能的实际发展所起的推动作用为个人驾驭的时候，才不再是理想，职责……"⑥ 可见，只有个体自身作为主体自主地驾驭这些外部世界，主动自觉地去认识、改造外部世界，并主动自觉地认识、改造自身与参与自身的全面发展的时候，人的全面发展才能由理想变为现实，或由现实状态达到理想状态。

由上分析，我们认为，"自主"在马克思主义人学力量和人学思想中，是追求人性解放和个性自由全面发展的一种精神面向，它是个体实现人性解放和获得全面自由发展的基础和必要条件。从内涵来看，马克思主义人学理论和人学思想中所体现出来的"自主"的精神内核主要是：个人作为独立个体对自身本质的"占有"和"控制"，独立而不必被迫依赖其生存条件并受其束缚和限制，自由而掌握和控制了其生存条件，能够全面、充分地发挥个人自身的潜力和才能；对自己有充分的自我意志和意识，能够自己规定自己、自己创造自己，能够自我设计，促进"个人本身力量"的发展，从而获致自我的实现。可见，在马克思人学理论和人学思想中"自主"的内涵是双

---

① 中共中央马克思恩格斯列宁斯大林著作编译局，编译. 马克思恩格斯全集：第四十二卷 [M]. 北京：人民出版社，1979：129.

② 同①，第96页。

③ 中共中央马克思恩格斯列宁斯大林著作编译局，编译. 马克思恩格斯选集：第一卷 [M]. 北京：人民出版社，1995：294.

④ 同①，第123页。

⑤ 中共中央马克思恩格斯列宁斯大林著作编译局，编译. 马克思恩格斯全集：第二十三卷 [M]. 北京：人民出版社，1979：202.

⑥ 中共中央马克思恩格斯列宁斯大林著作编译局，编译. 马克思恩格斯全集：第三卷 [M]. 北京：人民出版社，1960：330.

重的：一是，个人作为独立个体摆脱外在生存条件的限制和束缚；二是，个人充分发挥本身的力量，自己主动自觉地认识、改造自身，参与自身的全面发展。

（二）"个人自主活动"与生产力、交往和生活条件

马克思在《德意志意识形态》中较为集中地论述了"个人自主活动"及其与生产力、交往以及生活条件等方面的相互关系，从中揭示了"个人自主"不仅是一种精神意向的规定，更属于人的社会实践活动范畴，并揭示了"个人自主活动"的实践条件及实现方式。

马克思指出："个人必须占有现有的生产力总和，这不仅是为了达到自主活动，而且一般说来是为了保证自己的生存。这种占有首先受到必须占有的对象所制约，受自己发展为一定总和并且只有在普遍交往的范围里才存在的生产力所制约。仅仅由于这一点，占有就必须带有适应生产力和交往的普遍性质。对这些力量的占有本身不外是同物质生产工具相适应的个人才能的发挥。仅仅因为这个缘故，对生产工具的一定总和的占有，也就是个人本身的才能的一定总和的发挥。其次，这种占有受到占有的个人的制约。只有完全失去了自主活动的现代无产者，才能够获得自己的充分的、不再受限制的自主活动，这种自主活动就是对生产力总和的占有以及由此而来的才能总和的发挥。过去的一切革命的占有都是有局限性的；个人的自主活动受到有限的生产工具和有限的交往的束缚，他们所占有的是这种有限的生产工具，因此他们达到了新的局限性。"①

"个人自主活动"的实现，又是有条件的，"它们是这样一些条件，在这些条件下，生存于一定关系中的一定的个人独立生产自己的物质生活以及与这种物质生活有关的东西，因而这些条件是个人的自主活动的条件，并且是由这种自主活动产生出来的。因此，在矛盾产生以前，人们进行生产的一定条件是同他们的现实的局限状态，同他们的片面存在相适应影响的，这种存在的片面性只是在矛盾产生时才表现出来"②，这些条件主要包括生产力、交往水平和生存条件。

最后，在马克思主义人学理论中，"个人自主活动"又是一个动态发展的历史性概念。马克思认为："历史，并不是把人当做达到自己目的的工具

---

① 中共中央马克思恩格斯列宁斯大林著作编译局，编译. 马克思恩格斯选集：第一卷［M］. 北京：人民出版社，1995：12.

② 同①，第123页。

来利用的某种特殊的人格，历史不过是追求着自己目的的人的活动而已。"①
这种"历史的追求"，即是每一代现实的个人追求更高的自主活动过程。

由上，我们认为，"个人自主活动"的实践要义，主要表现为：第一，
"自主"的客观前提，即作为独立的个人首先必须占有一定的生产资料；第
二，"自主"实现的个人基础，即个人主体性及其内在本质力量（能力）的
充分发展，以及"他们的体力和智力获得充分的自由的发展和运用"②；第
三，"自主"的条件及限制因素，即个人的生存条件，这种生存条件与个人
发展状态相适应的时候，是实现"自主"的条件，反之，当这种条件与个人
发展状态产生矛盾的时候，则表现为一种限制性的因素，因此个人所面临的
生存条件的意义是双重的；第四，"自主"活动的实现机制，表现为处在一
定关系之中的个人，作为独立的主体克服压制于他的外在的生活条件；第
五，"自主"的活动形态，它是指个人作为主体完全控制其生存条件而不是
反过来始终让其生存条件束缚制约的一种状态，这种活动是一个动态发展的
过程，是个人不断追求和实现更高的自主活动类型的过程。

（三）从社会关系与人的发展来理解"自主"的内涵

如前文所述，个人自主活动必然是在一定的社会生产或社会生活关系之
中发生的，社会关系对个人自主活动的影响是双重的。社会关系、社会条件
以及"共同体"等既构成了个人自主的基础和条件，但同时也可能对个人自
主构成限制和制约。社会关系和人的发展是马克思主义学说的重要内容，并
有相当充分和广泛的论述和探讨，有助于我们更为完整地理解"自主"的
内涵。

首先，马克思哲学开宗明义地指出，"社会关系实际上决定着一个人能
够发展到什么程度"③。"个人是社会存在物"，"对各个个人来说，出发点总
是他们自己，当然是在一定历史条件和关系中的个人，而不是思想家所理解
的——纯粹的个人"④。个人总是处于一定历史时代、一定社会制度、一定文
化系统中的有血有肉的活生生的个人。正是生产力、生产关系、阶级关系、
思想意识等，构成了每个现实具体个人存在发展的前提与基础，规定了个人
存在的方式与现实本质，制约着个人发展方向与水平。相对于所处的历史条

---

① 中共中央马克思恩格斯列宁斯大林著作编译局，编译. 马克思恩格斯选集：第二卷［M］.
北京：人民出版社，1957：118-119.

② 中共中央马克思恩格斯列宁斯大林著作编译局，编译. 马克思恩格斯选集：第三卷［M］.
北京：人民出版社，1995：633.

③ 同②，第295页。

④ 中共中央马克思恩格斯列宁斯大林著作编译局，编译. 马克思恩格斯全集：第一卷［M］.
北京：人民出版社，1972：8.

件和社会关系，个人同时又是一个特殊的个体，是能够相对独立于社会关系并克服其压制和束缚的单个的社会存在物。个人的发展就是在既定的社会关系中人的本质不断自我生成的过程，如，马克思所指出的："首先应当避免重新把'社会'当做抽象的东西同个人对立起来，个人是社会存在物。因此，他的生命表现……也是社会生活的表现和确证。因此，人是一个特殊的个体，并且正是他的特殊性使他成为一个个体，成为一个现实的、单个的社会存在物，同样的，他也是主体、观念的总体、被思考和被感知的社会的主体的自为存在。"①

其次，马克思从人的社会关系角度说明了人的发展的三个阶段，即：人的依赖关系——人的独立性——自由个性，并提出了"偶然的个人"与"有个性的个人"的思想。人的发展在一定意义上就是"有个性的个人"逐步代替"偶然的个人"。在马克思、恩格斯看来，个人的生存条件既是个人赖以生存的基础，同时又是束缚个人发展的障碍。因为，当这些条件受偶然性支配，那么它们就容易成为某种独立的东西同个人形成对立，因此是一种异己的力量。所谓"偶然的个人"就是指"个性完全屈从于这样的社会条件，这些社会条件采取物的权力的形式"构成了对个人自由的彻底限制，"最彻底地取消个人自由"②。由此，马克思指出"要消灭关系对个人的独立化、个性对偶然性屈从、个人的私人关系对共同的阶级关系的屈从等等"，从而"确立个人对偶然性和关系的统治，以之代替关系和偶然性对个人的统治"③。所谓"有个性的个人"就是能够与社会关系、交往条件与个人相适应，个人对社会有自主性。由此，"自主"事实上就是个人发展的这样一种状态，即个人主观世界已得到彻底改造因而足以控制其赖以生存的客观条件。或者说是指个人在处理自己与其生存条件的关系时已处于完全主动的地位。

再次，马克思提出了"共同体"以及"真实的集体"与"虚假的集体"的概念。马克思指出，"只有在集体中，个人才能获得全面发展其才能的手段，也就是说，只有在集体中才能有个人自由。"④ 这里所说的集体指的是"真实的集体"而不是"虚假的集体"，在真实的集体中，"个人是作为个人参加的，它是个人的这样一种联合，这种联合把个人的自由发展和运动的条件置于他们的控制之下"⑤，只有"在真正的共同体的条件下，各个人在自

---

① 中共中央马克思恩格斯列宁斯大林著作编译局，编译. 马克思恩格斯全集：第四十二卷 [M]. 北京：人民出版社，1979：122

② 中共中央马克思恩格斯列宁斯大林著作编译局，编译. 马克思恩格斯全集：第四十六卷 [M]. 北京：人民出版社，1980：161.

③ 同①，1985：第515页。

④⑤ 中共中央马克思恩格斯列宁斯大林著作编译局，编译. 马克思恩格斯选集：第一卷 [M]. 北京：人民出版社，1972：83.

己的联合中并通过这种联合获得自己的自由"①。真实的集体就是要保证个人自由的实现只有那种能保障每个人都能获得自由的集体才称得上"真正的"集体。

二、社会学领域对"自主"的相关研究及其启示

(一) 具有权利意义的政治学"自主"概念

"自主"同时是社会学中的一个重要概念。从词源来考察，"自主"（au-tonomy）一词源自古希腊的政治术语，是希腊文"autos（自我）"和"no-mos（法律）"的组合，用来描述希腊城邦的自我规范和自我管理。各城邦的统治按照公民自己制定的法律，而不是按照由某个征服性势力制定的法律；政治权力来自人民、属于人民并且为全体人民所掌握。由此，"自主"一词最初指的是公民对政治和社会事务拥有决定权。因此，我们认为，"自主"从最原初的意义来说是一个属于政治学范畴的概念，其意义实指权利。当代西方政治哲学也非常强调个人自主的观念，认为个人自主对于人作为社会成员的存在极为重要。此种意义上来说，个人自主寄托着人们的一种社会政治生活理想，就像拉兹所说："自主不是个人在进行自由选择时所处的自然状态。个人自主的理想实际上是强势完美理论，即完美的生活就是个人是自己生活的创造者。自主被从社会角度定义，这是因为个人的目标、喜好和价值，即个人活动的全部意义，源自于共有的社会母体。有意义的自主要求各种社会美德的存在，国家有义务提供这些美德，公民也有义务相互提供这些美德。"② 从中可见，个人自主这种权利，或者说这种政治理想的实现，需要获得国家和公民社会的支撑。自主作为一种政治权利，是个人自主的一个基本意义。

(二) 个人与社会一般关系中的"自主"意涵

从个人与国家政治的角度来理解个人自主，并把它界定为一种政治权利和政治生活理想，是一个方面。在西方社会学中，个人与社会的关系问题被认为是现代社会一切问题的根源，是社会学的基本问题。早在 1917 年，德国社会学家齐美尔就曾以《社会学的基本问题：个人与社会》为其社会学著作的书名，鲜明地提出了这一问题。他认为，个人之间是处在不断地互相作用过程之中的，由于个人的互相作用而联系起来的网络就是社会。社会学的

---

① 中共中央马克思恩格斯列宁斯大林著作编译局，编译. 马克思恩格斯选集：第一卷 [M]. 北京：人民出版社，1995：119。

② 何勇斌. 论学习者自主概念的理论基础 [J]. 江西社会科学，2004 (9)：176-179.

任务是要阐明个人与社会的关系，即阐明个人怎样互相交往而形成群体，群体又怎样制约个人的，所以社会学的基本问题是个人与社会的关系问题。作为社会学的基本问题，个人与社会的关系及其矛盾在现代许多著名的社会学家那里都广有论述，并提出了各自的解决方案，我们可从中一窥个人自主之意。

在迪尔凯姆看来，显然社会是高于个人的。他认为，一切社会的观念都具有一种强制力，人类大多数的意向不是个人自己生成的，而是在外界的引导、熏陶和压迫下形成的。因此，他始终将"社会事实"作为社会探索的出发点。迪尔凯姆认为，"一切行为方式，不论它是固定的还是不固定的，凡是能从外部给予个人以约束的，或者换一句话说，普遍存在于该社会各处并具有固定存在的，不管其在个人身上表现如何，都叫做社会事实。"① 可见，迪尔凯姆的"社会事实"具有两个明显的特征即"外在性"与"强制性"。这些"社会事实"是普遍存在于群体间的、由外界的强制力施加于个人所引起的社会行为、社会思想和社会感受，它不能归结为个人行为，也不能归结为生物现象和心理现象，因为它独立于个人之外并且可以观察，其存在不以社会成员个人的意识为转移，并且它先于个体的生命而存在，比个体生命更持久。它以外在的形式"强制"和作用于人们，塑造了人们的意识，它们对社会成员的行为发挥制约性影响。迪尔凯姆把人群现象、舆论趋势、道德、教育、法律及信仰都归并为"社会事实"。从迪尔凯姆的思想来看，在他那里，个人是不自主的，更多的时候是屈服于外在的"社会事实"，是在其强制和压迫下形成的。

与迪尔凯姆不同，齐美尔、韦伯、吉登斯等人则在相当程度上认为，个体并不是外部社会强制建构的结果，相反包含着个体自我的主动建构。因而，他们更为关注在社会结构中个人自主或者说个体自我实践（人们如何在其生活实践中成就"自我"）如何可能的问题。

在齐美尔看来，个体并不仅仅只是社会的，并不只是一味地顺应外部世界的逻辑。个体既在社会之中，又在社会之外；既是社会的产物，又是自主生活的产物；既为社会而存在，也为自己而存在。他把人的行为与自然的行为作了明确的区分，强调了人的行为的主观建构性，认为人总是积极主动地建构社会现实的行为者。因此，要理解人的行为的结果（社会现象），就必须对行为者确立的意义作出解释，即必须寻求个人的动机与原因。这种认识来自于他对现代性问题的深刻体验和认识，他认为现代世界或者说现代文化的基本特征就在于，原本应该用来丰富涵养人类个体自身的途径和手段的外

---

① 迪尔凯姆. 社会学方法的准则 [M]. 狄玉明，译. 北京：商务印书馆，1995：34.

在客观文化，现在却越来越脱离自己这个创造者的控制，日益成为一种自主的、压迫性的异己力量与自己对立，而不再是培育滋养自己的养料来源，相反"成为一种凌驾于个体文化之上的优势力量"，"它们自说自话地发展得越精致、越完善，就越是受控于一种与个人的发展、与自我实现绝不相容的内在逻辑，尽管这类文化产品的产生本来恰恰正是为了个人更好的发展和自我实现。"① 无疑，生命的物化使得人的现实和行动越来越失去个体性，个体人格越来越缺乏施展表现的空间，从而造成个体的无个性状态。个体的自我实践，正是要抵御外部客观文化对于个体的降低或磨蚀，抗拒其对于个体人格的化约夷平。齐美尔认为，个体对这种状态的解决之道，在于个体向自身内心的转向。他指出，生活在多大程度上与一切审美的生命理想相冲突，心灵的生活就必然会在多大程度上转向内心。因此，总的来说，齐美尔出于生命哲学的立场，认为生活世界的现代性问题更应该通过人的体验结构来把握，需要关注现代社会和文化肌体中作为现代生活之最直接的承载者的个体的生命体验、心性结构。

韦伯是理解社会学的奠基人，他认为，社会学的研究对象不应是迪尔凯姆所言的"社会事实"，而应当是个人的社会行为。社会行为是"社会的行为"，它是指行为者在行为过程中以行为者赋予其行为的主观意义为根据与取向的行为。社会行为的社会性，与"社会事实"的社会性不同，它不是存在于社会整体之中，而是存在于、产生于行为者赋予其行为的主观意义之中。因此，个人的社会行为具有社会性、主观性的特点。在此基础上，他主张社会学对于行动的解释要从"观察行动者的主观思想状态作出理论上的解释"开始，并通过寻求隐藏在人们共同的行为方式中的目的、意义和价值来解释社会。韦伯始终认为个人才是社会行动的真正主体，只有通过把握人的行动动机才能"理解"社会现象的"主观意义"。由此，韦伯提出个体的自我实践的思想，"提出的自我实践的目的，就是要生发力量，授予自我权能，以革新和控制这个不仅除魅、而且除能的理性化世界。"②

吉登斯的理论被称为"建构化"理论，他的"建构化"理论不同于迪尔凯姆的"外在的建构"，也不同于韦伯的"内在的建构"。而是试图克服客观主义与主观主义的二元论，而主张所谓的"二重性"，即人创造了社会，但他们也受着一定客观性因素的制约。因此，可以说吉登斯的建构论是一种"双重建构论"，即既强调社会结构对于个人行为者的"客观建构"，同时又强调个人行为者对于社会结构的"主观建构"。在《现代性与自我认同》一

---

① 格奥尔格·齐美尔. 时尚的哲学［M］. 费勇，等，译. 北京：文化艺术出版社，2001：172.
② 哈维·戈德曼. 自我的禁欲主义实践［M］//哈特穆特·莱曼，京特·罗特. 韦伯的新教伦理：由来、根据和背景. 阎克文，译. 沈阳：辽宁教育出版社，2001：61.

书中，吉登斯基于他的"建构化"理论，分析了现代社会中自我认同的新机制。他着重分析个人是如何一方面由现代性结构所塑造，同时又塑造着现代性的结构本身。他强调，人的能动性发挥和社会的制度化构成，都是在我们日常司空见惯、看起来支离破碎的活动中实现的。基于"主观建构"的思想，吉登斯指出现代社会中个人可以进行一场"生活政治"，通过自我反思与自我重建，促成自我实现的生活方式，在被社会结构化的同时对社会进行建构。与解放政治关心社会群体的剥削、压迫问题相比，生活政治主要回答社会中的个人应该怎样生活的问题，关心在全球化背景下如何创造能够促进自我实现的生活方式，关心个体进行生活决策和作出选择的自主性，它是一种自我实现的政治。

上面对西方现代几个经典社会学派代表人物有关个人与社会关系的观点加以综述，我们不仅可以从中了解他们各自的主张和观点，同时也助于我们从整体上有关个人与社会问题研究的总体趋向。个人与社会的关系，具体化，就是个体自主与社会制约之间的关系。因此，上述论述对于我们理解社会结构中个人自主的意涵是非常有助益的，对我们的启发主要包括以下几个方面。

1. 社会结构对个体自主的客观制约及其意义

根据前述分析，我们认为，社会结构对个体自主的限制是客观存在的。这种制约的客观存在是我们探讨个体自主的前提，正是社会的这种客观制约导致了个体"自主"的必要性。对于这一问题，我们应当辩证地加以思考和认识，避免二元对立的思维方式。以往我们在探讨这一问题时，"一般都有意无意地预设存在一种个人与社会的二元对立，学者们要么强调社会结构在整体上对作为个人存在的社会行动者及其行动具有决定性的制约作用，要么反过来，一味强调个人是社会的唯一构成要素，在解释社会的构成和变迁时，应该到人的具体行为、理性、动机和信念之中寻求原因。"[①]

有研究者进一步认为："社会生活过程本质上就是个人'自主'与社会的'规范'不断进行相应地自我调适的过程。从现实过程看，这一问题总是围绕着个人权益自主与社会权力规范展开的。个人的本性在于追求自主权益，社会的职责则是提供权力规范，两者的诉求和实践构成了现代社会的经济、政治、文化、生活领域的现实内容，影响着人类共同体的合作与分离、整合与冲突的基本过程。"[②] 而从前述分析中，我们也可以发现西方社会学研究的基本预设在于：将社会视为事实上存在的外在客观结构，同时又肯定个

---

① 杨善华. 当代西方社会学理论［M］. 北京：北京大学出版社，1999：222.
② 郑杭生，杨敏. 权益自主与权力规范——对现代社会中个人与社会关系的多视角分析［J］. 华中师范大学学报：社会科学版，2003（3）：35-43.

人虽身处客观结构中，仍能维持独立、自主、理性的存在。可见，外在社会结构对个体自主而言并不仅是起着消极的制约作用，它不仅是外在于个体之外、对之进行规范、限制、约束的客观结构，同时也为个体自主提供了基础和保障。因此，从个体自主与社会制约或者说社会规范之间彼此相互作用的过程（这种过程既可能是相互调适，也可能是相互妥协）中以动态、发展的眼光来看待两者的关系，才能完整地把握社会结构对个体自主的意义。

由上，我们认为社会学探讨"自主"问题的核心在于：个体行动者自我决断和行动层面的"自主"及其与社会结构的关系问题，并致力于厘清个体自主性在社会结构中究竟是如何展现的，以及可以和应该展现到何种程度的问题。

2. "自主"作为个体内在的意向和要求

从外在社会结构与个体实践活动的关系来看，个体自主的意涵一方面表现为，个体与各种外在的强制束缚发生抵制和对抗，并从中摆脱出来，从而获得个体自主地位的实现，以及自身潜力的释放和自我能力的增强。从自主的实现方式来看，此种意义的"自主"是消极的。需要指出的是，个体自主另一方面表现为个体追求和实现"自主的生命"的一种内在意向，它以面向社会的积极方式，"生活实践于这个现代世界之中而又既不为这个外部世界的客观逻辑和力量所宰制，也不为与其共同生活于这个世界的其他芸芸众生所淹没，从而成就其充实而独特的'自我'或'人格'。"①

这种自主的意涵源自于"个人想要成为自己的主人的期望"，"人，最重要的，我希望能够意识到自己是一个有思想、有意志而积极的人，是一个能够为我自己的选择负起责任，并且，能够用我自己的思想和目的，来解释我为什么做这些选择的人。"② 具体而言，这种自主的内涵表现为：个体对自我的生活与选择，是由个体自身来决定，而不取决任何外界的力量；个体具有独立的意志，而不是别人意志的工具；个体具有丰富的理性，是自主决定、自我导向的行动者；个体自主地设定自己的目标和决策，并且去实现它们。

3. "自主"的实现形式：双向建构

"现代世界既是个体自我实践的背景和舞台，也构成了现代自我实践的对立抗拒的面向。"③ 外在社会结构一方面对个体自我实践或者说个体自主的实现提供了基础，另一方面也不可避免造成了对个体的制约与限制。为此，西方社会学家提出了各自的解决方案，如齐美尔从生命哲学的层面提出的个

---

① ③　王小章. 现代性自我如何可能：齐美尔与韦伯的比较 [J]. 社会学研究，2004（5）：29-36.

②　伯林. 两种自由 [G]. 陈晓林，译. // 刘军宁，王焱，贺卫方. 市场逻辑与国家观念. 北京：生活·读书·新知三联书店，2005：210-211.

体心灵转向，韦伯提出了"个体自我实践"以及"内在建构"的思想，而吉登斯则提出了"生活政治"以及"主观建构"的思想。他们认为，上述这些方式是个体之人面向现代世界社会的进行个体自我建构，从而实现个体自主的重要途径。

因此，我们可以认为，个体自我的实现以及个体自主性的生成是个体自我建构和社会建构两种机制彼此作用、双向建构的过程。正如科恩所言："人的'自我'的本质不仅是由制约它和'进入'它的东西（心理生理素质、社会条件和教育等）规定，而且还由'出自'它的东西、它的创造积极性所创造的东西规定。"① 正是这些"'出自'它的东西"为"个体"的社会建构或者说社会生成过程提供了必要的基础。个体的社会化和社会的个体化的双重机制使得群体中"个体"的存在和呈现成为可能。"唯有通过社会的塑造，个人才在一定的带有社会特征的性格框架中形成那些使他不同于自身社会所有其他成员的性格特征和行为方式。社会不光产生一致化和类型化，也还产生个体化。"② 因此，在充分重视个体自主性的社会生成、社会建构的同时，我们必须注意到个体发自内部的自我生成和建构作用。

三、心理学有关"自主"的研究及其启示

"自主"又是心理学尤其是发展心理学或人格心理学中的一个重要概念，个人自主意识及其能力的形成在心理学中被看做是人格成熟的重要标志。可以说，自我意识和自主能力，构成了人格发展的主要方面，它主要的内涵在于促使个体实现外在控制到自我控制，由外在建构到自我建构，从而为个人生活提供意义和精神成长的动力。总体上而言，有关"自主"的心理学描述及研究，主要集中在有关自我及其发展的研究中，并侧重于将个人自主理解为自我的成熟及其力量和表现。其中具有代表性的是马斯洛的"自我实现"、凯根的"意义采择"、黎士曼的"自主定向"、凯尔曼的"内化"以及科尔伯格的"后习俗水平"等思想。

马斯洛的"自我实现理论"认为个人真正的发展问题是自我实现的问题。所谓自我实现，马斯洛指出："自我实现也许大致被描述为充分利用和开发天资、能力、潜能，等等。这样的人几乎竭尽所能，使自己趋于完

---

① 伊·谢·科恩. 自我论 [M]. 佟景韩，等，译. 北京：生活·读书·新知三联书店，1986.
② 诺贝特·埃利亚斯. 个体的社会 [M]. 翟三江，陆兴华，译. 南京：译林出版社，2003：71.

美。①"马斯洛进一步拟定了自我实现者的人格模式：从自我实现者的推进动机来看，他们是以成长性动机而不是匮乏性动机推进的，他们的动机在于发展个性，表现个性，成熟和发展。从发展动力来看，自我实现者的发展和持续成长是依赖于自己的潜力以及潜在的资源所实现的，而较少屈服于外界的压力和阻力。从行为特征来看，自我实现者保持着一定程度的个性、独立性和自主性，"自我实现者都可描述为在行为中具有相对的自发性，并且在内在的生活、思想、冲动等等中更加具有自发性。他们行为的特征是坦率、自然，很少做作或人为的努力。但是，这并不意味着他们一贯不遵从习俗。……他们对惯例的不遵从不是表面的，而是根本的或内在的。他们独特的不守成规以及自发性和自然性皆出于他们的冲动、思想和意识"。② 从文化适应来看，自我实现者表现出对文化适应的抵抗，他们"在某种深刻的、意味深长的意义上抵制文化适应，并且在某种程度上内在地超脱于包围着他们的文化。"③ 总的来说，自我实现的人可以被称为是有自主性的人，他们受自己的个性原则而不是社会原则所支配。④ 他们凭借内在的自主与外在的认可之间的复杂结合得以生存。⑤

罗伯特·凯根在其代表作《发展的自我》（*The Evolving Self*）一书中提出了"结构—发展"理论，理论的核心思想是"意义采择"（meaning-making）。一个人的自我是怎样发展的？在凯根看来，它是在个人采择社会意义和生活意义的过程中得到发展的。人是一个意义采择者，是其自我意义的建构者。凯根认为，个人对他人、自己及自己—他人关系等的认识，对自己过去经验、周遭环境的认识及对未来发展的预期，等等，都是"意义"。采择意义的过程是一种动态过程，一种表明生命存在的运动。这种运动由自我来实施和体验，即由个人为构成意义、拥有意义、保护意义、增强意义，或者威胁意义、失去意义的操作来体现。平衡—失衡—再平衡—再失衡，是意义采择的必然过程，也是自我发展的必由之路。

"平衡—失衡"的循环过程主要是由文化作用、个体认知水平两个因素决定的。首先，就文化作用来看。不同的社会有不同的文化，不同的家庭、学校教育、同伴团体等，也有不同的文化。这些文化自个体诞生之日起，就以"植入"的形式影响着个体，而个体则以"沉浸"的形式接受着文化。这

---

① 马斯洛. 自我实现的人 [M]. 许金声，刘峰，译. 北京：生活·读书·新知三联书店，1987：4.

② 同①，第 16—17 页。

③ 同①，第 40 页。

④ 同①，第 44 页。

⑤ 同①，第 45 页。

种"植入"的文化与个体的认知水平相匹配，即是所谓的"平衡"；相反，若发生冲突，比如文化的要求高于或低于个体的接受水平，就会导致"失衡"。失衡对于个体发展来说，既可能是机会，在这一过程中接受新的文化，采择新的意义，从而向更高的阶段发展；也可能是危机，导致个体反对新文化，无法采择新的意义，停止不前或者倒退。凯根指出，自我的发展需要经历下述几个阶段和过渡：从一体化自我向冲动性自我的过渡；从冲动性自我向唯我性自我的过渡；从唯我性自我向人际性自我的过渡；从人际性自我向法规性自我的过渡；从法规性自我向个人间自我的过渡。这里，每一阶段都有相应的文化"植入"，每一阶段的平衡都面临着两大挑战：控制和放手。①

大卫·里斯曼借助人口统计学方式揭示了西方社会三个重要的人口发展阶段，并相应地提出了社会性格的三种类型，即传统导向、内在导向和他人导向。不同的社会性格以不同的方式影响人的个性，个体成员相应地表现出顺从、离异、自主三种性格类型。顺从者在不同的人口阶段都能顺承社会或社会阶级对他们性格结构的要求，他们"似乎天生就是为了适应这些文化而存在的。"离异与不良顺承的含义相同，它是在个体试图塑造内在导向和他人导向性格时所产生的副产品，他们在意识和心理上都不能顺承或胜任社会分配给他们的角色。而所谓自主，里斯曼指出："我们的自主性概念说明：个人有力量通过选择榜样和经验塑造自己的性格。一旦个人具备了自主性、能够主动塑造自己的性格，他就能摆脱自己特殊的出生地和特殊的家庭背景所带来的地方观念。一旦个人摆脱个人的地方观念，那些感到无根可循和消沉颓废的人就会振作起来，看到自己的前途。"② 自主者能够选择自己的目标，调整自己的步伐，对于自主者而言目标和实现目标的动力都是理性的、非权威的、非强迫的，而对于顺从者来说，这一切都是既定的、外在强迫的。

里斯曼认为，自主的发展与社会变迁是紧密相关的。现在，传统导向型已逐渐成为过去，性格类型的冲突表现为他人导向和内在导向的斗争。高度的自我意识是他人导向自主者最显著的标志。总的来说，内在导向者比传统导向者更具有自我意识，而他人导向者又比内在导向者更具自我意识。因此，在鼓励自我意识的环境中成长的自主者能顺利摆脱其他顺承模式，获得更多的自我意识。他的自主性不在于掩饰和否定情感的能力，而是在于认识并尊重自己的感情，了解自己的潜力及局限。在他人导向型社会中，顺承者和自主者也是同时存在的，即：一种是通过他人导向而强制顺承的人，另一

---

① 罗伯特·凯根. 发展的自我 [M]. 韦子木，译. 杭州：浙江教育出版社，1999：2~5.
② 里斯曼. 孤独的人群 [M]. 王崑，等，译. 南京：南京大学出版社，2002：35.

种是以自主性克服环境局限的人。①

　　凯尔曼的"内化"思想和科尔伯格的"后习俗水平"思想涉及的都是个体道德发展的问题。凯尔曼于 1961 年提出了有关社会态度及价值观变化与形成的三阶段说，即顺从（complance）、同化（identification）和内化（internalization）。其中，"顺从"是指人们为获得物质与精神的报酬或避免惩罚而采取的表面服从行为，它不是出自个体的真心愿意，但在态度形成过程的起步阶段有着引导作用。"同化"是指人们不是被迫而是自愿地接受他人的观点、信念，使自己的态度与他人要求相一致。而"内化"是指个体真正从内心深处相信并接受他人的观点，而形成自己真正的、稳固的态度或彻底改变自己原有的态度。柯尔伯格认为道德思维能力是内在于个体身上，并随着个体的成熟而发展的。他把个体道德观念的发展分为前习俗、习俗和后习俗三种水平。所谓"前习俗水平"，是指个体还没有内在的道德标准，而是取决于外在的要求。他们用来作为道德判断的基准取决于人物行为的具体结果及其与自身的利害关系。"习俗水平"是指个体能按照家庭、集体或国家的期望和要求去行事，认为这本身就是有价值的，而不大理会这些行为的直接后果。这时，他们就能够从社会成员的角度来思考道德问题，了解、认识社会行为规范，并遵守执行这些规范"后习俗水平"，这种水平又称为原则水平。该水平的主要特点是：个体努力脱离掌握原则的集团或个人的权威，并不把自己和这种集团视为一体，而是以普遍的道德原则和良心为行为的基本准则。

　　从上述众多论述中，我们可以发现个人的自主的核心内涵或者说其人格目标是达成自我的实现以及自我意义的获得。自我的实现，必然要以个人自主为前提，充分发挥其自己的能力和潜能，以抵制外在的控制和压制。自主性是决定个人实现自我，构建自身意义的重要因素。而凯根的"意义采择"则可以说是揭示了个人自主的心理和文化机制。自主的个人是在"采择意义"的过程中，形成个人对他人及自己的认识，对自己形成恰当的发展预期，并在"平衡—失衡"的动态过程中，不断丰富、改变、构建自我的意义。凯尔曼的"内化"和柯尔伯格的"后习俗水平"尽管探讨的是个体道德发展的问题，但他们都肯定了出于个体自身意愿和内在标准，而不受外在规范和制度的强制个体内在力量的存在及其建构作用。

----

①　里斯曼. 孤独的人群 [M]. 王崑，等，译. 南京：南京大学出版社，2002：262.

第二节　教育学语境中学生"自主"的
已有研究及其启示

一、主体教育对学生自主性的研究

　　主体教育理论及其实践研究是我们国家改革开放以来教育界最具影响的研究之一，它以马克思主义关于人的发展学说为指导，从主体性哲学的高度来观照基础教育问题，提出了一系列崭新的命题，并同时构建了一整套包括主体教育目标、规律以及策略在内的理论与实践操作体系。主体教育理论的研究起点在于充分认识受教育者的主体性及其实现其主体地位，从而促进受教育者自由、自主并富有尊严的发展。因此，"学生自主"是主体教育理想追求及其思想构建的应有之义，更是其主要内核。从实践研究来看，十余年来，主体教育围绕学生的自主性、主动性和创造性的目标对学生的自主问题进行深入的研究。

　　主体教育核心概念"主体性"的界定主要是以马克思哲学中的"主体性"概念为依据的。在马克思关于人的发展理论中，所谓人的主体性，从根本上说，就是作为主体的人在同客体的相互作用中所表现出来的自主性、能动性和创造性。"自主性"被认为是人的主体性的基本规定之一。自主性表明：人对于影响和制约他存在、发展的主客观因素有着独立、自由、自决和自己支配自己的权利与责任、必要与可能；能动性表明：人在现实活动中，并不是单纯受制于外物或他人作用的被动存在，并不听命于某种命运的摆布，而是有选择地从事一切对象性的活动；创造性表明：人的活动本质上是一种改变客体以满足自身需要的活动。主体性的上述要素特性，又是密不可分的。自主性是人的主体地位的确证，是能动性、创造性的基础和前提；能动性是人能够成为主体的根本特征，是对现实的选择；创造性则是主体对现实的改变和超越，是人的主体性的最高表现。

　　根据上述认识，主体教育对学校教育中青少年学生的主体性进行了深入的分析，并具体构建了学生主体性发展的三维结构：自主性、主动性和创造性。也就是把主体教育的目标分解为更为具体的自主性、主动性和创造性及其相应能力的发展，"发挥学习者的自主性、主动性和创造性，培养其良好个性，使学生得到生动、活泼、主动的发展，这正是发展性教学的目标定位。"① 在此基础上，进一步对自主性、主动性、创造性三个基本特质根据学生的实际进行了分解，构建了青少年学生主体性发展结构层次及其目标体系，如图 1 所示：②

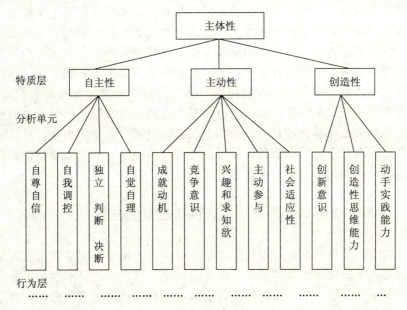

图 1　理论建构模式

可见，"自主性"目标是主体教育的主要目标之一，具体的主要表现在以下四个方面。

1. 自尊自信

表现为自我肯定、维护独立人格以及对自己的优缺点有公正客观的认识。

2. 自我调控

即在行动上按自己的计划、意图行事，不轻易被外部条件和环境所左右，表现为强的注意力，做事有始有终，遵守学校的各项制度以及与同伴游戏时能遵守集体规则等。

3. 独立判断决断

表现为善于独立思考，对别人的优缺点有公正客观的认识以及遇事有主见且合理果断地作出决定。

---

①　裴娣娜. 发展性教学与学生主体性发展 [J]. 河南教育，1999（1）：14−16.

②　北京师范大学教育系，河南安阳人民大道小学联合实验组. 小学生主体性发展实验与指标体系的建立测评研究 [J]. 教育研究，1994（12）：53−59.

4. 自觉自理

表现为力所能及的事情自己做，能合理安排学习与生活时间，有良好的生活习惯以及会做一定的家务劳动。

从主体教育中"自主性"的具体目标来看，并未仅仅停留于学生学习自主的探讨，而是着眼于青少年学生整体人格的发展，强调学生自主意识、自主行为、自主能力、自主权利的全面发展。使学生在主体价值观的引导下形成正确的自我认识、学会自主学习、学会自我负责、学会自我生活，从而实现个体的主体化建构。这对我们把握"学生自主"的意义是非常有启发的，我们认为"学生自主"的内涵应当指向学生在其学业发展的同时，对自己的内在个性和精神能够进行有意识的积极改造。对于个体学生而言，只有通过发展自己的内在潜能，塑造自己的内在精神，培养自己的新人格，提高自己的创造力，才能真正获得和实现主体性。

二、教育心理学有关自主学习的研究及其启示

自主学习是当前教育理论与实践研究中的一个重要研究课题，尤其是此次新课程改革中将其作为学习方式转变的一个目标之一，自主学习更是受到了广泛的关注。事实上，在国外，自主学习已有较长的研究历史，一直是教育心理学领域的重要研究内容。从研究内容与研究层次来看，当前，国内有关自主学习的研究主要集中在理论层面对自主学习的内涵及其价值进行探讨；而在国外，研究者已经从实践的层面对自主学习的操作形式及其实践机制进行了许多深入的研究。就我们国家当前的教育实际而言，现阶段对自主学习的内涵、特征、条件等基本问题进行深入和集中的探讨，是非常有意义的。这是合理地推行和实施自主学习的前提和保障。同时，积极学习和借鉴国外有关自主学习的实践研究也是有必要的。

联系研究的主题，尽管本研究并不是从自主学习的角度（尤其是教育心理学有关自主学习的研究角度）来开展具体研究的，但自主学习的相关研究，尤其是自主学习的内涵、特征、价值、条件及其相关实践问题对我们全面、深入地理解和把握"学生自主"的内涵无疑是有重要意义的。

（一）自主学习的性质与内涵

国内外研究者从不同的角度对"自主学习"的性质与内涵提出了多种观点和阐释，其中代表性的观点主要有：

1. 自主学习是一种学习方式

如，余文森等认为自主学习是指学生自己主宰自己的学习，是与他主学

习相对立的一种学习方式。① 程晓堂认为自主学习有以下三方面的含义：一是自主学习是学习者的态度、能力和学习策略等因素综合而成的一种主导学习的内在机制，就是学习者指导和控制自己学习的能力；二是自主学习指学习者对自己的学习目标、学习内容、学习方法以及使用学习材料的控制权，就是学习者对这些方面的自由选择的程度；三是自主学习是一种模式，即学习者在总体教育目标的宏观调控下，在教师的指导下，根据自身条件和需要制定并完成具体学习目标的学习模式。②

2. 自主学习是一种学习品质

有研究者认为，所谓"自主学习"是就学习的内在品质而言的，相对的是"被动学习""机械学习"和"他主学习"。因此，自主学习非常强调学生对学习的自我意识，如，要求个体对为什么学习、能否学习、学习什么、如何学习等问题有自觉的意识和反应。"自主学习"是建立在自我意识发展基础上的"能学"；建立在学生具有内在学习动机基础上的"想学"；建立在学生掌握了一定学习策略基础上的"会学"；建立在意志努力基础上的"坚持学"。③

3. 自主学习是一种学习能力

法国南锡大学语言教学与研究中心教授 Holec 认为"自主学习"是"学习者自己管理自己学习的能力"④。具体地说，就是学习者能够自己决定学习目标、确定学习内容和进度、选择学习方法和技巧、监控学习过程及自我评价学习效果的能力。

4. 自主学习是一种心理关系

有研究者从社会心理学的角度认为，"自主学习"实际上是一种"与学习过程和学习内容相关的心理关系"⑤。也就是说，自主学习是学习者拥有的那种批评性反思、决断以及独立行事的意愿和能力。因此，如果学习者独立确定学习任务和目标，并据此独立选择学习材料以及独立确定最终的评价标准，则可视其为自主学习者。

（二）自主学习的特征

什么样的学习是自主学习？或者说，自主学习者具有哪些根本的特征？这是人们在实践中尤为关注的问题。广大研究者对这一问题也提出了不同的

① 余文森. 略谈主体性与自主学习 [J]. 教育探索, 2001 (12): 32-33.
② 程晓堂. 论自主学习 [J]. 学科教育, 1999 (9): 32-39.
③ 庞维国. 论学生的自主学习 [J]. 华东师范大学学报：教育科学版, 2001 (2): 78-83.
④⑤ 成军. 建构主义框架下的"自主学习" [J]. 西南师范大学学报：人文社会科学版, 2004 (3): 171-176.

看法，如，有意见认为自主学习是一种积极、主动、自觉的学习，把积极性、主动性、自觉性作为自主学习的本质特征；一种意见认为自主学习是一种独立的学习，把独立性作为自主学习的本质特征；另有研究者认为，自主学习具有独立性、能动性和异步性以及非时空性等显著特征①。这里将结合自主学习的具体展开过程，并择取其中几种主要的观点，来分析人们关于自主学习特征的论述，并进而对自主学习者的特征进行讨论。

有研究者对自主的学习者进行了描述，并从中揭示了自主学习的特征：（1）学习者参与确定对自己意义的学习目标的提出，自己制定学习进度，参与设计评价指标。（2）学习者积极发展各种思考策略和学习策略，在解决问题中学习。（3）学习者在学习过程中有情感的投入，有内在动力的支持，能从学习中获得积极的情感体验。（4）学习者在学习过程中对认知活动能够进行自我监控，并做出相应的调适。②

有研究者认为，自主学习应当具备以下基本要素：（1）强的学习动机。自信，高的认识和探索的内在需要，以及对学习过程及价值的认识。（2）发展性基础学力。包括合理的知识结构，立体、多维、动态的思维方式，直观、领悟、求异、反思的思维气质，善于展示自己的潜在能力。（3）合理的学习方式和方法。③

国外现代学习理论家则从学习动机、学习内容、学习方法、学习时间、学习过程、学习结果、学习环境、学习的社会性等八个维度非常具体地揭示了自主学习的应有特征：（1）学习动机是内在的或自我激发的。（2）学习内容是自己选择的。（3）学习方法由自己选择并能有效地加以利用。（4）学习时间由自己进行计划和管理。（5）对学习过程能够进行自我监控。（6）对学习结果能够进行自我总结、评价，并据此进行自我强化。（7）能够主动组织有利于学习的学习环境。（8）遇到学习困难时能够主动寻求他人的帮助。

Holec认为"自主学习"的学习者至少具有以下五方面的特征：（1）学习者完全自学的情景。（2）学习者通过习得并运用于自我指导性学习的一系列技能。（3）学习者天生的然而被程式化教育（institutional education）所抑制的能力。（4）学习者对其学习责任的承担。（5）学习者所拥有确定其学

---

① 成军.建构主义框架下的"自主学习"[J].西南师范大学学报：人文社会科学版，2004（3）：171—176.

② 钟启泉，等.《基础教育课程改革纲要（试行）》解读[M].上海：华东师范大学出版社，2001：260.

③ 选自：2002年的《"主体教育与我国基础教育现代化发展的理论与实验研究"专题研究文集（第一集）》中裴娣娜撰写的《现代学习观及学习指导》一文。该文集属内部资料，未出版。

习目标的权利。①

综合上述几种观点和描述，我们认为作为自主的学习者，主要具备以下几方面的特征：(1) 从学习的心理准备来看，具有浓厚的学习兴趣以及强烈的学习动机和愿望，对学习及学习任务的意义与价值有较为明晰的认识。(2) 从学习过程来看，能够主动掌控学习过程，如，对学习内容、学习方法、学习时间、学习进程、学习环境等能够作出选择、决策、规划与控制；对学习结果能够作出合理的评价和反思。(3) 从学习素养来看，具备良好的知识储备、思维品质，适合自己的学习方法和策略，与他人协作学习的能力。

(三) 自主学习研究的有关范式

从 20 世纪 50 年代以来，国外许多心理学家从不同角度对自主学习问题进行了研究。从研究的理论依据以及主要内容来看，这些研究大致可以分为以下几种基本的研究范式：即行为主义的研究范式、社会认知学派的研究范式、信息加工学派的研究范式以及综合的研究范式。

以斯金纳为代表的操作行为主义学派把自主学习看成是学习与自我强化之间建立起的一种相依关系，认为自主学习包含自我监控、自我指导、自我强化三个子过程，并开发了一系列自我监控技术。

以班杜拉为代表的社会认知学派则从个人、行为、环境交换作用的角度系统地探讨了自主学习的机制，把自主学习分成自我观察、自我判断、自我反应三个子过程，强调自我效能和榜样示范在自主学习中的作用。

信息加工心理学则把学习过程中的自主视做元认知，着力研究元认知知识、元认知监控在学习中的作用，并主张通过学习策略教学促进学生的自主学习。当学生在元认知、动机、行为三方面都是积极参与者时，其学习就被认为是自主的。

20 世纪 80 年代中期开始，美国华盛顿城市大学齐莫曼等人以班杜拉的个体、行为、环境交互决定论为基本框架，积极吸收其他心理学派对自主学习的研究成果，在自己多年研究的基础上，对自主学习的实质、影响因素作了全面深入的探讨，被称为综合的研究范式。这一范式认为，自主学习是自我、行为和环境三者互为因果、相互影响的结果。自主学习并非仅仅由自我过程来决定，它还受到环境事件间交互作用的影响。由此，自主学习可以划分为内在的自主、行为的自主、环境的自主三个方面。齐莫曼等人的理论突出了学生学习主动性的一面，它强调学生可以通过选择性地应用元认知和动机策略来改善自己的学习能力，能够主动选择组织、创设有利于学习的社会

---

① 成军. 建构主义框架下的"自主学习" [J]. 西南师范大学学报：人文社会科学版，2004 (3)：171—176.

和物质环境，能够主动选择教学的形式和数量。

自主学习研究范式的变化与发展，反映了人们对自主学习研究的深入，这主要表现为：一是，对学生发展意义的强调，以往的研究主要着力于对自主学习的过程进行研究，关注的是学生的学习能力和素养，当前的研究开始注意到自主学习对学生人格发展及自我实现的意义；二是，对社会性因素的强调，以往的研究侧重从学生的心理因素及心理机制对学生的自主学习进行研究，当前自主学习的社会性已经引起研究者的重视，人们开始关注社会环境对学生自主学习的意义；三是，对自主学习交互作用的强调，这对澄清教育实践中人们对自主学习的片面理解，即把它等同于学生个体单向、孤立的学习是很有帮助的。

这些变化和发展对以往仅从操作性或技能性的层面来理解"自主学习"和"自主学习者"的意义，无疑是一个很大的超越，也促使我们不断地去找寻"自主学习"和"自主学习者"的全面意义。

第三节 "学生自主"的理解方式及其理论构想

一、"学生自主"的理解方式

前面我们从马克思主义哲学、社会学以及心理学领域对"自主"的基本内涵、实践形式及其限度和条件等方面进行了考察，并对教育学界有关"学生自主"问题的已有研究，如，主体教育对学生自主性的关注，以及当前自主学习的现状进行了分析。通过考察和分析，我们发现当我们试图去回答"何为学生自主"或者"自主的学生是怎样的"的问题时，实际上面临着一个复杂的意义背景。

马克思主义人学理论中将个人自主理解为获得人性解放，从而达到个人全面自由发展的一种精神意向和现实追求。在社会学的研究中，"自主"不仅具有"权利"的意味，对于个人来说是"自己当家做主"的权利；而且，同时又表现为个人反对社会外在控制、压制、强制，实现个人自由、自决、自为的一种意识、意向与要求。在心理学领域，"自主"则更接近于"自我实现"的意味，个人自主是人格成熟的主要内涵和重要标志。同样，在教育学领域，人们对学生自主的理解也是多样的。如，在主体教育的视野中，自主性被视做主体性的核心维度，学生自主性的形成是学生实现主体地位并实现主体性的前提和基础。因此，从具体的培养目标看，主体教育对自主性的强调主要指向学生整体人格的发展和完善。在教育心理学有关自主学习的研究中，人们更侧重于从学习技能的层面来关注学生的学习自主问题。

可见，自主问题，尤其是学生自主问题是一个内涵丰富、层次复杂的问题。如何在上述复杂的意义背景下，更为全面地理解和把握学生自主的问题？我们首先面临的是一个方法论的问题。我们认为，试图对"学生自主"作直接的界定或解释，会使我们的认识限于笼统和混乱的境地。因此，确立相应的分析层面和认识视角是非常有必要的。本研究将从下述层面来理解"学生自主"的内涵。

（一）自我伦理的层面

这里，"个人自主"的意义接近于我们通常意义上所说的"自我实现"（self-fulfilment）。可以说这是个人自主的终极价值，个人自主的目的就在于抵制和摆脱外在力量的控制与束缚，力图成为"自己的主人"，并进而获得、创造和实现自己的价值和意义。在学校教育教学中，这一层面的"自主"意义在于促成学生内在精神的生长和发展，促使学生在良善的教学生活的引导下去获取个人的幸福和实现自身的意义。这就要求我们的教育教学避免偏见、权威、庸俗、权宜，避免对学生精神自由的漠视、限制、僭越与压迫。苏霍姆林斯基曾经指出："有一样东西是任何教学大纲和教科书，任何教学方法和教学方式都没有做出规定的，这就是儿童的幸福和充实的精神生活。"① 对幸福和充实的精神生活的追求是自我伦理意义上学生自主的核心内涵。

（二）自我权利的层面

我们认为这里"自主"的意义相当于"自治"（autonomy）的意思，也就是说个人拥有自我决定、自主发展的权利。在教育教学当中，需要我们认识到学生对于他自身的学习和发展而言，也应当具有这种自我决定、自主发展的权利。因此，相应的，我们的教育教学就需要对学生进行"赋权增能"，让学生成为其自身发展的权利主体。

（三）能力技术的层面

这里的"自主"相当于"自我控制"（self-control）的意义，自我控制主要表现为个体对自身对外行为及行动的控制上，包括对行动目标、行动内容、行动方式等的自我选择、自我实行等的实际能力。我们前面述及的当前有关学生自主学习的研究对"自主"的理解更侧重的是这一层面上的意义。即充分尊重和认识到学生在他的学业发展中的这种自我行为的能力，包括对

---

① 苏霍姆林斯基. 给教师的建议：上 [M]. 杜殿坤，译. 北京：教育科学出版社，1984：145.

学习目标及学习计划的自我筹划、对学习内容、学习方法的自我择定、对学习过程及其进程的自我设定、对学习结果的自我评定等。可以说，这些方面涉及的更多的是具体的自主能力。

另外，我们认为在理解"学生自主"这一问题时，应当注意以下几个问题。

首先，"自主的学生"在本研究中我们将之理解为一种教育的理想，正如前面我们指出的，"学生自主"并不仅是一种理想的追求，也是一种现实的吁求。因此，本研究的基本立场是，这种理想是可以实现的，而不是一种空想。也就是说，学生自主这一理想是在现实教育教学活动中可以践行的，这种"自主"的学生是可以通过理智、合理的教育引导而得以培养的。

其次，对学生自主的强调，并不是盲目鼓吹学生的毫无限制的"自主"或者说"自流"。没有条件和限制的"自主"不仅容易导致"自主"的形式化、庸俗化，也容易导致学生人格的虚妄发展。需要指出的是，自主的学生绝不是虚妄、狡黠、自高自大、自命不凡、我行我素的学生。这种"自主"与教育的终极追求和根本旨意是完全相违背的。因此，在我们理解和把握"学生自主"的内涵及其意义时，应当审慎地考虑"自主"的限度问题。

二、"学生自主"的内涵要义

根据上述分析层面对"学生自主"的理解，本研究更倾向于将"学生自主"整体地理解为，学生个体在学校教学生活中，建基于其个体自主性这种"特质"逐渐成熟基础之上的一种学习与生活状态、行为乃至其个体的生存态度和生存方式。总的来说，"学生自主"的精神意向在于，使学生在教育价值的引导下，真正成为富有人格尊严、自由精神、个性丰富、独立自主、具有创造性和建设性的自在自为的存在者。

事实上，对于"何为学生的自主"的问题，鉴于"自主"的复杂意义以及学生自主在教育学语境中的特殊意涵，要直接对"学生自主"下周全的定义，会是困难的。我们认为，对于这一问题，定义不如诠释。因此，不如把问题转化为"自主的学生是怎样的?"通过对这一问题的回答，也就是围绕这一问题对"自主的学生"的基本特征的描述，有助于我们更为全面、自然地把握"学生自主"的内涵。我们认为，"自主的学生"具有以下主要特征。

（一）自主的学生具有自我实现的强烈愿望

如前所述，伦理意义层面的"个人自主"源自于个人想要成为自己的主人的期望。哲学家柏林曾在其《两种自由》中描述了这种期望的具体表现："我希望我的生活与选择，能够由我本身来决定，而不取决任何外界的力量。

我希望成为我自己的意志，而不是别人意志的工具。希望成为主体，而不是他人行为的对象；我希望我的行为出于我自己的理性、有意识之目的，而不是出于外来的原因。我希望能成为重要的角色，不要做无名小卒；我希望成为一个'行为者'——自己做决定，而不是由别人决定；我希望拥有自我导向，而不是受外在自然力影响，或者被人当做是一件物品、一只动物、一个无法扮演人性角色的奴隶；我希望我的人性角色，是自己设定自己的目标和决策，并且去实现它们。"① 如其所言，人最重要的是要对自我有充分、积极的认识。

齐格勒曾经满怀激情地指出，"儿童是他们自身命运的主动创造者。"②自主的学生，应该是这样的"主动创造者"，他对自己有充分的认识，以及在此基础形成的对自己成长和发展的合理预期；生活态度积极、健康，学习投入、努力；他的意志和行为是发自内在自我的，自己是自己的主人，在日常生活和学业生活中实现个体的自我意义。这里，自主的学生接近于怀特海所说的"真正受过教育的人"，他"是一个最有活力的人，用自己的全部热情去追求他所选择的生活，并全力以赴地投入到他的生活规划（life-plan）及其包含的各项具体内容中去。"③ 正是基于对自我实现及发展的强烈愿望和期待，自主的学生才能在适当的教育下，不断超越自我、重构自我。

（二）自主的学生具备一定的理性能力

所谓理性能力是指学生在教育教学生活中具备质疑、批判、反思的理性精神，以及持有审慎态度，能够进行明智的判断，克服外在束缚和强制，并做出适宜选择的理性能力。具备理性的自主，不等于虚妄的自大，也不等于放任自流。具备理性的学生，"不再是记忆学问的知识，而是经由学问提供的特别的视野，面对自己的生活和社会的问题，批判地考验自己的经验，质疑和解释自己的生活和教育，而非表面的敷衍。"④ 具备理性的学生，往往具备明辨的能力，能够依据自己的理智判断来进行选择和行动，这是学生正确行使自主的重要保障。具备理性的学生，能够在独立思考、判断和抉择的基础上，不断锻炼自己的能力，促进自身潜力的释放和自我能力的增强。当然，理性的能力不是天生的，而是需要在后天的学校学习和社会生活中通过

---

① 伯林. 两种自由 [G]. 陈晓林，译. //刘军宁，王焱，贺卫方. 市场逻辑与国家观念. 北京：生活·读书·新知三联书店，2005：210-211.

② 齐格勒，等. 社会化与个性发展 [M]. 李凌，译. 北京：北京航空航天大学出版社，1988：16.

③ 约翰·怀特. 再论教育目的 [M]. 李永宏，等，译. 北京：教育科学出版社，1992：138-139.

④ 欧用生. 快乐学习或安乐死？——体验学习的批判教育学意涵 [J]. 课程与教学季刊，2002 (4)：107-124.

学习、训练，以及随着个体身心的成熟不断发展和成熟的。

（三）自主的学生是自我的权利主体

学生的权利主要是指学生在学校教育教学活动中享有的相关权利，包括人身自由的权利、平等接受教育的权利以及参加教育教学活动的权利、享用学校教育资源和设施的权利，等等。本研究在承认自主的学生作为上述各种具体权利主体的前提下，更侧重于学生作为自我成长和发展的权利主体，即从整体意义上来认定学生的权利主体身份。也就是说，学生个体的发展不仅是外部社会、学校的培养任务，更是学生个体的一种内在权利。

（四）自主的学生是自我的责任主体

自主的学生不仅是自我的权利主体，而且是自我的责任主体。也就是说，自主的学生在获得和确立自主意识和自主地位，对自己的活动具有支配和控制的权利和能力的同时，应当承担起自我生存和自我发展的责任，对自己的权利、能力以及在此基础上的行为负有责任，更为重要的是对自我的成长和发展富有责任感。

（五）自主的学生能够进行合理的行动

苏联社会心理学家科恩认为自主有两个尺度："第一个尺度描述个体的客观状况，生活环境，是指相对于外部强迫和外部控制的独立、自由、自决和自己支配生活的权利与可能。第二个尺度是对主观现实而言，是指能够合理利用自己的选择权利，有明确目标，坚忍不拔和有进取心。自主的人能够认识并且善于确定自己的目标，不仅能够成功地控制外部环境，而且能够控制自己的冲动。"① 这里所谓的合理行动，一方面表现为学生个体摆脱外在约束、压制的行动；另一面是指学生，即个体从自身愿望出发，发自内在自我，积极向外的具体行动。这就需要理智地考察自身的这种愿望及冲动，趋利避害，避免和消除可能的消极影响。

三、"学生自主"的实践形式

我们认为学生个体的自主不是由理论和理念所先验地赋予和决定的，而是学生在其身心日益成熟和发展的基础上，在其现实的学业生活中逐渐获得和不断实现的。因此，我们在思考学生自主的问题时，必然要现实地考量其

---

① 伊·谢·科恩. 自我论 [M]. 佟景韩，译. 北京：生活·读书·新知三联书店，1986：407.

实践形式及其所由实现的条件要求。应该说，学生主体自由自主的实践建基于与外在环境的互动之中。因此，对教育情境的了解是必要的，只有针对教育情境中学生自主的实践形式及其条件进行分析与了解，才可能寻觅出学生自主开展自我的具体实践之道。否则，"没有对各种可能性的明智认识的自主性，只是一种浪漫主义的断言……"①，而"学生自主"也只能停留于理想的空中楼阁中。为此，根据前面对马克思哲学有关个人自主实践形态的归纳、分析，并立足于教育教学的特殊语境，下面我们主要从现实背景、个人基础、实践方式、外在条件、发展形态等几个主要的方面来探讨学生自主的实践形式。

（一）"学生自主"实现的现实背景

学生的自主是在其日常的学校教学生活背景中实现的。卡西尔指出："人只有以社会生活为中介才能发现他自己，才能意识到他的个体性。但是对人来说，这种中介并不只是意味着一种外部规定力量。人，像动物一样，服从着社会的各种法则，但是除此以外，他还能积极地参与创造和改变社会生活形式的活动。"② 前面我们把学生自主理解为其在学校教育教学生活中的一种生存方式，因此，学生自主的实现不能脱离其基本的教育教学生活背景。我们认为，学生日常的学校教育教学生活主要是由学校整体的氛围、教学活动以及班级生活、小群体生活等构成的。学生自主主要是在上述活动和生活中实现的。其中，学校整体的教育氛围为学生自主提供了背景和基础，对学生自主的实现起着间接的影响和作用。学生自主最为直接地实现于教学活动及其中师生之间的教学关系中。教学活动既寄托着国家、社会对学生的教育期望和要求，也寄托着一所学校、一位教师乃至一堂课对学生的教育影响。学生自主就相应地表现为，作为教育的承受者对上述教育要求、教育影响，基于自己的判断和选择，对之做出的主动接纳或者消极抵制等，以及发自自己内心的发展意向和愿望及其行动。班级生活和小群体生活对学生个体自主性的形成同样具有重要意义。

（二）"学生自主"实践的个人基础

学生自主的形成和实现需要具备一定的个人基础并要求学生主体付出积极的努力。"从表面上看来，仿佛学生自主选择的自由单纯是由家长、教师

---

① 彼得斯. 教育与人的发展 [M]. 王佩雄，马加乐，译//瞿葆奎. 教育学文集·教育与人的发展. 北京：人民教育出版社，1989：649.

② 恩斯特·卡西尔. 人论 [M]. 甘阳，译. 上海：上海译文出版社，1985：282-283.

'赐予'的，而实际上个人选择的自由，还要靠自己争取。"① 具体而言，学生自主的个人基础主要表现为学生心智上达到一定程度的成熟，具备一定的理性能力，对自我及发展有充分的认识与合理的预期，能够积极发挥自己的聪明才智以及潜能。同时，也能够充分认识自己的不足和局限，趋利避害、克服不足，不断完善自己。

（三）"学生自主"实践的方式表现

学生自主建基于与他人交往的教学活动关系。个人自主实现的前提是个人作为主体主动参与和投入到社会实践活动之中，并在与他人的实践交往关系中建起自主的关系。也就是说，个人的自主意识和自主性是在社会关系和社会交往中产生出来的。在这种社会关系和社会交往中，"我遇到了众多他者，是他们教我意识到我是我，他们教会我自我构建。"② 就学校教学活动而言，"学校的目的在于教会每个人与他人相遇交流"，"所有共同体的目的本身都在于向一个小孩子说：'我将教会你是什么，你能够从外界观察你自己，你将构筑起一个了不起的事物——你自己。但你不能做到这一点。你必须通过与别人的沟通、交往而做到这一点。'"③ 由此，就学生自主的实践而言，也需要学生积极投入到教学活动之中，在与"他人"（这里的"他人"对于学生而言，主要是教师、同学、同伴等）的交往活动中逐步发展个人的自主性。

（四）"学生自主"实践的外在条件

学生自主的实现需要外在条件的支撑。英国社会学家鲍曼在其《自由》一书中认为个人实现自由自主是要有"资源"的："虽然不予禁止或不受惩治确实是个人按其意愿行事的必要条件，但并不是充分条件。你有自由随意地离开这个国家，可你却没有钱买车票；你有自由学习自己所钟爱领域的相关技能，可你却发现在这个领域中并没有你的一席之地；你可以希望从事你感兴趣的工作，可你却发现这样的职位并没有空缺；你可以畅所欲言，可你却发现没有办法找到人听你倾诉。所以，自由绝不仅仅是不受限制。一个人要做成事情是需要资源的。"④ 同样，我们也有理由认为，学生自主的实现并不仅仅取决于其自身主观意识、愿望和能力的发挥，外在条件的支持以及相

---

① 陈桂生. 也谈"学生自主选择"[J]. 上海教育科研，2002（7）：20—21.

② 阿尔贝·雅卡尔，等. 没有权威和惩罚的教育？[M]. 张伦，译. 北京：中国人民大学出版社，2005：10.

③ 同②，第11页.

④ 泽格蒙特·鲍曼. 自由[M]. 杨光，等，译. 长春：吉林人民出版社，2005：导言.

应的资源也是必要的。从学生所面临的实际的教育情境来看，学生自主的外在条件主要表现为教学观念层面对学生自主的认同和重视，在教学条件、教学水平层面提供给学生的外在支撑，以及学生身处其中的班级集体的良好氛围，另外，包括社会和家长的影响。就限制因素而言，教学活动本身的属性规定以及课堂教学的结构性特征都会对学生自主形成客观的限制，这种限制可能是消极的，但也可能是积极的，它为学生自主的实现提供了基础。

（五）"学生自主"实践的发展形态

从学生自主的发展形态来看，学生自主是一个不断获得、生成和实现的动态发展过程。一般来说，学生自主总是从低水平的自主向高一级水平的自主不断发展的。另外，不同学生在自主性的形成和发挥上客观上存在着差异，差异可能表现在年龄、性别及其社会背景和班级社会地位等方面。

四、"学生自主"的限度分析

正如，道格拉斯（J. Douglas）所言："人的存在是多变的，不确定的和冲突的，他有部分的自由可以有所为，但亦受别人或情境的约制，不能有所为……基本上他是现实的存在，但也投向未来，他部分被决定，但也是超越的。"[1] 同样，哈贝马斯也曾提出扩增个人自由选择与自主地呈现自我的主张；但是，在另一方面，哈贝马斯亦肯定，个人无法，也不应该完全脱离被决定的命运。就学生的自主而言，它也必然是有限度的。

如前所述，学生的自主主要是在其日常的学业活动中实现的，也必然受到教学活动和班级生活的基本关系及其外在条件等因素的限制和制约。这些限制和制约因素，从其产生来看，它们既可能是产生于教学活动、班级生活的本质属性，也可能是外在的、人为的因素造成的；从其影响来看，它们对于学生自主的获得与发挥，既可能是积极的，也可能是消极的。因此，需要区别地加以认识。我们认为，学校教育教学生活中影响学生自主的客观限制因素及其意义主要表现为以下几方面。

（一）教育教学活动的本质与结构限制

教育教学活动的本质集中表现为教与学的关系，教育教学活动的基本规定即是教育者对受教育者进行施教，并促使受教育者在其引导下得以发展。为保证教育教学活动的正常展开，这种教与学的关系从某种意义上说是一种

---

[1]　威廉·F. 派纳，等. 理解课程：历史与当代课程话语研究导论 [M]. 张华，等，译. 北京：教育科学出版社，2003：190.

强制的关系："教育儿童的现象，不论是过去还是现在，总是一个不断强迫的过程，儿童视听言动的方式不是生来就如此的，而是通过教育的强迫力使然。起初，是强迫儿童饮食有节，起居适当，然后强迫他爱清洁、守安静、听教训，接着强迫他懂得待人的礼节、社会习俗、行为规范以后又强迫他学会做事，等等。等到长大了，教育的强迫力逐渐消失，但是他幼时接受的教育行为已经成为他'与生俱来'的习惯，不需要强迫他自己也知道这样做下去了。"① 我们认为，教与学的基本关系是实现学生自主的前提和基础，也是保障学生自主形成和实现的基本条件。学生自主必然是在肯定和接受这种关系基础之上才能得以充分的发挥，否则容易流于虚妄。当然教学关系内在的矛盾对学生自主的形成和发挥的消极影响也是客观存在的。

教学活动的结构性限制主要体现在课堂教学内部，是由课堂教学的结构性因素，如，课堂的时空构成、一定的教学目标和教学任务以及课堂教学活动中的人员要素等造成的。首先，时空构成是保障课堂教学客观前提，课堂教学固有的时空规定会对学生自主的发挥起到客观的限制作用，从当前来看，对课堂教学时空构成的变革是有限的。其次，教学目标、教学任务、教学内容、教学形式以及教学进度安排等，是课堂教学的过程要素，它们同样对学生自主的发挥可能存在限制。最后，课堂教学中的人员要素，包括教师的教学素养、学生人数、师生和生生的人际关系，也会在相当程度上影响学生个体自主的实现和发挥。

（二）教学活动外在社会条件的限制

构成这种限制的因素主要有：教学观念的分歧、权利赋予的难为、课程知识的择定、教学习俗的惯性、教研制度的趋同等方面。首先，就教学观念而言，基于不同的立场，教育者对新的理念持有的态度也往往是不一样的，既可能是认同与接纳，也可能是排斥与否定，而且观念与实践之间的客观距离，也会造成人们对学生自主的看法不一；其次，就权利赋予来看，学生自主的条件是必须赋予其相应的权利，然而在实际教学中，权利赋予往往难以真正实施，或者流于形式和表面化；再次，就目前而言，课程知识主要是由国家规定的，学校、教师尤其是学生个人对课程知识择取的可能性还是相对有限的；此外，长期以来形成的教学习俗（这种习俗既可能是一个国家整体的教学文化，也可能是一所学校、一位教师的特有教学惯性）及其影响，往往具有一定的稳定性，其消极作用在于可能难以接纳变革的思想，甚至对之产生阻抗；最后，当前中小学普遍存在的集中备课的教研制度及其规定在相

---

① 迪尔凯姆. 社会学方法的规则［M］. 胡伟，译. 北京：华夏出版社，1999：7.

当程度上造成了教师在教学过程中的按部就班的情况，导致教学活动的灵活性和弹性不足。

（三）班级生活社会关系的限制

班级是一个"微观社会"，由班级划分规定的"社会成员"（即教师和学生）主体的内部关系，以及与教学组织、教学制度和规范、教学活动等要素之间相互作用而形成的各种力量所构成的一个复杂、微观的社会系统。它构成了马克思意义上的"共同体"，因此，对学生个人自主的实现具有重要意义。在这个社会系统中，一个个学生个体之我从某种意义上来说，需要仰赖集体性之他我来证实和表现。班级集体是否具有积极的共同目标、和谐的人际氛围以及良好的教学关系，还有学生个人在班级中所处的具体社会地位如何，这一切对学生个人自主的实现都起着重要作用。因此，班级生活建设应当朝着有利于实现学生个体自主的"真实的集体"发展。

第四章

"自主"的学生：学校教学生活中的建构与呈现

　　本部分是笔者在一所九年一贯制学校实地观察和研究的结果描述。研究目的是在对"自主的学生是可能的"的前提认定下，试图通过深入的实地观察和研究，从而揭示"自主的学生"的实践意涵，并探明在学校日常的学习生活中，学生如何实现了自主，又缘何未能实现自主。这里，力图通过"我"的客观描述，将当前日常教学活动中"自主的学生"的现实存在形态"如其所是"地呈现出来，为进一步的研究提供现实基础。

笔者于 2005 年 10 月中旬正式进入 M 校①进行实地研究。M 校是北方城市 T 市的一所普通公立学校。该校是裴娣娜教授主持的《主体教育视野下课堂教学改革的深化研究》课题的实验学校，笔者是以该课题预调查任务联络人的身份进入 M 校的。作为课题组联络人的角色进入学校，为笔者赢得了学校有关领导，如校长、教科室主任以及相关老师的支持，从而保障了研究自然、顺利地开展。学校不仅允许我在中学部、小学部自由地听课，而且为我在学校安排食宿。这使我在课余时间获得了与教师、学生充分接触和交流的机会，比如，与年轻教师同住该校教师宿室，与学生一起在教室或食堂用餐。

M 校地处 T 市城郊有名的大型住宅区内，是作为该住宅区的配套设施于 1998 年建校的。因此，学校生源主要来自该住宅区的住户子女，以及少数附近城乡结合部农村户籍的学生。学校设有幼儿园、小学部和初中部，办学规模中等。尽管建校时间不长，据曾经是该校教师的区教育中心负责人介绍，该校教学质量在区属公立学校中是最好的。笔者于 10 月中旬进入该校时，看到中学部教学主楼上还挂着两条红色长幅，一是"热烈祝贺该校连续三年升学率名列全区公办校第一名"，二是"热烈祝贺××同学成为区中考状元"。可见 6 月份升学考试带来的喜庆气氛尚未褪去，这也从一个侧面印证了 M 校的办学质量。

笔者从 10 月中旬进入 M 校，一直持续到 11 月底，前后共 6 周时间。进校第一周，为了解 M 校整体的教学情况，在征得任课老师的同意下，我在中学部、小学部分别进行了扫描式的听课，并对学校校长、教科室主任以及部分教师进行了访谈。经过第一周的普遍听课和访谈以后，我选定了双语一年（1）班、实验五年（5）②班以及八年（1）班进行重点研究。之所以选择这三个班级，原因在于：一方面是因为，这三个班在办学形式上富有特色；另一方面是因为，这三个班的部分任课教师是学校课题组成员，较之其他教师更能接纳"研究者"介入课堂。具体地，我在双语一年（1）班听课 1 周，在五年（5）班听课 3 周，在八年（1）班听课 1 周。

在整个研究过程中，通过随堂听课、课余观察、课后访谈等方式参与到学生常态的教学生活中去，以把握学生实际的学业状况。同时，我还对全校主要科目的任课教师（其中小学为语文、数学、英语教师；中学为语文、数学、英语、物理、化学、地理、政治教师），以及双语一年（1）班、实验五年（5）班、七年（1）班、八年（1）班、八年（8）班的学生，进行了相关

---

① 由于研究伦理的需要，本研究对学校不具实名，后文中所有教师和学生的姓名亦均是化名。

② M 校小学部的办学形式较为复杂，分为双语部、实验部和普通部，分别设有一年级到六年级的双语班、实验班、普通班，并相对独立，由专人负责。下文中将专门述及，这里暂不展开。

的问卷调查。其中，双语一年（1）班由于一年级学生书面表达存在的客观限制，后改成学生口头报告、笔者逐一记录的方式。问卷调查共收回教师有效问卷 163 份，学生有效问卷 166 份，相关结果将在下文中述及和分析。后文中所涉及的材料，都是在上述研究过程中获得的，都是第一手的和真实的。

第一节 学校培养目标和学生分类系统

一、学校培养目标与校训校风

学校培养目标是学校对国家教育总体目标培养的具体化，是根据学校实际发展状况以及学生的实际水平做出的对学生发展目标的具体设定。以学校培养目标为核心的校训、校风、学风等相关要求构成了学校整体的文化氛围和精神意向。这种整体的要求作为一种精神指导体现在学校层面的校训、校风，班级层面的班风以及学生个体层面的成长档案中。

在我进入 M 校的第一天，就被学校的校训所吸引，M 校的校训是这样的：

> 动惟直道，行不苟合；
> 学以致用，自求真得；
> 进取不辍，日新积弘；
> 傲骨成心，笃志报国。

这比以往那些诸如"严谨、求实、文明、创新"之类的校训，显然意义更为丰富，也更有文化韵味，而且显得有气魄。校训其实反映的是一所学校对教育以及教育培养目标的认识，事实上可以理解为学校的培养目标。校训旁边写的是校风和学风：

> 校风：怀远、博见、坚忍、至诚
> 学风：慎思、善学、明辨、通达

另外，M 校所有教室，包括小学部和中学部都统一挂着字幅，标示着学校在学生学习上的具体要求：

> 教室前方：主动学习，学会学习
> 教室后方：慎思善学，明辨通达

总的来看，M 校的校训、校风、学风的规定和表述都具有浓厚的文化韵味，而且别具匠心。在访谈校长的时候，校长指出学校长期以来都在积极开展创设"书香校园"的活动，目的是为了培养学生的人文素养，让学生在阅读优秀书籍的过程中，促进人格健康、全面地发展，并为学生将来的发展打下坚实的人文底子。

另外，小学（实验）部的每个班的教室门口都挂有班主任老师的班级格言，配有老师的照片，用一个小镜框挂在教室门口。这也是一项"学校行为"，我刚到 M 校的时候，学校刚好完成这项工作。据校办的老师讲，这是为了提升学校的文化氛围。每位班主任老师的格言都是老师自己定的。比如，五年（5）班班主任金老师的班级格言是这样的："鲜花以瑰丽多姿给人以美的享受，小草以平凡的本色给大自然以无限生机。"金老师认为，自己格言的意思其实是以"鲜花"和"小草"喻作学生，是为了让每个学生都认识到自身的价值和意义，同时也表明了自己的教育理想，即关注所有学生的健康发展。

在中学部，我还发现了学校用镶金大字刻在墙上的名言："通向未来的路不是找到的，而是走出来的，走出这些路的过程，既改变着走过这条路的人，又改变着目的地。"这些砥砺性的话语与 M 校的校训、校风、学风相互呼应，共同营造了良好的文化氛围。

在 M 校小学部学生成长记录册的扉页上还有学校更为具体的办学目标，这里摘录的是其中关于学生发展的一些论述：

• 每个孩子都能在认识能力上有所发展，并根据其本身的条件使其各方面都得到发展。
• 每个孩子都被承认具有个人特色的学习风格。
• 每个孩子都得以发展他的一种爱好和学习愿望。
• 每个孩子都能养成对个人行为的自律和责任心。
• 每个孩子都能在一天的计划和经历上承担一份责任。
• 每个孩子都能发展自我理解和悟性，即自己是世界的一部分。
• 每个孩子都要认清在发展成为一个有价值公民的过程中学校所起的作用。

较之于 M 校的校训、校风、学风的表述，这样的表述更具现代意味，也更合乎当前教育改革的要求。从这些目标的具体表述来看，可见"着眼于每一个孩子的发展"这种教育理念已经为学校所接受。但同时也反映了这样一个事实，学校尽管有自己非常独特的校训、校风、学风这些"校本"培养目标，然而并未以此来阐发学校关于学生发展的具体目标，而是套用了时下流行的教育理念，这是颇具意味的。社会、国家教育目标相比学校"校本"目标的优先地位，从中可见一斑，因此"校本"目标作为学校自我设定的精神导向，可能并不能完全、现实地落实到学生发展层面，它的作用和意义更是间接和潜在的。

二、"心照不宣"的学生分类系统

（一）多样并存的办学形式

如前面所交代的 M 校小学部具有多样的办学形式，即普通班、实验班和双语班并存的办学模式。这些不同的办学形式主要区别表现在收费标准上：普通班按国家规定的义务教育收费标准进行收费，实验班比普通班每学期多收 1000 元的学费，而双语班每个学期的收费标准为每生 4000 元。这种多样并存的办学形式在时下很多学校中都是存在的，它在客观上为学校筹措了办学资金，对改善办学条件是有帮助的。普通班和实验班在班额上没有太大的差异，然而在教师教学水平上会有一定差异。

由于收费较高，较之于其他班，双语班的优势在于：首先，班级规模较小，比如，双语一年（1）班总共只有 24 名学生，其中男生 10 人，女生 14 人。而我在实验部听课时发现，实验部的班级规模要远远大于双语班的规模，如，实验二年（4）班就有学生 42 名。其次，教学质量相对较高，这主要体现在教师配备和课程设置上，学校为双语班延请了外籍教师，并开设"双数"（中国老师讲的数学课）、"双数外"（外教上的数学课）、"英外教"等课程。再次，学习环境良好，学校为双语班教室配备了空调，这是其他班所没有的。

尽管学费高昂，但仍然有不少家长愿意把孩子送到双语班，仅一年级就有双语平行班 4 个。学费标准的差异，客观上导致了学生生源的分流，比如，普通班的生源主要来自附近郊区农村，而双语班的学生基本上都来自城市收入较好的家庭，而且家长的职业状况和文化素质都比较好。总体上来说，双语班学生的素质和基础相对较好，而实验班二年级的一位班主任老师告诉我她班里的学生很多来自城乡结合部的农村，刚入校时连普通话都不会讲，在课堂上老爱用方言。应该说，这种差异是客观存在的。而学校根据收费标准的不同造成学生在享用教育资源上存在的人为差异也是明显的。这个问题有关教育公平与社会资源分配问题，这里就不展开讨论了。根据研究主题，这里想说明的是，由于收费标准的差异，客观上形成了对学生的分类，这种形式的分类使得不同的学生面临着不同的教育资源分配和利用，在事实上造成了学生个体发展空间和发展条件的差异。

（二）"优进劣退"的分班制

这种分班制主要是在 M 校中学部实行的。这里所谓的"分班"实质上是指学校主要根据学生学习成绩的优劣，将学业发展状况发展相近的学生集中在一个班，人为地将同一年级的班级分成好差、优劣不同的等级，如，日常生活中我们所讲的"好班""差班"，或者说"快班""慢班"就是这种"分班制"的结果。尽管在当前，这种"分班制"是明令禁止的，但事实上对于许多学校，尤其是那些基础较为薄弱的学校，"分班制"却是保证学校升学率的重要策略。因此"分班制"在许多学校其实是广为存在的，只是具体形式会有不同。鉴于社会对学校升学率的看重，升学率依然是学校办学的重要目标，是学校发展的"命根子"。这也为"分班制"的客观存在提供了现实的土壤。

与其他学校不同，M 校的分班制是非常有特色的。M 校根据学生的入学考试成绩进行排名，按成绩高低确定一定的分数线，依此划分班级。M 校中学部每个年段各有平行班 8 个，其中（1）班的学生是全年段学习成绩最好的，而（8）班学生的学习成绩在同一年级中则排在末位。就班级规模来看，（1）到（4）班的班级规模都保持在 40 人左右，（1）班的人数是最多，一般会超过 50 人。而（5）班到（8）班的班级规模则比较小，大都在 20 人左右。M 校的分班并不是"一试定终身"，学生根据学业成绩的变化在不同班级中进行流动，学习成绩（主要是指每个学期的期终考试成绩）进步了，就可以从后面班级升入前一班级，而前面班的学生如果学习成绩退步较大，则有可能被退到后面班级，即所谓的"优进劣退"。笔者在八年（1）班听课时，有学生告诉我，其中有七八位学生就是从（2）、（3）班升入（1）班的，还有一个学生是从（8）班一下子升入（1）班的。

这种分班制是以学业成绩为依据对学生进行的分类系统。在客观上，分班制对增强学生间的竞争，调动学生的学习积极性是有积极作用的。同时，也可以因此提高课堂教学效率，比如，在成绩较好的班级可以提升整体的教学进度，而不至于因为要照顾后进生的需要而影响全班的教学进度。另一方面，成绩排名靠后的班级，由于班级规模较小，在客观上为学业不良学生提供了更为充分的个体教学时间，并能够为之提供相适应的教学要求和教学进度。

当然，分班制的消极影响显然也是存在的。首先，学生的班级所属在客观上为其标定了特定的身份，尤其是成绩靠后班级学生的"班级符号"在一定程度上造成了其心理和学业上的压力。其次，"优进劣退"的原则，给部分学生带来希望以及调动其学习积极性的同时，也容易造成对相当一部分学生（包括学业发展良好和发展落后的学生，尤其是那些成绩尚可，但成绩徘徊在班级分界线附近的学生）的学习压力，这无疑加剧了学生在学业上的竞争性。笔者曾访谈了从（2）和（3）班升入八年（1）班的部分学生，他们当中多数人都反映学习上有较大的压力，同时还存在着难以适应的地方，为此他们甚至表示不愿意待在（1）班。

第二节　学生个体自我设定及其学校生活体验

一、学生的自我期待及理想设定

相对于学校的培养目标，学生个体对自己的发展有何预期和愿望，或者说学生对自己通过教育应当达到怎样的发展状况有何自己的理解和期待。为此，笔者在针对学生的调查问卷中，特意设计了"你的理想是什么？"的题目。并在五年级、七年级和八年级学生中进行了调查。学生们的回答如下所示。

五年级学生的理想：
职业型
科学家/教师/医生/室内设计师/服装设计师/舞蹈家/历史学家/电视播音员/主持人/警察/工程师/软件设计者/作家/演员/护士/商人/侦探/律师

七年级学生的理想：
（一）职业型
科学家/医生/教师/漫画家/文艺工作人员/明星（影星或歌星）/服装设计师/军官/主持人/歌手/企业家/足球运动员
（二）学业型
考上好高中/考上重点大学/考上电影学院/考上大学/好好学习/三年中学习优异，一直在（1）班，排前30名之内/考上重点高中/读到博士，找一份科学家之类的工作/研究数学/出国留学
（三）生活型
赚大钱/开一个小店/以后有个好工作，既有车，又有房

八年级学生的理想：
（一）职业型
科学家/设计师/政治家/物理学家/演奏家/教师/篮球运动员/外交官/科研人员/心理医生/数学家/律师/作曲家/电脑高手/理发师/画家/军人/警察/公司职员/开一个小公司
（二）学业型
好好学习，学业有成/学好英语/考上高中/考上理想高中/考上重点高中/出国留学

（三）笼统型

争取为祖国作贡献/什么事都尽最大努力去做好/永远快乐地生活/一生有所作为/做最好的自己/无限量，应超越梦想，见机行事/做自己喜欢做的事/自由

（四）生活型

有一份好工作，挣许多钱/长大能有花不完的钱/周游世界

（五）暂无理想

五年级学生的理想集中在将来希望从事的职业上，七年级、八年级的部分学生则把"理想"理解为当前的学业目标和将来的人生发展目标，个别学生甚至将之理解为近期的学习任务，因此回答就显得多样一些。上述关于理想的分类，是我在统计时根据学生们报告的具体内容所做的一个简单归类。

从五年级学生对自己的职业期待来看，主要集中于两类：一是所谓的"家"，诸如，科学家、历史学家、舞蹈家、作家，这些都是值得崇敬而一般人难以达到的目标；二是当前社会中极具优势的职业，它们收入颇丰，又有良好的社会影响，如，医生、软件工程师、律师等；三是出于学生自己的特殊喜好，如，主持人、侦探、警察等。

七年级和八年级学生的理想则显得更为宽泛一些，而且更为相近。就职业理想而言，七年级和八年级有着与五年级学生类似的职业理想。七年级和八年级中的部分学生是从学业发展的角度来描述理想的。更有学生把目前短期、具体的学习目标，比如，**"三年中学习优异，一直在（1）班，排前30名之内"；"学好英语"**等，视做自己的"理想"，是耐人寻味的。另一个突出的共同点是，生活型的理想成为七年级学生和八年级学生理想中的重要内容，从具体内容来看主要表现为**"赚大钱""以后有个好工作""生活舒适"**。这是值得注意的现象，或许，正如一个七年级学生在问卷中回答的：**"平静地生活，随着年龄的增大，理想将越来越实际。"**

二、学校生活的个人体验及其意义

从小学到中学，从一年级到九年级，学生不仅在身心特征等方面发生了重要的变化和发展、日益成熟，而且随着年级的增进、学业任务逐渐加重和学习要求提高，学生们与周遭同学、老师之间的关系也日益复杂。因此，他们面临的学校生活体验是不断发生变化的。在这个过程中，他们面临着许多新的问题和挑战，他们可能会收获成功，也可能体验失意，甚至更是困惑；他们可能是喜悦的，也可能是痛苦的。然而，这种发展过程以及对其意义的体验和认识对于学生个体的发展来说又是极其重要的。为了解学生们关于学

校生活的真实体验，笔者在调查问卷中设计了这样一道题目："请用几个词语描述你的学校生活"，并在五年级、七年级、八年级学生中进行了调查，调查结果如下。

小学五年级学生对学校生活的描述如下。

积极体验：愉快/有趣/轻松/快乐/有兴趣/高兴/喜悦/成功/收获/欢乐/开心/希望/幸福/勇敢/兴奋/能力提升/水平提高/有意思/活泼/团结/丰富/充实/轻松/新颖/重视/努力/互动/成功/五彩缤纷/丰富多彩/刻苦

消极体验：无聊/失落/自卑/枯燥（有时候）/乏味（有时）/"工作"量大/无趣/脑袋痛/一般/作业多/难过/艰难/劳累/无奈/困乏/悲伤/吓人/没劲

中学生对学校生活的描述如下。

积极体验：愉快/和谐/快乐/有趣/充实/阳光/灿烂/飞翔/春天/开心/兴奋/丰富多彩/成功/提高/多姿多彩/奇妙/与众不同/温暖/高兴/喜悦/宝贵/激动/收获/进步/轻松/活跃/幸福/乐趣/奋斗/放松/享受/悠闲/美好/积极/乐观/舒适/温馨/有意义/甜蜜/刺激/惊喜/纯真/欣喜/自信/精彩/安详/努力/进取/创新/向上/拼搏/刻苦

消极体验：紧张/自卑/疲劳/辛苦/苦涩/压力/痛苦/难过/害怕/孤独/郁闷/骄傲/失落/挫折/枯燥/乏味/烦恼/艰苦/忙碌/困难/一般/平常/悲伤/忧郁/疲惫/忙碌/麻木/辛苦/劳累/酸/累/辣/苦/心烦/无奈/苦恼/迷茫/忧伤/苦中作乐/平淡无奇/千篇一律/十分紧张/竞争激烈/精神劳累/偶尔开心/寂寞/负担重/悲哀/无聊/没有自由/失落/苦恼/没劲/漫长/烦闷/乏味/无所谓/单调

从上述学生对学校生活体验的丰富描述中，我们可以发现学校教学生活对于学生们来说是"喜忧参半"的。无论是小学生还是中学生在其日常的学校生活中都有着类似的"欢喜忧悲""酸甜苦辣"。相对于小学五年级的学生，七年级和八年级的学生显然有着更为丰富、深刻的情绪和体验。这种情绪和体验对于学生个体的发展而言具有重要的意义，不仅直接影响其在教育教学活动中的参与度和投入情况，而且更为重要的是会对其心理状态产生重要影响，甚至对其今后的成长和发展也都可能产生持久的影响。也正由于此，我们在现实的课堂中，既可以看到那些"雀跃""兴奋""神采焕发""精神奕奕"的学生，他们热烈地渴求知识的获得、精神的成长，以及由此而带来的理智和人格双重成长的满足和愉悦的感觉；也同样可以看到那些"茫然若失""无动于衷""心事重重"的学生，他们面临的或许是教师、家长难以体味到的怅惘、失落的心境以及对教学活动的疏离感。

在七年级和八年级学生中，笔者还就"升入中学以后，觉得哪些方面发生了变化？"的问题对他们进行了调查。在问卷回答中，多数学生判断自己"变得成熟了"。学生们的具体回答如下，在统计的过程中对之进行了如下分类。

学业：比以前忙碌/更加刻苦学习/学习更加繁忙/成绩上升/上课时更放松/不喜欢举手回答问题了/学的仅是老师教过的/明白了应为自己努力学习/懂得学习的重要性，知道努力了/学习能力强了/学习负担加重，责任心增强，知道学习了/学习努力，更需要有大步提高/懂事了，明白现在好好学习是为自己以后的学习打好基础/懒的心理比以前更严重了

性格：性格更稳重/有了个性/变得爱说话了/变得内向，不开心，而外表却无忧无虑/更有骨气，更自信了

能力：变得更会待人处事，学会了分析问题

心理：比以前成熟/心情不好，喜怒无常/心态平和多了

人际：更加懂得团结互助/和老师们的关系更密切了/接触的人多了，提高警惕

思想：人生观/价值观等各种观念都发生了变化，对学习和生活的态度也有所变化/思想、语言和行为都成熟了许多/思想更开放/有了自己的主见/思维更开阔

可见，学生们的"成熟"是多方面的。首先，就学业发展而言，大部分学生认为进入中学以后开始认识到学习的重要性，并在此基础上知道要努力学习。同时，随着对学习的投入，自己的学习能力增强。其次，就人格发展而言，他们认为自己变得更稳重、个性彰显、待人处事能力增强，人际交往扩大，思想更为开放，并且有了主见。当然，在"长大""成熟"的过程中，他们同时面临着心理、思想上的各种矛盾、困惑。从学生们的回答来看，主要还是集中在"知道要努力学习了"，他们认为"知道要努力学习了"是自己长大成熟的重要标志。对此，原因可能在于家长和社会的强化作用，也可能是学生真正出于自己的学习动机，认为自此以后要更加努力学习了。从学生们的学习动机来看，既有外在动机也有内在动机。内在动机表现为学生对学习真正感兴趣，认为学习重要，喜欢学习；而外在动机表现为将学习认为是将来过上好生活的基础和手段。

三、学生个体成长及其自我体验

（一）"我是小学生啦"：一年级小学生的初体验

一年级是正规学校教育的起始阶段，年龄在 6～7 岁的孩子从进入一年

级起就意味着他们自此要开始十几年乃至更长时间的学校学习生活。从幼儿园、从家庭走入陌生的小学，他们如何应对崭新的生活环境，如何应付正式化的教育制度以及难度加深的学业任务，如何处理与同学、老师的关系？为了解一年级学生对小学生活的认知和体验，笔者就下述问题对双语一年（1）班的23位学生（共24人，其中一位学生请假）作了口头调查。因为他们还不具备直接进行书面问卷调查的能力，因此调查结果是笔者根据每个学生的口头回答记录下来的。（这里先对其中的前5个问题进行分析，后面问题将在下文中述及）。

1. 你喜欢幼儿园还是喜欢小学？为什么？

对于这个问题，双语一年（1）班所有的学生都回答喜欢小学，原因主要有：可以学好多知识/有很多同学，还能交到其他年级的朋友/小学严格，相比幼儿园太没意思了/小学很好，有操场/小学老师教得更好/小学教的东西都是我不会的，幼儿园教的东西是我会的/老师讲的知识多/老师严格，如果太随便的话，长大成不了材，没规矩

2. 幼儿园与小学有什么不一样？

年龄不一样/小学很严肃/小学严格/小学大/小学学习比较多/小学教的东西难一点/小学要背书包/教学环境不一样/小学没有玩具

3. 幼儿园的老师与小学的老师有什么不一样？

小学老师管得严，玩儿的时候会说我/小学老师留作业/小学老师厉害，只要你做得不对老师就说/小学老师教大孩子，幼儿园老师教小孩子/小学老师厉害，有时会嚷（老师有一次上课突然嚷了，吓了我一大跳）/幼儿园老师懂得比较少，小学老师懂得比较多/幼儿园老师好

4. 喜欢老师叫你宝宝①，还是叫你同学？为什么？

这个问题，除了两个学生希望老师叫其"宝宝"，认为"这样叫亲切"，显得"老师很好"以外，其他学生都希望老师称呼他们"同学"。学生回答的原因主要有：我已经长大了/已经上学了，应该叫同学，我是小学生了/因为我在上学/叫同学让我觉得自己长大了，挺好的，要是叫宝宝，就太陌生了/长大了，叫宝宝不舒服

从双语一年（1）班学生对小学的整体认知来看，主要集中在对小学学习知识方面、教师知识和教师态度方面。如，小学可以学到更多的知识；小学老师知识比较多；小学老师比较严格。其余就是对小学环境和学校规章的认识，如，学校大小、有操场、教室大小，不能带玩具等。调查的所有学生

----

① "宝宝"是一年（1）班班主任兼语文老师经常在课堂上对其学生的称呼，其他老师并不这样称呼。

都不假思索地回答更喜欢小学，这与学生们自己提到的上述原因是分不开的，但是从中我们也可以看到其中学生对社会期望的响应，比如，认为进小学学习，以后能够"长大成材"等。

从学生们的回答来看，学生关于老师的印象主要表现为，老师"知识多""老师严格"。老师"知识多"使得学生和教师的情感最初建立于"敬畏"的基础之上。也正因为此，在他们心目中"老师严格""老师厉害"都是天经地义的，而且深信都是"为了我们好"，是为了促使"自己成长"。因此，他们对老师的管教都表现出自然的接受和顺从的态度，未曾出现怀疑和抵制的情绪。他们与老师之间的关系主要体现为权威与服从、管教和顺从的关系。

从"宝宝"到"同学"称呼的转变，对于刚从幼儿园升入小学的一年级学生来说具有重要的意义，这种称呼的转变实际上反映的是"角色"的转变。他们开始从原来家庭中"孩子"的单一角色，同时担当起"孩子"和"学生"的双重角色。相应地，自此以后，以至他们今后生活的一二十年里，他们都需要担当起作为一个"学生"的角色意义，包括学习的责任、义务和权利，以及家长、教师、学校、社会对他们的共同期望。从一年（1）班的调查情况来看，绝大多数学生对"学生"这个角色的意义是较为明确的，并对之予以了自然的接纳和认同。当然，仅从问卷我们无从判断这种接纳是学生主动接受的，还是外界包括家长、社会在其进入小学之前就已经对其进行了强化。但是，不管怎样，当一年级学生在接受"学生"这一角色的意义赋予，并"成为"一个"学生"时，他们肯定是需要经历一个重要的心理转变过程的。M校在开学前两周对学生们进行了入学教育，我进入M校时，开学已一月有余，从我的观察来看，学生们对学校生活和课堂教学已经相当适应，能够较好地接受和顺应学校规章制度和课堂教学秩序规定，只是偶尔会出现纪律问题。

上述一年级学生对学校、对老师的认识以及对自我角色和身份的认同，从某种意义上来说，更是一种相对于外在要求的"接受"。这种最初的接受，使得学生自此建立起对学校、教师以及自我角色的牢固认识，而这种牢固认识又成为学生接受学校教育的坚实的心理基础，在他们看来进入学校接受教师的教育是理所当然的事情。

我到双语一年（1）班听课时，听的第一堂课是语文课，学习《哪座房子最漂亮》[1]，课文其实是一首诗歌："一座房，两座房/青青的瓦，白白的墙/宽宽的门，大大的窗/三座房，四座房/房前瓜果香，屋后树成行/哪座房子最漂亮？/要数我们的小学堂。"老师在带领学生们建立起对"小学堂"的

---

① 源自：人民教育出版社出版的义务教育课程标准实验教科书《语文》（一年级上册）。

"喜爱之情"后，最后进行总结说："**通过学习这篇课文，我们发现了农村里小学堂的房子最漂亮了，可见当地政府对教育的支持。所以，我们为此要好好学习。**"可见，学生们对学校、学习的认识，除了通过自己的体验以外，老师的总结、讲解也是一个重要渠道。

然而，这些刚刚跨入"教学世界"，成为"小学生"的可爱孩子们，教学会带给他们什么？又将如何塑造他们？他们又最终会成为怎样的"被教育者"？我们认为，这些问题都将是这些"小学生"在其以后的教学生活中需要面临的问题，也是教育本身需要不断反身自问的根本问题。"当我们把儿童的纯洁易感的心灵信托给教育，信托它去在这些心灵中刻画最初的，因此也是最深刻的特征时，我们完全有理由问一问教育者，他将在他的活动中追求什么目的，并且完全有理由要求他对这个问题有一个明确而断然的答复。"① 这是一个值得期待的问题。

（二）"我似乎长大了"：少年初识"愁滋味"

中学阶段较之小学阶段，学生身心发展的整体变化是非常明显的。一方面，中学阶段学生的身心特征迅速发展和日渐成熟，心理上的"断奶期"已经到来，思想更加成熟。这主要表现为，学生对成人包括家长和教师的依赖心理日渐弱化，做事更有自己的主见和思想。另一方面，表现在学业上，学生们的学业任务日益加重，从中获得的成功和失败体验更为丰富，这些都促使学生对自己的学业生活作出反省和思考，并试图改进自己的状况。下面所选的两篇文章，都来自八年级学生的周记②，它们反映了学生在自身身心发展和学业发展上的上述变化和要求。

我似乎长大了

从小小的孩子变成成熟的大姐姐，一切就像梦一样。

不知过了多久，我似乎发现自己好像长大了。没有幼稚的想法了，不再为一些小事就大发雷霆。有一天，朋友给我说起了公平。是啊！人生是很不公平的。从六升七，心里就愤愤不平，怪自己，可是现在想想，只是一失足而已，我的星座很特别，也许正是如此，心情总是又喜又悲，从没有安静过，天天不知自己在想些什么。

时间总是很快很快，不知不觉八年级上学期快要结束了，再过不久，期中考试即将来临，真想努力却没有长久坚持的恒心。自己好像长大了却没有

① 康·德·乌申斯基. 人是教育的对象 [M]. 郑文樾，译. 北京：人民教育出版社，1989：7.
② 周记一般是语文老师或者班主任给学生布置的作文练习。但其在形式和内容都没有正式作文那么严格。学生往往在周记中记录学校生活事件，抒发个人情感和感受，以及与老师进行交流和沟通。

成熟。

突然记起小学时光来了，那时的我开朗活泼无忧无虑，从来不知道苦是什么味道，打闹是我生活的一部分，但现在却没有了它的影子。现在的自己精力分散了很多，不是那天真的小姑娘，当初的一头长发和美丽的笑容，简直就像一个小美女，但自从上初中以来，觉得自己是初中生了，所以把一头长发给剪掉了。剪掉幼稚、天真、缺点和快乐。

初中生活虽然没多大意思，但只要你用心去体味，体味那秋天果实成熟的味道。现在是秋天也许这就是真正进入初中生活的开始吧。长大后，它有它的快乐。它有它的感觉。让明年的春天更加美丽动人，秋天要付出很多很多……

这是一位自认为"长大了却没有成熟"的女生对自己心理感受的描写，从小学到中学，她认为自己不再是**"那天真的小姑娘"**，在中学去除"幼稚""缺点"的同时，也失去了"天真"和"快乐"。或许是繁重的学业生活，让这位女孩觉得**"初中生活没有多大意思"**，但是作者也并未因此而放弃，而是坚信**"为了明年的春天更加美丽动人"，"秋天要付出很多"**，也愿意为自己将来的发展而付出更多的努力。我们认为，这种出自学生实际体验的反思是深刻的，也促使我们思考这样一个问题，即我们的教育在促进学生知识的获得以及人格的发展同时，是否确实使学生失去了一些东西，包括他们的"天真""快乐"，以及精神的自由和幸福？

下面是一位八年级男生对自己学习方式、学习状况的检讨。

中学生活的节奏

时间一秒秒地过去了，在这不知不觉的时间中，我的中学生生活似乎已经过去一半了。然而在这些时间中，在这段生活里，我又学到了什么知识呢？我又得到了什么呢？答案是，没有。我成天迷迷糊糊地浪费时间，玩也玩不好，重要的是身为一个学生也没有把学业搞好，这说出来难道不可笑吗？

当我从小学毕业以后，升入初中，大人们就告诉我，中学的生活不像小学那样，告诉我一定要老老实实地学习，什么也不要想，什么也不要管，就这样刚刚开始很听话地照着他们的话去做，但是过了一段时间发现自己变了，不像以前那样单纯了，也许是因为自己长大了，有了自己的主见，又或许是因为初中的生活环境在逐渐地改变着我。初一的时候玩儿着学，学着玩儿，因为脑子还挺快的，所以没有什么不好的后果，在班里也算前数的了，于是就落下了一个错误的观点，那就是原来中学生活也和小学差不多，在学习这一点也是没有变的。可是到了初二我发现我的这个观点错了。

现在我知道如果学那就不要再去想着玩儿，因为你总是想着玩儿就学不好了；另一个就是彻底地不学了，就这么玩儿下去了。在这两条道路上，有一个是先苦后甜，有一个是先甜后苦。不管你选择的是哪一个，但总会是有苦有甜的。可是苦甜的方式又不同了。也许这个选择会是你在初中生活中决定你命运的一次选择，但这个选择不会是所有人都会遇到的，可我却遇到了这个问题。

也许这就是人生中的一次小小的磨炼吧！我认为我会找到出口，我会解决好这个问题的。

因为没有听从大人的话，没有"老老实实"地学，而遭遇学习的困境。作者不仅是对自己学业情况的反思，而且是对自己今后学业发展，乃至整个人生发展以及命运的思考。这种思考及其意义是值得引起我们重视和关注的。尽管如学生自己所认为的他们并未真正或者说完全成熟，但是他们已经开始在为自己的发展作出思考和抉择。

四、关于"我"、"青春"、"飞"的自我宣言

在对自己学业及自我发展进行反思的同时，学生们对自己寄予了强烈的自我期望，以及自我实现的愿望。以下是笔者从学生的周记本、作业中摘录的学生的"自我宣言"。

假如我是……

假如我是一只鸟，我要飞到天的最高点，像一只雄鹰。

假如我是一只鱼，我要游到大海的最深处，去探索深海的奥妙。

假如我是一株小树，我要努力长大，为人们遮风挡雨。

假如我是项羽，我就不会投江自尽，而是先躲一躲，然后东山再起。

假如我是秦始皇，我就不会残暴无道，而是体察民情，当个好皇帝。

假如我是诸葛亮，我就不会立阿斗，而是另立新主，让司马懿不能得逞。

假如我是岳飞，我就不会信那十二道金牌，而是选择战死沙场。

假如我是纪晓岚，我就一定会抓出更多的贪官污吏，为百姓除害。

假如我就是我，我一定会努力学习，实现自己的梦想，那么，我就是我。

我已经是我，不要什么如果，我就是我。

当我们为自己的青春祝福的时候，周围的所有人也在为我们祝福，正因为青春是美好的，所以需要我们更加珍惜，开创出属于自己的灿烂人生，让我们带着美好的祝福，开始青春之旅！

关于爬、走和飞

爬，是人们的一种最先学会的移动方式；走，是人们一生最常用的移动方式；飞是人们一生中最想用的一种移动方式。

老师一定会想周记本上为什么会出现这些，其实这也是我的一种感悟，上劳技课的感悟。

劳技课上，我因为随口说了一句"圆柱体的侧面是一个长方形"而被骂了一顿。说什么不只我一个人知道，没事别乱说话，说我们在科学上还只是刚刚会爬，老师刚走了几天，而我们却想着飞，这是不对的，事实是这样的吗？

小鸟自一出生，就开始吃，到足够大的时候，它们就可以飞翔。其中有一个细节，就是鸟儿在还站不稳的时候就开始学习飞了，等它们学会之后，才会学如何降落、站稳。人也是一样飞不起来，也就不会去飞，只会去走，但如果人们先飞后走呢？情况可能就不一样了。

我知道这是无稽之谈，但是结果并不重要，重要的是你那试飞的过程以及那想在天空飞翔的念头。

所以，我以为，人们就应该爬着去"飞"。

对《关于爬、走和飞》这篇作文，语文老师的评语是："**首先，我赞成每个人都应有探索精神。其次，我认为基础知识是思维拓展的前提，否则如同空中楼阁。**"这样的评语，可能仍然未必能让文章的作者心悦诚服地接受。《关于爬、走和飞》的作者是一位高高大大的男生，由于学习进步，他得以从八年（2）班升入八年（1）班。我在八年（1）班听课时，就坐在他旁边。从课堂表现来看，他发言比较积极，每次课堂上只有三四个人主动举手，而他几乎总是其中的一个，而且把手举得高高的。一次跟他在课下聊天，他对我说自己不愿意在（1）班，因为觉得难受、很压抑。尽管自己目前在（1）班也能考到十几名，但感觉落差很大。以前在（2）班，"**几乎每次都考第一名，感觉心里特别美，有光荣感。**"而在课下，他似乎更喜欢搞"无厘头"，喜欢哼花儿乐队的《喜唰唰》，有一次轮到他在黑板上写每天的名言警句，他却写了"花儿乐队，喜唰唰"，把同学们都逗乐了。

从上述几篇学生作业中学生的"自我描摹"中，我们不难发现，随着青春时期经验的迅速扩展，学生的"自我"意识日渐增强。对于自我、对于青春都开始有了他们自己的筹划。一方面，他们对于自我及青春充满了热烈的憧憬和希望，为此他们愿意"努力学习"；另一方面，他们希望自主地选择"自我"的"形象"及其实现方式，而不是按照社会的、成人的、老师的价值规范以及行为方式来构建和实现自我的形象。他们对传统的价值准绳、行事标准提出了怀疑，并试图以自己认可的新的评判标准去作出抉择。同时，他们希望打破陈规，不再愿意在成人、老师的荫护下"按部就班""唯唯诺诺"，而力图体现自我的力量，并进而改变成人对自己的固有认识和设定。

五、对教育理念的理解及教育期待

笔者在研究过程中发现，在问卷调查的回答中，以及在和学生的日常交流中，学生经常会出现诸如："主动学习""自主学习""学会学习""小组合作学习"之类的语词。甚至，在对双语一年（1）班学生的调查中，当我问及"小学与幼儿园有什么不一样"这一问题时，一位非常文气的小男生说"教学环境不一样"这样非常专业化的回答。这是非常有意思的现象，从中可以说明学生自己对当前教育改革中积极倡导的理念有一定的耳濡目染。那么学生们对这些面向他们的教育理念是怎样理解的？同时，他们又有怎样的具体期待呢？下面的材料是我在与学生的日常交流，以及学生的相关作业中获得的，尽管并不是针对上述问题专门做的调查，但同样能反映一定的问题。

（一）所谓"应试教育"：五年（5）班小田的理解

小田是五年级（5）班的一位学生，长得白白胖胖，看上去很可爱。他是 2004 年从东北转来 M 校。小田学习成绩不错，尤其是数学比较好，在数学老师看来，他的思维品质非常不错。但是令数学老师担心的是，从这个学期开始，小田变得不爱发言，学习积极性也似乎有所减弱。下面是我与小田在一次数学课后的交谈记录。

我：听老师说，你这次月考考得不是很好，你觉得问题出在哪里？

小田：是因为看错题了。

我：那上次口算测试你全对了吗？

小田：没有，那次我还不知道老师要干什么呢？卷子发下来以后，我就慢慢地写。一般老师给的时间都特长，一分钟做 30 道题。而我一般都是写完以后，再回头检查一遍。那样，我一般都全对。但是，这次我还没写完呢，也没来得及检查。没有听明白老师的要求。

我：我看你做题时，没有写步骤。

小田：一般是老师不要求写步骤的话，我就不写步骤，式子都在我脑袋里呢！

我：是不愿意写呢？还是觉得没必要？

小田：我写出来也是为了让老师看看，我自己做题是不用写出来的。

我：老师讲的解题过程是否更麻烦？

小田：有时候觉得是。

我：那你为什么不把自己的想法说出来呢？

小田：我觉得我想的方法都是错的。

我：为什么？

小田：因为老师肯定能找到更为简单的方法，我怎么能跟老师比呢。

小田：我是要有把握的时候才会把自己的想法表达出来。

我：老师不是要求积极地把自己的想法表达出来吗？

小田：我觉得没必要。

我：觉得学习怎样？

小田：枯燥。

我：为什么？

小田：作业太多。作业多是一方面，还有就是那些生字都会，还再讲一遍。我觉得没必要。

小学一二年级，四个学期一共学了一万多字，那纯粹是应试教育。好多字我都认识了，现在语文课本上不认识的字已经很少了。我们学校以前也是，应试教育多。那不算什么，我们以前楼下有个孩子，没上学就认识一万多字，上完小学三年级以后，两万多字都认识了，而且还认识繁体字，特厉害，都被叫做神童了。

（二）"讲你想讲的话"——《窗边的小豆豆》读后感

读《窗边的小豆豆》有感

《窗边的小豆豆》讲述了作者上小学时的一段真实的故事。作者因淘气被原学校勒令退学后，来到巴学园。在林校长的爱护和引导下，让一般人觉得"怪怪"的小豆豆逐渐变成了一个大家都能接受的孩子，并奠定了她一生的基础。

我很喜欢小林校长，他这样教育孩子的方式跟别的校长的教育方式大不相同，小林校长会以不同的方式去跟孩子接触，去跟孩子沟通，在快乐中把知识掌握住，并且深深地记住。这个故事的开头就讲了小林校长在对小豆豆考试的时候题目是"讲你想讲的话"。小豆豆坐在椅子上对小林校长说了整整4个小时的话，校长并没有厌烦，而是认真地听小豆豆讲的每一个词、每一句话。我觉得世上没有几个这样的校长，这样（的）校长就像国家一级保护动物那么稀少。巴学园的每一个学生都和校长的关系很好，巴学园只有42名学生。我们现在的任务就是学习。我真希望去巴学园上学啊！正因为有小林校长，小豆豆才会很快乐。有时小豆豆有些幼智（稚）的想法可能让人捧腹大笑，但小林校长却不觉得可笑，而对小豆豆说："这件事该怎么办呢？

让我们一起解决吧!"小豆豆升入二年级，渐渐第二次世界大战开始了。在这天晚上几颗炸弹落在了巴学园。小林校长的梦想像玻璃一样摔碎了。哎，小林校长真可怜啊，一生的梦想很容易就碎了。小林校长并没有放弃，他开了一所幼儿园，还叫巴学园。过几天，小林校长逝世了。我读到这里，不禁流下了眼泪。

真希望每个人都能找到自己阳光灿烂的童年，每一位同学都能快乐地得到知识。

第三节 课堂教学生活与教学关系

一、学生对"学生"的理解

学生对"学生"的认知是怎样的？也就是说，学生对其自身身份、角色及其意义是如何理解的。在调查问卷中，我设计了**"请用自己的话给'学生'下个定义"**的题目。从学生的回答来看，**"学习知识""写作业""考试升学"**是**"学生"**的主要任务，也成为其学生身份的主要标志。在学生们看来学生最为主要的特征是学习知识，所谓**"学习是学生的天职"**。但对于学习，不同的学生的理解是不一样的，如，积极的观点把学习知识比作**"吸取甘露"**，以**"丰富自己的知识"**；而消极的观点则认为是**"不得不学"**。就学习的目的而言，主要有：为社会作贡献、提高个人修养和报答家长。就学习的独立性而言，部分学生认为应当主动、努力地去学习，而有些学生却自比**"学习的机器"**，是在家长和老师的支配下进行学习的。另外，戏谑型、消极型的定义中，在相当程度上反映了当前学生所面临的繁重的学习负担和心理压力。我们从学生对"学生"的自我定义中，不仅可以看出学生对自我身份和任务的理解，他们对自己作为学习者的身份虽然因为学业压力等原因可能产生一些不良的情绪，但总的来说他们对这样的身份还是接受和认同的，当然，这种接受和认同对个别学生来说或许也是一种无奈。

戏谑型：学习的众生/是世上最苦而又最累的人/以学为生，就是学生/学生=考生=高分的人/学习的机器（单指中国学生）/每天起早贪黑学习的人/因"学习"而"降生"的孩子/为学而"生"，为"生"而学→学"生"→"升"学/被家长和老师摆弄的人

理想型：为社会作贡献的苗/祖国的后代

任务型：在课堂中学习各种知识或技能的人/努力学习科学知识，提高个人修养素质/不仅要努力学习，还要负担很多任务的孩子/以学习为主要目

标，各方面兼顾的青少年/以学习为主，以业余爱好为辅/能够听老师的话，会学习、主动学习，也是一种职业/在老师、家长的教育批评下，在学校读书的孩子/主要任务是学习和写作业/天天学习陌生的知识

报恩型：学习知识，报答家长/学到所有的知识，不要辜负家长

积极型：学习的孩子，游走在知识海洋里，吮吸甘露的小孩子们/学习各方面知识来丰富自己头脑的新一代少年

消极型：不得不学的人/除了学习，什么都不用理/不就是学习吗

二、"你"与"我"：师生之间的相互期待

师生关系是课堂教学生活中最为主要的关系，在日常的教学活动中，教师和学生往往都会对对方产生理想的期待。为了解当前教师和学生之间的相互期待，我在学生问卷中设计了"你认为'好学生'应该是怎样的？'好老师'又应该是怎样的？"的题目，在教师问卷中设计了"你认为'理想的学生'应该是怎样的？"的题目。

（一）学生心中的"好学生"与"好老师"

表1　一年级学生心目中的"好学生"与"好老师"

"好"学生	"好"老师
是其中最好的一个	教的知识多，应多留作业
老师讲课时必须得听讲	对我们很负责
听老师话，认真听讲，当班长，当组长，老师特别喜欢	管得严，留作业多
早点到校不迟到，迟到了得罚站，不是太好	好好教我们
不胡闹乱闹，完成作业，听老师话，不打架	很少有跟我们着急的时候
好好学习，天天向上	最亲的
非常听老师的话，坐好，大多数情况下得到老师的表扬	就是对我们好
认真听讲，认真回答老师的问题	爱护学生，好好教养我们这些孩子
遵守纪律	教育我们，教得好
上课守纪律，下课不跑不闹	比其他老师更好些，他自己从小学习好

续表

"好"学生	"好"老师
不说话	漂亮
戴红领巾，好好听课，听老师的话	特别严格，有些事情得让学生做20遍
多回答问题，上课发言声音响亮，懂得谦让	不要让学生那么随便
当大队委，学习好，各方面都特别好	

表2 五年级学生心中的"好学生"与"好老师"

"好"学生	"好"老师
听话的孩子	关心同学的老师
学习好的人	授课好的老师
觉得上课有意思的学生	让学生觉得上课有意思的老师
德、智、体、美、劳全面发展	对学生十分关心，备课全面
听从老师安排	有耐心
遵守小学生规则	提前备课，课上讲好课
听话，能力强，学习好	能主动与学生交朋友，知识量大
为班级服务，热爱学习的人	帮助同学进步，关心学生身体健康
时刻听老师的话	主动辅导同学，同学有不会的地方能讲明白
严格要求自己，主动学	讲得好，帮助同学
懂得和老师互相学习	懂得和学生互动
上课认真听讲，认真完成作业	上课认真讲课，下课认真备教案
乐于助人，成绩优良	讲课清楚，有问必答
表现非常好的	严厉的
文明举止，样样好	和蔼可亲（像美国老师那样）
学习优秀，各方面良好	给学生一定自由空间的
考试好	应让学生在快乐中学到知识
德、智、体、美、劳五项全能	讲课精彩，不体罚，不骂人
学习好，生活自立，不打架，不闹事	讲课好，批作业不出问题，关心同学

表3　八年级学生心目中的"好学生"与"好教师"

"好"学生	"好"老师
德、智、体、美全面发展	德才兼备
学习勤奋，成绩优异	与学生和谐相处，工作认真，耐心教导
努力好学，不自高自大，热心友善	关心学生，能认真解答学生的问题
应该有适合自己的学习方法，学习成绩好	高修养，高素质，能够走到学生心里去
成熟，稳重，随和为人公正、不刻薄，课堂上活跃	幽默、不讽刺学生，能换位思考，有一定的教学方法和与众不同之处
知识丰富	能激发学生学习兴趣，采用多种不同方法——温柔、体贴、幽默
有个性，有想象力，有创造力，不迷信权威	引起学生的学习兴趣，指导和帮助学生
有学习热情，学习有用的东西，用于实践	确定理想
上课认真听讲，下课认真学习，并且性格开朗，善于结交朋友，有道德修养	良好的教学方法，课上实践活动多，作业不反复留
遵守学校各种制度	有能力使学生们在快乐中学习知识
道德高尚，各方面优秀	知识渊博，理解学生
所有学生都是好学生	讲课幽默，没有臭架子
让老师省心，各方面都优秀的学生	体谅学生，知识渊博，满腹经纶，诙谐幽默
帮助同学，体育很强	诲人不倦，帮助同学，讲课风趣
各方面都优秀	学识渊博，关心爱护学生，对学生一视同仁
没有朝气，只有高分；没有主见，只有学习	认真负责，和蔼可亲，有耐心，和学生平等
完成作业，不打逗，上课不说话	体谅学生，不强迫学生，不让学生在大家面前出丑，理解学生，做事从多方面考虑
在每一个人的眼里都是好孩子的人，学习刻苦，乐于助人，善于动脑，成绩优秀	幽默，风趣，平等待人，善于启发，不以成绩来衡量学生的"优良"
性格良好，自主学习，成绩不要太差	对学生会关心爱护，帮助有困难的学生，讲课易理解，最好不要太枯燥，不要太专制
学习好，身体好，品德好	对学生友善、有耐心，讲课好
有自己独立的见解，不自高自大	诲人不倦，对学生和蔼可亲

　　在一年级小学生看来，"好学生"应该是具有良好的行为习惯，如，好好学习、遵守纪律、听讲认真、完成作业等；"好学生"应该对老师绝对服从，如，"非常听老师的话"；而"组长""大队委"无疑就是"好学生"。

　　五年级学生对"好学生"的理解较之一年级学生来说更为丰富。一方面，他们表现出与一年级学生相似的理解，如，遵守规则和纪律、听老师话、学习好等；另一方面，表现出与一年级学生相异的地方，比如，在学习上他们更为强调有学习兴趣和热情、严格要求自己、主动学习，以及"和老师互相学习"，在人际中更强调自立以及与班级同学的关系，认为"能力强"也应该是"好学生"的特征之一。

　　从八年级学生的描述来看，"好学生"在学习上应该有强烈的"学习热情""成绩优秀"，能够"自主学习"，具有"适合自己的学习方法"，能够"学以致用"，又"善于动脑""学习刻苦"；在品格上应该"乐于助人""道德高尚"；在性格上"成熟""稳重""开朗"，而且"有个性"，但"不自高自大"。值得指出的是，在八年级学生的描述中，"学习好"虽然仍然是"好学生"的标准之一，但并不是最为主要的方面，个别学生甚至认为"成绩不要太差"就行了。总体上而言，在学生们看来，"好学生"应该是德、智、体全面发展的。也有学生从消极的意义上来理解"好学生"，认为现在社会所公认的"好学生"，其实没有主见、没有朝气，这反过来表明这位学生自己心目中的"好学生"应该是有朝气、有主见的。

　　在一年级小学生的心目中，"好老师"应该是：知识多、对学生负责、要求严格、多留作业，而且脾气好、亲切、漂亮。其中，对"老师严格"这一点是学生们最为强调的。正如我们前面分析中所指出的，一年级学生们普遍认为老师严格要求是"为了我们好"，"为了让我们成材"。老师对于一年级学生而言无疑是一个权威，学生们对老师往往是"言听计从"，没有二话的。

　　五年级学生心目中的"好老师"的标准主要涉及教学水平、师生关系、个性特征等方面。学生们认为"好老师"应当讲课好，在师生关系上能够关心学生、与学生互动；在个性方面则既严厉又和蔼可亲。强调"与学生互动"这一点相对于一年级学生对老师的绝对服从而言是一个发展，不管这种认识确实是出乎学生内心的愿望，还是学生对当前教育观念的套用，都是有意义的。从一年级和五年级学生对"好老师"的描述中，我们可以发现他们对老师的知识、品德等问题是没有异议的。可见，在学生们心目中老师在知识、品德方面无疑处于"权威"地位。

　　八年级学生则对"好老师"提出了较为丰富的评判标准，涵括了知识储备、教学水平、师生关系、个性特征、道德品格等多个方面。就知识储备而言，"好老师"应当知识丰富，甚至是"满腹经纶"；就教学水平而言，应当有良好的教学方法、善于启发、讲课清晰、生动不枯燥，等等；就师生关系而言，"好老师"能主动关心、爱护学生，没有偏见、一视同仁，与学生亲近，没有架子、不专制；就个性特征而言，"好老师"幽默诙谐，有见解；就道德品格而言，"好老师"修养高，德才兼备。从八年级学生对"好老师"的描述中，我们可以发现，教师凭借知识和道德对于小学生而言形成的绝对"权威"地位和作用在中学生心目中已经大大削弱。这同时也表明，随着年级的递进，师生关系的特征由单一、绝对的"权威—服从"关系向着师生亲近、平等的方向发展。

（二）教师对学生的期待及其评价

从问卷调查结果来看，教师们对学生的理想期待集中于人生观、道德品格、学业、性格、能力等方面，较之学生对"好学生"的自我评判，教师的理想设定更为全面和丰富。

人生观：
有自己的人生目标/有积极向上的生活态度/有目标，有理想，并能为之奋斗/有正确积极的人生观，有远大的理想

道德品格：
有健康的思想/品德好/有礼貌/知错就改/为人坦诚/乐于助人/善良/符合"人"的标准/尊师守纪/与人坦诚相待/有责任心/有毅力/有正气

学业：
学习主动/学习习惯好/基础知识牢固/知识面广/能积极思维/有学习的目标/不是一味地听从老师在课上讲，能提出自己的意见/课上积极主动学习，课下积极参与课外活动/纪律佳，主动学习，课堂参与好，思维活跃，配合老师/善于思考，勇于提问，有自己的学习方法，善于捕捉知识，能够帮助后进同学/上课专心听讲，积极思考老师的问题，思维敏捷，思路开阔，能主动学习，作业及试卷中的错误能及时改错，作业认真完成/对问题有钻研精神，对知识有积极渴求的态度/学习上有自己的个性特点，对问题能发表自己的看法/学习品质好，虚心好学，刻苦用功，思维灵活，在课上能大胆发言

性格：
开放/活泼/开朗/热情/快乐/稳当/默默无语/爱好广泛/积极投入每件事/勤奋/女生活泼天真/男生调皮不出圈/好奇心强/忠厚/善良

能力：
有见解/有主见/有创新意识/能够自我管理/有自控力/综合能力强/善于

接受不同意见/善于倾听别人的建议/能与同学团结合作/有特长/自立自强/办事效率高/组织能力强/能与别人合作、交流、沟通/对自己有充分的认识

教师对学生的期望往往是建立在其对当前学生的认识基础上的，在教师问卷调查中，我还设计了"你认为当前学生有哪些优势和不足?"的题目。教师们的评价主要有如下一些。

小学生的优势与不足

优势：聪明、有思想/对新事物容易接受/有一定分辨能力/知识面较广/思维活跃/敢于问为什么/生活条件优越/求知欲强/知识丰富/视野开阔/活泼/较以前学生而言，各方面能力有所增强/能够适应社会生活/与教师是朋友知己/接受能力强/思维方式更宽/见多识广/敢于发表自己的不同见解/信息量大/较成熟/现代科技意识超前/头脑灵活/敢于质疑/学习方法灵活/学习上不盲目/搜集资料的能力较强/思想活跃/接受新知识渠道多/视野开阔/爱好广泛/个性张扬

不足：主动探究积极性不高/学习动手能力不强/学习目标不明确/基础知识不扎实/学习有惰性/依赖性强/不肯下工夫/比较浮躁/学习动力不足/合作交流意识薄/自我控制有欠缺/心理承受能力及受挫折能力有待提高/不能吃苦耐劳/克服困难的能力减弱/独立性差/交往能力差/不能倾听别人意见/做事不够认真/缺乏坚韧的品格/意志不够坚强/自理能力差/生活常识掌握薄弱/创新能力不足/劳动能力差/比较自我，自私，胆小/以自我为中心/过于唯我独尊/不够关心他人/我行我素/学习压力大，不会"玩"/精神负担过重

中学生的优势与不足

优势：见识广/自我意识强/接受能力强/较为灵活/聪明/反应快/获取信息量多而广/思维灵活/思考问题的角度广/接触新科技比较广/敢于说出自己的观点/大胆/富有个性/思想开放/思维活跃/时代感强/处理问题方法灵活

不足：对学习缺乏明确的动机/对自己的前途没有规划/学习的独立性比较差/不能自主学习/缺乏内在动力/学习主动性差/没有压力/没有明确的学习目标/不爱学习/学习自觉性差/基础知识不扎实/自理能力差/厌学情况多/学习习惯不好/合作能力差/钻研不够/学习效率低/以自我为中心/进取心、求知欲不是很强/不会独立思考/学习不够刻苦/缺乏持之以恒的精神/容易受不良影响/生活无目标/内心脆弱/受挫能力不足/思想复杂/受外界负面影响太大/纪律松懈/胸无大志/有惰性/没有纪律观念/重物质、轻精神，早熟/不能准确辨别是非/有叛逆心理/缺乏理想抱负/依赖性强/动手能力差/对未来没有打算/意志薄弱

从教师们的评价来看，当前小学生和中学生的优势和不足都是很明显

的。首先，从优势来看，学生们富有个性、自我意识强；接受能力强，思想开放；敢于质疑，勇于表现自己，等等。其次，从不足来看，教师们的评价主要集中在学业和人格发展两方面。在学业上，教师们普遍认为，当前学生存在学习目标不够明确、动机不足、基础知识不够扎实、学习独立性较弱等问题。在人格发展上，以自我为中心，受挫能力较弱，缺乏理想抱负，依赖性强等在教师们看来是当前学生普遍存在的问题。

另外，教师们同时也反映，当前学生学习压力大，基本从一入学开始，就已经没有了玩儿的时间。造成这种现象的原因，一是学习内容繁重；二是要参加家长报的各种学习班。笔者在五年（5）班听课时，发现这些情况是确实存在的。学生们一天的学习生活都排得满满的，上课下课连轴转，往往是上堂课刚结束，下堂课的老师就来了，连充足的课余时间都难以保证。笔者刚到五年（5）班听课时，向一位学生要课表看，学生笑着说，这个课表是摆设，是应付检查用的。课表上有些课其实根本不上的，自学课也经常被主科老师用来上正课。学生除了每天放学后参加学校组织的提高班（收费的，学生自愿参加），双休日还要参加家长报的各种课外学习班（主要是主科科目），有些学生一天就得参加好几个班。繁重的学习任务和学习压力让学生们喘不过气来，难怪乎有教师评价说，**"现在的学生看似幸福（指物质），实质痛苦（指精神）"**。

三、"虚饰"与"表演"：师生"共谋"的公开课

《浅水洼里的小鱼》① 第二课时教学实录

师：今天谢老师第一次在这里（学校多媒体教室，也是演播室）给大家上课？大家喜不喜欢啊？

生（异口同声，且声音响亮）：喜欢！

师：那谢老师有个要求，看谁今天表现得最好，老师不让打开书，大家就别动啊！

老师点击投影仪，屏幕显示一条热带鱼的画面。

师（指着大屏幕）：同学们，你们看看，图上画的是什么？

生（窃窃私语）：一条小鱼。

师：对了，一条小鱼。那是一条什么样的小鱼呢？你能用自己的话说说吗？

生（众，举手，起来回答）：漂亮的小鱼、美丽的小鱼、五颜六色的小

① 人民教育出版社版小学语文第三册第七单元第 28 课课文。

鱼、快活的小鱼、一条可爱的小鱼、游来游去的小鱼、欢快的小鱼、惹人喜爱的小鱼、五彩缤纷的小鱼……

师（露出赞许的神情）：嗯，大家说得真不错！这么多词，是从哪儿来的？

生（众）：老师教的。

师：今天我们要上哪一课呢？

生（众）：第 28 课。

老师板书（　　）小鱼。

师：今天我们要讲的是哪里的小鱼呢？

生（众）：浅水洼里的小鱼！

老师板书（浅水洼里）

师：跟老师一起写好吗？

师：大家来齐读课题。

生：28，浅水洼里的小鱼。

师：学习课文之前我们先来复习上节课的生词。

教师点击投影，出现生词：甚至、干死、沙粒、继续、在乎、叨念、忍不住

叫了几位学生进行认读以后，让学生在课本上画生词、划分段落。

开始学习课文内容，老师范读课文。

师：你想读读吗？

生（众，嚷）：想！

师：好，大家先自由读。

师：这篇课文写了什么？

生：清晨，作者到海边散步……

师：作者在沙滩发现了什么？

生：发现了浅水洼里的小鱼。

师：小鱼在浅水洼里生活得怎么样啊？

生1：不开心。

生2：会干死的。

师：你怎么知道的？你从哪个自然段知道的？

生3：第 1 自然段。

师：大家读第 1 自然段。

师：小鱼悲惨不悲惨啊？看着这些小鱼，你心里怎么样？

生（众）：难过。

师：你能读出难过的语气吗？

生：能！

老师先后叫了3位同学起来，读第1自然段。

师：嗯，读得真好，老师都感受到你们心里的难过了。想不想救它们啊？

生：想！

师：小男孩是怎么救小鱼的呢？你从哪些自然段可以看出来？

生：第4、5、6自然段。

师：说得对不对啊？应该是2到6自然段。

师：好，下面大家看大屏幕，谁给大家读一下？

师：真好！大家自由读这一句话，并找一找描写小男孩动作的词语。

学生划出了一些关键词，如，走、弯下腰、捡、扔。

师：我们大家一起来看，小男孩走得怎么样啊？

生：很慢。

师：他为什么走得很慢啊？

生1：因为浅水洼里的鱼很多。

生2：因为他怕把鱼漏下了。

师：他又是怎么弯下腰去捡的呢？

生：不停地。

师：为什么啊？不停地在每一个水洼前弯下腰去，真辛苦啊，他为什么那么不怕辛苦？

生1：得弯下腰来，因为怕把浅水洼里的小鱼落下。

生2：好像是水洼里的鱼特别多。

师：所以他应该怎么样啊？

生：不停地。

师：那，捡起来怎样扔的？

生：用力地扔。

师：什么是用力扔？

生：就是用尽全身的力气扔。

师：你能表演一下小男孩用力扔小鱼的动作吗？

老师叫一男同学到讲台前表演扔的动作。

师：你有什么感觉？

生：很累。

师：那么累，怎么还那么用力呢？

生：轻轻的话，小鱼还会掉到沙滩上的。

生：不用力的话，一条生命就没有了，用力一点也不会死，用一点累换几百条生命值！

师：可是浅水洼里的小鱼那么多，小男孩捡得完吗？

生：捡不完。

师：那他为什么还要捡？谁来读读这段话？

师：作者是怎么说的？

生：那你为什么还在捡，谁在乎呢？

师：谁在乎啊？

生："这条小鱼在乎"。

师：哪条小鱼在乎啊？

生：扔的那一条。

师：小鱼在乎什么啊？

生：它的生命。

师：还有谁在乎啊？

生：小鱼的同伴。

师：对，"这一条在乎，这一条也在乎"。

师：你们喜欢这篇课文吗？

生（众）：喜欢！

师：为什么呢？

生：它讲了生命是很宝贵的，生命是用钱买不到的。

生：……

师：现在你最想做的是什么？

生1：去拯救它们。

生2：让很多人去。人多力量大，小鱼就有救了。

师：老师真为你们感到高兴。你们能分角色读读吗？

师：你们读得真有爱心，"在乎"两字你们会写吗？好，我们来学"乎"字。

教师范写"乎"字，引导学生分析"乎"字的写法，然后让学生练习写"乎"字，课结束。

这堂课实际上是二年级语文科谢老师为准备公开课而先在其他班级上的一堂"演练课"。一般来说，教师在上公开课的时候，往往会预先在其他班级尝试一遍，以便改进教学方案。这堂课的听课者除笔者以外，还有M校负责总校教学科研的教科室主任以及谢老师的"师傅"。从整堂课的设计和安排来看，其"公开课"的特征是相当明显的。

首先，这堂课的导入设计用在第一课时是更为恰当的，既然已经上到第二课时，学生对课题应该已经比较熟悉，对课文内容也应该有所掌握。这里花费不少时间重新回顾课文题目是没有必要的。而且，就内容而言，多媒体呈现的画面内容与课文内容并不一致，教师引导学生回答"（　　）的小鱼"的过程，与得出"（浅水洼里）的小鱼"的结果其实也没有必然联系。因此，这部分的设计其实是为了符合"公开课"的要求，比如，"运用多媒体"、"导入新颖"等要求而设计的。对于学生掌握该课的学习任务其实并没有直接的作用，因而多少有些"虚饰"的意味。

另外，多媒体运用是时下评价公开课的一个不可或缺的重要标准，因此，在教师的教学设计中课件的应用是必不可少的一个环节。然而，由于教学设备、教学时间的限制，在平常的课堂教学中，多媒体以及课件其实是很少得以运用的。听课时，我问旁边的一位小男生是否喜欢到多媒体教室上课，这位男生非常肯定地告诉我说非常喜欢，甚至表现出一种极度自豪的神情。或许，这位二年级的小男生来多媒体教室上课的经历并不多。或许，为了老师一开始上课的那个承诺，小男生整堂课都表现良好，自始至终神情都极为专注，而且积极、努力地配合老师的教学。颇有意味的是，当笔者后来有机会问及一位五年级的男生是否喜欢到多媒体教室上课时，男生却告诉我说不喜欢，说因为觉得那样"太假"。

其次，从整堂课的进程来看，教师层层剥茧式的引导和分析，使得学生并未在内容理解上出现困难或障碍，以至整堂课看来"水到渠成"。甚至学生的情感体验也几乎都是恰到好处，个别学生的回答更是"语出惊人""童年老成"，"一针见血"地切中课文的意旨。然而，总的来看，学生的这种体验在某种程度上都带有"强制"的意味，他们甚至是在教师的要求下进行的"强迫体验"。如，老师认为"悲惨"就"悲惨"，老师要求"难过"就"难过"，老师要求表演"很累"就真的表演出"很累"。因而，学生表现出来的这种情感是否确实发乎其真情实意实在是难以判断的。

再次，教学设计的"预定"特征比较明显，尤其是最后一个环节。当课堂氛围完全达到高潮，学生保护、爱护"小鱼"的情感已经被充分地调动起来的时候，老师却戛然而止，转而引导学生学习生字"乎"字的写法。在课后，我就这个问题跟老师进行了讨论。在我看来，这个时候本是用来完成课后思考作业——"如果你在生活中遇到小动物受到伤害，你会怎么办？"这个问题的良好时机。然而，谢老师回答说这是因为区教研室有统一的教学进度规定，要求小学低段每堂课都必须完成起码一个生字教学的任务。关于教研室的这一规定，得到了谢老师"师傅"的证实。根据区教研室对这一册教学任务和教学进度的规定，"乎"字的学习确实是需要在这一课时中完成的。后来，正式上公开课时，谢老师对这个问题作了如下处理：在课结束时，提问："以后看到小动物受伤了，你在乎吗？会怎样做？""……老师很欣慰你们在乎小动物的这份真心。在乎两个字你们会写吗？……"这样的处理较之前的设计看起来显得更为自然些，但事实上老师还是有意要安排完成这个

"乎"字任务。看来，教师对教研室的规定显然也是非常"在乎"的。

尽管时下公开课都要求去除"表演"的成分，要求还公开课以"自然的课堂"。但作为任课老师来讲，出于各种考虑，仍然会予以精心的准备。笔者在M校的6周中，听了几次公开课，从实际情况来看，教师们对公开课是相当重视和在意的。因而，就像前面提到的，公开课不可避免地还是在一定程度上带有"虚饰"的成分。教师如此，那么学生又是怎样看待公开课的呢？一次在和几位五年（5）班学生的聊天中，学生们道出了公开课的奥秘，以及他们对公开课的认识和"应对之策"。

我：你们上课爱举手发言吗？

生（众）：爱！

生1：就是有一次演砸了。

生2：对，演砸了！

我：怎么演砸了？

生3：就是上次上公开课《长征》的时候冷场了，没人举手。金老师挺难受的，中午把教室门一关我们都不敢吱一声。不过没跟我们着急。

生1：自从上次做课不成功那回起，我再读课文，一讲话，心里就起波浪。

我：为什么会上砸了？

生1：准备不充分，课前预习不好。还有，可能是换了环境，紧张吧。金老师也给我们找原因，觉得是我们平时这样的活动比较少。因此，自从上次以后，每堂课都有5分钟的演讲活动。

我：那你俩发言了吗？

生1、生2：发言了，靠我们的力量太薄弱了。

生2：公开课最忌讳的是上课不发言。

生1：不管会不会，都举手。

我：为什么啊？

生2：应该的。

生1：成了摆设。

生3：我们不敢，造成假象。

我：万一你们不会，怎么办呢？

生2：那就瞎编，有时还真能瞎编对。为了显眼，上回我举了10次手，被老师叫到了5次。

我：这样好吗？

生1：不好，会影响课堂秩序。一个占着发言机会，不让别人发言，挺烦人的。

生3：我还有更好的办法。我会假装不听讲，这样老师就会叫你。我经常因为这样被老师叫到。

我：为什么要这样呢？

生3：有成就感，比较显眼，大家都认识我。

生4：我也喜欢老师上课叫我，有时候是为了验证自己的观点是否正确。

生2：有些观点，憋得比较难受。

四、"违规"与"惩罚"：课堂制度与师生冲突

一年级小学生天天的"文明岗"事件

天天是双语一年（1）班的"小学生"，今年六岁。我到双语一年（1）班听课，最先跟我搭话的就是他。也许我是第一个听他们课的陌生人（我进入他们班听课时，开学才一个月），孩子们对我这位来自大学的大姐姐非常好奇。第一堂语文课一结束，他们就围了上来。天天第一个问我："大姐姐，离地球最近的行星是什么星？"我一下子答不上来，但却对这位皮肤黝黑、个头高大、嗓音沙沙、戴着一副黑框眼镜的小男孩留下了深刻的印象。天天坐在教室的后排，后来几天听课我都有意坐在他的边上。因此，对他有较为切近的观察。

据班主任介绍，天天家庭富裕，家长对其行为习惯没有足够的要求和规范，因此刚来上学时，学习习惯和纪律都不是很好。（从我几天的观察来看，天天平常很有礼貌，但上课时有些随便，有时在座位上晃来晃去，有时干脆跪到地上去，注意力也不是特别集中）为了鼓励他养成良好的课堂行为习惯，班主任把以前工作学校带来的一个"文明岗"袖章给天天带上。班主任老师说，自从带了"文明岗"袖章以后，天天的行为习惯有了很大的改善。我在双语（1）班听课的一个星期里，天天每天都带着它。尤其是早上全校出操时，天天带着"文明岗"袖章，举着双语（1）班的班牌走在队伍的最前面，显得非常神气。

然而，一天数学课上，天天的"文明岗"袖章却被数学老师没收了。我对这堂课作了实录：

这堂数学课老师上10以内的两步计算，老师在黑板上画图，要求学生看图列式。大部分同学都在看着老师画图，天天却在课桌上玩一根头发丝。老师画完图了，同学们开始举手发言，天天还在玩头发，他漫不经心地斜靠在椅子上。老师在问谁看懂图画的意思了？很多同学都非常踊跃地举手，天天也懒懒地举起了手，然后转过身子看教室后边的黑板。老师并未发现。

（突然教室前排的一位同学突然发出了声音，老师停下课）

师：你还想上课吗？不想上的话，去办公室跟张老师上去。你看看大家学习热情这么高，你还发出怪声，吴志翔，我只提醒你一次，再出现这种情况我就不客气了。

（说完，老师继续上课。老师指着黑板上的式子"4－2＋3"让同学们回答这个式子的算法）

师：谁来说说，我们怎么算这个式子？

生（众）：4减2加3。

师：应该怎么讲啊？对，4减2再加3! 少了一个"再"字，我就觉得特别别扭。

（这时老师大概是看到天天在玩头发，就把他叫了起来）

天天（慢腾腾地站起来，一时回答不上来，旁边同学轻轻地给他提示）：先算减法。

师：知道我为什么叫你吗？因为你一直是那个姿势，上课是这样的姿势吗？一会儿我再叫你。你们这一组，就小翔跟天天不好，下课一会儿大家都休息，就你俩不能休息，听明白了吗？

（这时，小翔索性趴在课桌上了，天天则在自己的座位上晃来晃去，偶尔举一下手）

老师又列了一些类似的式子，叫同学们回答式子的算法。期间，有几位同学回答错了。

老师提醒同学们集中注意力。这时，老师又把天天叫了起来，让他回答其中一个式子的解法。

师：天天你来算!

（天天起来得很慢）

师：（有些不耐烦）我希望你快一点儿!

天天：先算加法（这次对了，速度也比较快）。

师：我是要训练你的说话，你说话太啰唆了!

接着，老师要求同学们用学具小棒摆出黑板上的式子。天天不由自主地站了起来，站着摆。

师（走到天天面前，很是生气）："你要是想站着，你就别坐着，你要想坐着，你就别站着，你真讨厌啊! 以后你就朝后面坐吧! 赶明儿，你就把桌子搬到后面，朝后坐吧。"天天听罢就坐了下去，但不一会儿又站了起来。

老师更加生气了，"你怎么又站着了，你这文明岗多余的啊?!"说着就把天天的椅子拿走了，而且非常生气地说："你就站着吧，以后数学课你都站着!"

天天的"文明岗"袖章被老师一扯，掉了下来。其他同学都在按老师的要求摆小棒，天天开始戴"文明岗"袖章。老师看到了，就一把抢过天天的

"文明岗"袖章，说："你别戴了，文明岗你就不配。大家都已经开始跟老师一块儿学习了。"

摆完小棒，老师开始带领同学们训练口算。天天站着，偶尔也举一下手。老师看到了，就向着全部同学说："我们给天天一次机会，回答好，就坐下。大家不许给他提示。"天天答对了。老师再一次问同学们："能让他坐下吗？"同学们异口同声地说："能！"老师说："天天，那你坐下吧。"天天拉回椅子，重新坐下。开始做课本上的练习题，老师先对这堂课的内容进行了小结和复习。天天开始做书上的习题，但是做错了。老师开始讲解习题，而天天却开始做以前没有完成的作业。不过，在做前面作业同时，听到自己错了，马上改正了过来。下课铃响了，同学们的习题还没做完，老师说："课下把 3 道题做完，需要去厕所的先去厕所，不去厕所的留下来把作业做完了。"天天去厕所，男生大部分都去了。回来以后，路过讲台，天天被老师叫住。

师：天天我问你，文明从哪体现，你说你哪一点文明了？

天天：讲文明。

师：怎么叫讲文明？

天天：表现好。

师：什么叫表现好？我上课叫你，叫你几次回答问题，你都回答不利索。"文明"这两个字你做不到，所以你别戴了。

天天没有说话，快快地回到座位，开始做作业。

后来据班主任老师反映，自文明岗事件发生后，天天整整一个星期情绪都比较低落。班主任还是给天天戴上了"文明岗"袖章，条件是继续改善学习行为习惯。

记得康德在其《论教育学》一书中有这么一段话，"很多人以为，他们的童年是最好的，是一生中最愉快的时光。事实却并非如此。那其实是最艰难的岁月，因为那时候人大都处在训诫之下，很少有真正的朋友，更难以有自由。"① 同样，我们也经常会满怀热情对学生的学校生活寄予浪漫而美好的期待和怀想，却对他们真实的生存状态、心理感受、情绪体验缺乏足够的了解和深切的同情。就如我们曾在前面提到的，一年级的小学生在进入正式的制度化学校教育以后，就必须担当起学校教育赋予其"学生"角色的规定和相应的规范，就必须去遵守相应的规则制度以及教师的管教。在这个过程中，他们将面临着在纪律和自由之间作出"艰难"的调适、顺应、服从甚至是驯服的心理转变。

---

① 伊曼努尔·康德. 论教育学 [M]. 赵鹏，等，译. 上海：上海人民出版社，2005：39.

五、"作业"与"考试"：学习中"不能承受之重"

前面我们在关于学生对"学生"，也就是对自身身份与意义的自我理解研究中，曾分析得出"作业"和"考试"是"学生"的重要标志。然而，繁重的作业以及考试带来的竞争与压力对于很多学生来说都是"难以承受之重"。

（一）被罚站的一飞

一飞学习成绩不是很理想。笔者在五年（5）班的三周时间里，他几乎每天都是班里来得最晚的一个。一飞的同桌笑他，说他每天迟到是因为没做完作业。这一天，一飞和其他三位同学被语文老师查出没完成作业。

语文教师：作为一个学生，你不写作业，就等于说你的责任心不强，你对得起辛辛苦苦的家长吗？其实这个作业对你们大家来说，负担并不重，昨天一个下午的时间，你问问你对得起你自己吗？这是为自己负责任吗？你玩的时候心里头快乐吗？如果写作文《童年趣事》，你真应该写写你自己——为了玩儿不写作业！这样吧，家长会以后我们一切从严。你必须按照学校的要求，必须按照老师的要求，按部就班地去做。甭打算在小地方偷懒。你昨天晚上在家里快乐了，今天在学校就得痛苦！咱不是说不给你上课的权利，给你上课的权利。但是有权利就有义务，权利和义务是相辅相成的，完成作业的义务你完成了吗？

语文老师开始上课，四位被罚站的同学站在教室后边的台子上补写作业，补写完的就可以自动坐回座位。

语文课下课了，就剩一飞还没有补写完。

数学课上课了，数学老师看到一飞站在教室后面。就让一飞先回到座位。继续教育一飞：

数学教师：昨天的数学作业完成了吗？

一飞：……

数学教师：那我问你，你今天写作业吗？

一飞：写。

数学教师：他答应我了吗？

其他同学：答应了。

数学教师：说话算数吗？如果那样的话，前面的一笔勾销，回去接着补，补上就行。

一飞：……

数学教师：今天你可算是正式答应我了，我可有见证人了。

数学教师：你今天一定得写数学作业，听明白了吗？

一飞：明白了。

（二）五年（5）班的作业风波

师：好，现在拿出你们的作业笔记本，今天的作业是质量监测的二十……为了尊重×××的意见，今天多留些作业，反正下午有半天时间。

同学们在下面嚷嚷：老师，不要，不要。

师：我告诉大家，×××一直在说"少点，少点"，说的是这句话，听懂了吗？

生：难道说少点，就多留点啊？

师：26 页，27 页……

生（全体）：啊，这么多啊！

师：再增加几道计算题。

生（全体）：嘀……

生：太少！

师：个别同学要注意，其实你们嚷什么嚷啊，你说留多少作业取决于你吗？你喊的声再大，再怎么起哄，那还不都是这些作业吗？咱们今天该完成什么，咱们不预先讲好了吗，对吗？可能会因为今天语文作业多，外语作业多，数学就照顾一下少布置一点。看看，你们这个尖叫声、发言声、起哄声能有用吗？只能起反作用。你要是跟老师说，今天语文作业比较多，或者是外语作业比较多，轮到咱们数学作业，你跟我商量，因为有什么作业老师会提前想好。你要跟我商量。什么事情都要这样来解决，对吗？你想想你发完这种声音，我会是什么感受？我会因此改变主意吗？反而会增加我的逆反心理，对吗？这很正常的，对吧？好！所以说，咱们解决问题要找到真正解决问题的方法。据我所知，今天咱们英语作业没留……

生（全体）：语文作业很多……

师：不管真多，还是假多。语文作业的多与少，你们还是应该跟语文老师去协调。

学生们还在下面讲语文作业多少。

师（有些不耐烦了）要不我把你们语文老师叫来，先把这个问题解决了。喊语文作业多的，我叫语文老师给你少留两张，行吗？要不，咱们现在先把语文老师请来。

生：不用。

师：先把这个问题解决。

生：不用，不用。

师：好，不用是吧。现在听我说，无论什么问题，第一，你找准了解决问题的方法；第二，你找准了解决问题的对象，那么什么问题，你就怎么去解决。如果解决不了，咱们还可以采取其他的方法，协调一下。比方说，今天语文作业，确实得留这些内容，根据今天讲课的情况，为了让大家能巩固一些，还是需要留这些内容。数学呢，今天是上了一节复习课，看看，如果解决不了的，数学适当可以减少一些，这是可以的。但是，现在你们的解决方法很有问题。以后布置作业，我不想再听到这种声音！

作业量大或许是当前许多中小学校较为普遍的现象，M 校也无可避免地存在着这个问题。据我了解，五年（5）班的学生除了趁课堂间隙完成当天的部分作业以外，回家以后还需较长时间来完成作业，其中有学生最少用 1.5 个小时，而更多的则再需花上 3～4 个小时。学生告诉我每天晚上 10 点以后才能睡觉，而早上 6 点左右就得起床了。这样的作业量对于处于身体发育期的学生来说确实是个不小的压力。在中学生的问卷调查中，学生们也普遍反映作业量过大，在对"向老师说一句您最想说的一句话"一题的回答中，很多学生都希望作业量能少一些。比如：

老师为了您的身体着想，少留点作业吧！

我亲爱的老师们啊，什么时候作业才能少一点点啊！

老师，作业少留点，请高抬贵手吧！

如果您给我们留作业是您自己做主的话，那么请您减点负吧。

……

另外，从案例 1 中老师的批评与惩罚，以及案例 2 中老师的作业布置过程来看，我们不难发现"作业"以"为学生好"为名，实际上却暗含着"权力"的意味。"作业"从其本来的意义来看，应该是为了巩固课堂教学知识，具有补充性质的学习任务。但从实际情况而言，作业由老师对学生单向规定的特点使其在某种程度上成为教师控制学生的一种手段。因此，"作业"事实上在教师和学生之间构成了一种权力关系，教师单方面掌握着布置作业的权力，而学生在绝大多数情况下只能被动地接受，而没有太大的选择权利。如果学生选择不做作业，那么不仅是对自己"不负责任"，而且在一定程度上是对老师权力的一种挑战。因此，其后果轻则受老师批评，重则就要受到惩罚。尽管在"作业风波"这个案例中，老师提出学生可以与老师协商作业，但是事实上这种协商在现实教学中仍然是很难实现的。

（三）面对考试："我们是那么的软弱"

考试作为检测学生学习情况以及衡量、评判学生的重要手段，对于学生而言，无疑具有重要意义。因考试成功获得的积极体验和考试失利导致的挫败感对于学生来说，可能是学习过程中最为主要的体验了。因此，每次重要的考试给学生带来的不仅仅是分数的高低，更为重要的则是因考试成败而导致的复杂心理感受和情感体验。然而，"考试论英雄"对于很多学生而言，考试可能更多地意味着消极的体验。然而，他们同样强烈地渴望"尽快地去感受一下那成功的快感和滋味"，也愿意为之付出努力。那种考试成功带来的"快感"对于学生而言具有重要的意义。下面是笔者从八年级学生周记本中摘录的两篇文章，写作时间大概是在一次月考以后。

面 对 考 试

面对考试，有时候，我们是那么软弱。

考试前，起早贪黑地念书，背公式，记定理。弄得自己疲惫不堪，后悔以前为什么没学好，上课不听讲，不认真完成作业。可我们有没有想过，老师已经把这些道理给我们讲了多少遍了，我们听了吗？

考试的时候，后悔就更多了。遇见不会的题，看着它，想起来这题明明老师讲过，可因为自己一时疏忽，没有记在心上，现在怎么也想不起来了，真是后悔莫及呀！又想到如果考不好，会受到家长的批评，老师的指责，成为同学之间议论的话题，心里就更不好受了。越想越后悔，想着想着，连最后一点自信心都没有了，考得自然就不好了。

考试之后就只有后悔了。自己的感慨发自内心，让人听了就舒服，自己也下定决心，定了一连串的计划。

转天①，是星期天，本来想早起的，但心里想，一天晚起没什么关系的。于是，又埋头大睡起来，醒来后，信心十足地想新的一天开始啦，我要努力了！于是，拿起笔，看着作业纸上画得密密麻麻的题，皱起眉头来，本来是很想迫使自己写的，但又想到了一部很好看的电视剧，经不起诱惑，放下笔，走了。

等到下一次考试，成绩仍然不理想。

同学们，我们应该反省了，考试即将来临，我们要努力了。

月 考 总 结

第一次月考终于结束了，我的心情非常恍惚。这次虽然考砸了，但我想凭我的努力一定会将下一次的期中考试考得锦上添花。

10月11日，我们年级开了次家长会，把这次考试的不足，下次考试应抱着什么样的心态，怎么去帮助孩子都和家长说清楚了。我爸爸回家和我说："你要把心态放正，不要抱着侥幸的心理，如果这样的话，你这个班根

---

① 当地方言，第二天的意思。

本就待不住，你自己好好想想吧。"我听了这番话，心里有一种说不出的滋味……

第二天，我到了学校，刚一进门，就听有人说：这次考试太难了，也怪不得我们考得这么差，谁能做出这么难的题，谁又能考高分呢！我听了这话之后，气就不打一处来，他难道不知（1）班的许多同学考的成绩考得是多么好嘛？人家的题是怎么做的，人家在背地里花了多少的心血，才考出这等的分数来，这样，才是发自内心的高兴。可是，有的人只和比自己差的人比，他不和比他强的人比，这是永远都进步不了的。更何况这次考试还有人传条，这是更不可原谅的事情。

说了这么多，我只想证明一点：我们无论做什么事情，都会有一点是我们的不足的地方。我们要看清楚这一点，尽量地去改进自己，不能推卸责任，否则是永远都不会进步的。我们要努力地做好一切事情，尽快地去感受一下那成功的快感和滋味。

六、对学习经验的自我认识与评价

正如我们前文所述及的，学生把学习作为自己主要的任务，学习对于广大中小学生来说确实可以说是其最为主要的生活内容。对于学生个体而言，学习又有着不同的意义，不仅涉及在学业生活中的成败得失以及体验的欢喜忧悲，而且包括其对学习意义、学习经验的个人理解和行动。学生对学习及其意义的个人理解随着年级增高和身心成熟，会逐渐形成和发展。由此，他们的学习将更富个人特色，乃至形成自己独特的学习风格。我们认为，能够对自己的学习进行正确的认识和评价，能够认识自己的潜力和局限是学业成熟的重要标志。下面是笔者对五年级和八年级学生关于个人学业状况评价的问卷调查，以及八年（1）班一位学生对自己学习经验的个人评价。

为了解学生对自我学业状况的认识和评价，笔者在问卷中设计了"对你的学习作一个客观的评价"的问题，学生们的自我评价主要有：

五年级学生：

不好，不过还要努力/会好好学习，天天向上，做一个我们班的榜样/好/优/不错，很好/很努力/一般/还行/努力学习，进步很大/还可以，语文、数学、外语考试都得过第一/语文、数学成绩可以，但外语成绩十分不好/太粗心、太大意，作业质量不太好/学习不算太好，一般。但是我努力了，只是没找到正确的方法/我不知道

八年级学生：

学习比较认真，做到当天作业当天完成，但缺乏主动性/学习成绩还可

以，但并不令我非常满意/学习很努力，但至今仍处在找寻适合自己的学习方法的过程中/知努力、知上进，不放弃/比较努力、刻苦，能自觉、主动地预习和复习/努力不够，仍需继续努力，更上一层楼/有些被动，新知识接受能力差/还不够特别认真/没有尽最大努力，连一半都没到，成绩还行/并没有全心全意去学习/学习还不错，不过还要更刻苦努力学习/不能算很差，但不够努力/作业能完成，学习不够认真、刻苦/预习、复习不够/不是太稳定/语文、政治成绩不好，英语 so so，数学马马虎虎

从上面学生的"自我评价"来看，学生们主要是从学业成绩、学习态度以及学习方法等方面来进行评价的。具体地，五年级学生更倾向于从学业成绩评价自己的学业情况，不少同学认为自己的学习情况"还行""不错"。八年级学生则主要是从自己对学习的努力程度来进行评价的，从学生们的表述来看，努力程度与学业成绩直接相关。而所谓"学习努力"的主要表现为：学习主动，完成作业，进行预习、复习，能够找到适合自己的方法等。五年级学生与八年级学生在评价侧重点上的不同，在一定程度上说明：五年级学生更多的是注意学习结果，而八年级学生对自己的学习已经有了更为深入的认识，不仅从学习结果，更从学习过程、影响因素等方面来评判自己的学习。可见，学生对其学业的自我评价与学生年龄成熟、年级增进、学习经验丰富等都是相关的。

八年（1）班一位学生的学习自我评价

我现在是一名 13 岁的八年级学生，在过去的不到 5000 天中，我只得过几次作文比赛的奖项，几次三好学生，以及在几次国家级的英语考试中取得不错的成绩。

我喜欢读一些理论物理和科技前沿的书籍，例如，《时间简史》，够经典了吧。研究理论物理需要讨论，所以参加讨论会也是我喜欢的活动，我经常和同学们讨论，但他们中大部分对此感到反感，参加讨论会要具备专业知识，老师们也说我"一知半解，不愿深入研究"。但哪有愿意向初中生开设大学甚至更高层次学习理论物理的场所呢？

小学时候我自诩喜欢的是天文，初中时我才知道喜欢的是理论物理，我想我既然喜欢它就应该把它学好。霍金曾说过："合作与讨论在科学中很重要，但推动科学前进的是个人的创见"，足见独特的见解多么重要。我喜欢独立思考，我也认为我能像许多伟大的科学家一样，对看似正常的现象刨根问底。至于还应该如何学习物理学，除此以外，首先，要对大自然有巨大的好奇心，善于观察。

我的学习特色、思考问题的方式与我的爱好、世界观是分不开的，我在学习上从不勉强，也没有过多的要求。七年级时我写完作业后，总爱看些理

论物理的书籍，思考一些问题，那时成绩不错；可现在，当我把剩余的时间用来做些练习，成绩反而下降了，所以我觉得是理论物理的思想支持着我！我的世界观是辩证唯物主义和历史唯物主义，我思考问题时也基于它们，而且要全身心地投入，融入情景，多方面考虑。譬如，老师让我们写如果我们和张继对话（这是语文老师在上《不朽的失眠》一课的公开课时给学生布置的小作文作业），会说些什么。我的答案是什么也不说，因为那样会改变历史。从理论物理的角度想问题，就是很少被别人想到，最具个性的那个。

另外，学习要有目的地学习有用的东西，并把它运用到生活中去，我们总是看低副科，难道历史学家不是历史学得好，医生、生物学家不是生物学得好吗？我们的主科却是很少被应用到的。

世界如此多娇，怎能让学习浪费我们太多的时间？这是我自己的名言。这里的"学习"是狭义的学习，这也是一个优秀学生的准则。优秀学生在有些人脑中就是没日没夜的埋头苦学，不问世事的形象。可现在这种学生正受到摒弃，学的东西往往没有实际用处，仅有的一点也不愿实际应用，使自己功亏一篑，甚至成为一个没有能力的人、社会的包袱。现在的世界中自信、个性、丰富的想象力、创新和不迷信权威，这些对一个学生来说非常重要，学习理论物理就更重要了，这二者常常是结合起来的，我就像是它们的结合体，我做任何事情都非常有信心，这也是我最值得骄傲的地方。从前我打篮球没有自信，一节课连球都摸不着，下课更郁闷了。可有时我突然对自己很有信心，下课也高兴，以后我便越发有信心了。对我而言，个性就意味着创新，穿衣服一种新的样式，洗发后一种新的发型，把 R&B 歌曲当 rap 唱，既个性，又创新，至于更高级的 DIY，如，改装电视机，自制 MP3 等就办不到了。我的父母曾经说我最令他们骄傲的是我的"神经病"，老师也说我"各色"①。虽然只是笑话，但也显示出我的个性来。

小的时候我很怕黑，就是想象力太强了的缘故，因为这个缘故，语文老师特别要我来写剧本。我在其中加入了无厘头的成分，且剧情曲折，既出乎意料，又合情合理，看了一下这个例子，你也许就会认为它是有用的了。另外，比如，考试时，我记不起《孟子》了，我由《论语》联想到孔子，又从孔子联想到孟子。

要做好学生不该迷信权威，权威只是一个发布信息者，接受信息的人要核实一下。不迷信权威，但要尊重它，就像尊重你的家长一样。

在同学们眼里这是一位喜欢标新立异的人，显得有些"各"②。笔者在八

---

① T市方言，意思是指一个人与众不同，特立独行。
② 同"各色"，T市方言，意思是指一个人与众不同，特立独行。

年（1）班听课时，观察到这位学生比较爱发言，且经常有与老师不一样的观点和意见，甚至经常与老师相执不下。他的学习成绩根据班主任老师介绍，一般能排在前十名。从上述他对自己学习经验的描述来看，主要有以下一些特点：阅读广泛，不满足于课堂知识；注重自己的兴趣爱好；学习有信心；追求个性；不迷信权威。这些学习特点可以说是良好的学习品质的重要特征。但是这位自认为自己"有个性"的学生，多少会在课堂上让老师感到头疼，也为其他同学所厌烦。或许，在当前正统的学校教育中，如此"各色"且似乎有些不太守本分的学生还是不太为老师和同学们所认同。

第四节　班级社会生活与同伴关系

一、班级文化与学生心态

沉稳的五年（5）班和活跃的五年（3）班

五年（5）班现有学生 38 人，其中 27 位学生一直从一年级就在（5）班，另外，分别有 1 位同学在二年级、3 位同学在三年级、5 位同学在四年级、2 位同学在五年级时转入该班。班主任金老师从一年级开始就一直带这个班，同时任教语文课。因此，总的来说，五年（5）班的班级结构以及学生主体都比较稳定。同学之间相互熟悉，学生和班主任之间的关系也非常和谐，班级氛围整体而言比较好。

当初我选定在五年（5）班听课时，爽朗的金老师对我说："**听我们班的课，没问题，不过我们班的学生有些沉稳不是太活跃。当然，如果你想让他们活跃的话，也是可以把他们调动起来的**"。但是，我在听课的 3 周时间里，并没有觉得五年（5）班的课堂沉闷，不够活跃。后来，通过跟老师和学生的日常交流才发现，原来在我进入五年（5）班听课之前，金老师有一次开语文公开课有些失利，课上同学们表现不佳，发言状况不够积极，课堂氛围不够活跃。自那以后，金老师下定决心要调动学生们的积极性，以活跃课堂氛围。在我听课期间，每天语文课第一堂课开始的 5 分钟的讲故事活动就是其中的举措之一，目的是为了锻炼学生的胆量和表达能力。听课过程中，我也能感觉到金老师在有意地调控课堂气氛。

与五年（5）班的"沉稳"不同，五年（3）班学生的活跃程度在整个 M 校都是非常出名的。他们在公开课尤其是（对外的公开课）中的表现，是学校领导和教师颇为得意和自豪的。因此，五年级办公室的其他班的班主任老师对我说，要听课的话就最好去听（3）班的课，说他们班的学生特活跃。之前，我曾听过五年（3）班的一堂德育公开课，是代表学校面向全区德育老师的。课上，学生们确实像老师们所说的那样不仅非常活跃，而且表达能力都特别好。后来，我也有意识地去听了五年（3）班的语文课，同学们的表现确实比较积极。语文老师林老师也是（3）班的班主任，也像金老师那样一直从一年级带到五年级。林老师无不自豪地告诉我说，从一年级开始，她就有意识地培养学生这方面的能力，鼓励学生大胆地发表意见。她说，经过多年的训练，学生这方面的意识和能力都很强了，在公开课上不会出现什么问题。后来，从其他老师那里得到证实，林老师上的公开课都是比较成功的，更有意思的是，其他平行班的老师在上公开课的时候也喜好"借用"（3）班的学生。

然而，就在我去五年（5）班听课的过程中，语文老师和数学老师都觉察到同学们似乎"活跃得有些过头了"，并几次就这个问题在课堂上向学生们提出来。下面是我记录的一堂数学课的课堂片段：

数学课开始，进行了大概3分钟，隔壁班的同学来问英语老师有没有布置作业，数学课被打断。那位同学走了以后，同学们还没有安静下来。

师（有些生气，停顿了一下）：我给宋老师打电话，让她来布置英语作业。

生（全体）：啊！

师：我看你们一听没有留英语作业，就特别兴奋。

生：（全体）没有。

师：我发现你们反应特别热闹，你们语文中是读兴（xīng）奋还是读兴（xìng）奋？

生：（全体）xīng 奋！

师：（老师故作愠恼的样子，指着第一排的两个男生）看把你俩 xīng 奋的！

同学们哄堂大笑。

师：李凡，你继续说。说，继续！说呀！

生：……

下面的同学显然还没有完全恢复到原来的课堂状态，仍然在讲话，还有忽然发出怪声的。

师（有些生气了）：谁呀?！越来越讨厌了！

师：说，继续说。

生：……

师（中断讲课，脸有愠色）：以后注意点，控制住自己，你该做的，你该听的，你该发表意见的，王老师给充分的时间，充分地给你机会。但是，×××，听好了我说的！但是，必须遵守课堂纪律。这是作为一个学生最最起码的。如果有谁做不到，那么就没办法，那就强制你做到。刚才我觉得大家做得特别好，别人回答题目，有回答不上来的时候，我们班头一次能够安安静静地等待，头一次，我觉得，好长时间没有这样的感觉了。平时要是谁说不上来，大家唧唧喳喳，鸡一嘴，鸭一嘴的，他反而就没有那个压力。这回反而给他造成了一种心理压力。但是我觉得这种等待还是挺好的，让他有一个思考的时间，让他能够发表意见。

二、班级地位与同伴关系

（一）班级中的"佼佼者"和"他者"

班级中的"佼佼者"是指那些学业成绩优秀，深受老师重视，在同学中有充分威信得到同学的普遍认可，而且各方面发展都比较好的学生。就自身而言，他们往往对自己的发展目标有良好的预期，对自己长处、能力以及局限等都有较为准确、清晰的认识。

五年（5）班的班长是学校的大队委，各门功课都比较好，做事认真踏实，同学关系不错，按照班主任金老师的话来说，他是一个小"男子汉"。我在五年（5）班听课的时候，正好隔着走廊坐在他的边上。从我的观察来看，课上他都比较投入，思考积极，能够发表自己的独特见解。我曾对他作过一次访谈，内容如下。

我：学习成绩是从什么时候开始比较好的？
班长：从二年级开始吧，因为我比较喜欢数学。当时学什么都想学好。
班长：以前我觉得自己有点骄傲，觉得自己永远是最好的，但是这几年，我觉得还有许多人在许多方面都比我做得好，而我只是在某一方面做得比较好而已。
我：现在有没有想过小学毕业以后上哪所中学？
班长：我现在还没有想过。不过我真的希望考上好一点的学校。好的学校可以让人更加进步，如果是那种差一点的学校，或许里面的一些人或事情会把人引入歧途。
我：我们来设想一种情况，就是你进了好的中学以后，万一……我的意思是到时可能很多同学成绩都很好……
班长：我知道你想问什么，就是说我可能成绩会出现比较差的情况。
我：如果这样，你怎么办？
班长：我会用我的全部精神，上课认真地听老师讲，下课我也要认真地复习和预习。
我：这样努力学习为了什么呢？

班长：呃？学习就是为了，就是好像为了，为了以后的那种前途，或者有些人也许学习是为了某种兴趣。

我：那你呢？

班长：我既为了前途，我对学习也有一种兴趣。不像有的人，他是不得不学。他们对学习没有兴趣，不为自己前途而着想，就是在家长威逼之下而学习。这样的话，我觉得就算他是认真地听讲，他学习成绩也不会上来，因为他对学习没有兴趣。

我：平时觉得学习累吗？

班长：一点儿也不累。学习好像就是在实现自己的梦想，或者就是说，说句不好的话，就像在玩儿一样。

我：呃，把学习当做玩儿一样？

班长：我觉得玩儿也不一定是在外面疯跑，就是在家里读一些书籍，它也是跟一种玩耍一样。不过这种玩耍，就是要让自己的身心比较舒服。

我：你以后的理想是干什么？

班长：想当一名科学家，像达尔文那样当一名昆虫学家。

我：你现在有这方面的准备吗？

班长：我在买课外书的时候，会专门去买科学类的书，比如说，《昆虫记》什么的。再有，平时看电视时也会看科学类的节目，比如说，《动物世界》那种，有的人会说我很幼稚，但是我不这么想。他们认为《动物世界》这种节目是专门面对小孩，哄小孩的，但我认为那种节目不是单纯为了哄小孩，它也是为了推广科学方面的知识。

我：如果你成不了昆虫学家，那怎么办呢？

班长：如果是做不好，我会去更努力地争取。如果还是不行，那我就会思考别的职业。

班级中的"他者"主要是指这样一些学生，他们往往学习成绩不够好，在学业上不足以引起老师的足够重视；在学习、纪律方面，虽然也存在问题，但又不会特别出格，因而不会像那些难以管束的学生那样"显眼"。这样，在班级中，他们基本上是属于"边缘人"。由于成绩不够理想，他们对自己没有明确和强烈的学习期待，对自己今后的发展更没有太大的抱负。而被"边缘化"以后，他们跟老师、同学的关系都显得非常一般，对老师没有特别深的感情，在班里也没有特别要好的朋友。

五年（5）班的小强看上去是个安静的男生，坐在教室第一排，上课话不多，不是很活跃。因为 M 校的住校生不多，因此中学部和小学部的住校生都集中在中学部住宿，晚餐就在中学部食堂。晚餐以后，学校会把所有的住校生都集中到一起，看一会儿新闻节目，然后进行晚自习。因为我也在中学部吃晚餐，因此经常能在食堂和小强碰到，他总是主动跟我打招呼，但话不多，问过"老师好"后就走开了。下面是在一次晚餐中，我主动要求跟他"聊聊"的对话记录。

> 我：听说，你是从外省转来的。你是什么时候转到现在这个班的？
>
> 强：上个学期。
>
> 我：适应吗？想家吗？
>
> 强：适应吧。刚开始一周挺想的，现在就不想了。
>
> 我：你觉得现在的班级和你以前的班级有什么不同？
>
> 强：现在的班级比较团结。
>
> 我：你以前的学习成绩在班里处于怎样的水平？
>
> 强：中等偏上。
>
> 我：现在呢？
>
> 强：一般。
>
> 我：你想过提高自己的学习成绩吗，想通过怎样的方式提高？
>
> 强：想，通过上课认真听讲，进行预习和复习。
>
> 我：你上课认真听讲吗？
>
> 强：大多数情况下会。
>
> 我：有时候也会不认真？
>
> 强：是的，但我不和同学讲话，而是自己做小动作。
>
> 我：我看你上课不太发言。
>
> 强：是的。
>
> 我：是不会，还是不愿？
>
> 强：是不愿意，其实我也知道答案，但就是不喜欢举手发言。
>
> 我：如果学习上有什么不明白的地方，你怎么办？
>
> 强：我一般是问高年级的同学，主要是中学部的同学。
>
> 我：这里的朋友多吗？
>
> 强：我跟中学部的同学比较要好，因为我们住在一起。
>
> 我：你为什么从外地转到这里？
>
> 强：因为这里的教学质量比原来的学校好。
>
> 我：什么叫教学质量好？
>
> 强：老师讲得好，要求也严格。
>
> 我：以后小学毕业了，你会继续在这儿念初中吗？
>
> 强：我听我爸爸的，我爸说让我在这儿念，我就在这儿念；让我回去念，我就回去念。
>
> 我：那你自己是怎么想的呢？

强：我自己是想在这儿念，因为这里的学习环境比较好。

我：好在哪里呢？

强：各方面都挺好。

我：你觉得金老师对你好吗？

强：嗯，一般吧，不好也不坏。

我：你的理想是什么？

强：……还没想过。

每个班级集体中，都会有这样的"佼佼者"和"他者"。在班级社会中，"佼佼者"无疑是班级的核心成员，既是其他成员学习的榜样，也具有强烈的自我实现的愿望，因此能够积极主动地参与班级社会生活，能够感受到自己的力量。而"他者"由于未能受到足够的重视，又缺乏强烈的自我期待，在逐渐"边缘化"的过程中与班级社会的关系越来越疏远。

（二）"小权在握"：负责板报的女同学

小倩是五年（5）班的小队委，负责班里的宣传工作，负责和组织黑板报的编写就是其中的工作之一。除了小倩本人，还有三四位女同学帮她一起出板报。这是某天课间操期间，小倩和同学在教室出板报时的对话。

倩：上次画了好多啊，都不行。

生1：不合格，不合格产品。

倩：对对对，主要是不知道内容是什么。这次行了，金老师把内容给我了。

生2：大致内容是怎么样的？

倩：什么努力学习……努力为祖国作贡献……

倩：这个图太花了。

生3：看我这个！

倩：我的天哪，就这图啊！

倩：对了，这次我们得换几个人上来。我想让小静上，小静，我想应该不错的。

（小静是班里一个并不起眼的女生，不太爱说话，学习用功，但课堂上较少发言。用数学老师的话来说，"她是班里最老实的一个人，你叫她站起来回答问题，她会害怕得不得了。"）

生1：她在本上写得挺好的。

倩：……毕竟，我们不能老用老人，对吧？

生1：老人？谁是老人？

倩：就像你们几个，板书的几个。

生1：画得都没灵感了。

倩：对，对对对！

倩：其实，我连小晓都不想让她继续干了……得另外找一个人。

[小晓是在四年级时从外校转到（5）班的，学习成绩不错，在班里人缘比较好。笔者到五年（5）班听的第一堂语文课中，小倩和小晓在课前5分钟活动中合作了一段朗诵，据同学反映她俩是老搭档]

生1：关键是字要写得好。

倩：得找个人……找一个好一点的。

生2：丽华和晓东，怎么样？

倩：……

生3：小倩，小倩……

倩：干吗呀？！

生3：我跟你一块儿来画吧。还没选内容呢！

倩：帮我选一个谚语吧！

生3：人是铁，饭是钢。

生1：不懂装懂，有事饭桶。

倩：帮我选一个有关学习的。

生1：人心齐，泰山移。

生3：哎呀，小倩，让我跟你一块儿来画吧。

倩：我偏不！

倩：不行！

生3：唉！……

倩：你怎么这样呢？！

生3：哎呀，小倩，你就让我跟你画画吧。

……

从上述对话中，我们可以看出在小小的班级社会生活中，作为社会成员的学生之间亦存在非常微妙的权力关系。作为板报的负责人女生小倩，相对于其班级同伴而言，就拥有了让谁出板报和不让谁出板报的小小权力。而且大家对这种潜在的权力关系还是相当认同的，其他同学要想参加出板报，就必须经得权力拥有者小倩的认可。

（三）一次没有"悬念"的班干部竞选

笔者在五年（5）班听课的第三周，适逢M校每年的班干部竞选，学校对此很重视，校大队委统一对这次竞选作出了具体的规定：一是班里所有同学都可以参加竞选，二是参加竞选的同学必须写书面的竞选词，并在班里发表竞选演讲。在竞选前一周的班队课中，金老师就跟同学们提起了竞选的事情，希望大家踊跃参加，早作准备。竞选前一天，班主任金老师布置同学们回家写个人的竞选词，第二天下午的班队课进行班干部竞选。

我被邀请参加五年（5）班的班干部竞选，这次班干部竞选，我主要关注的是班里的两位女生。一位是小丹，一位是笑笑。

小丹是我在五年（5）班的"同桌"。因为五年（5）班的教室比较小，而小丹是一个人的座位，金老师就安排我跟她坐一块儿。小丹个头比其他女生显得高，坐在教室的最后边，在班级中是一个非常普通的学生。跟她接触多了，发现小丹是个性格开朗的孩子，说话挺逗的，但上课不太举手发言。下面是她的"自画像"（这是实习老师给他们上的一节心理健康的活动课上要求他们写的）："我是个听话幽默的 student，因此我很快乐。我在老师心中不是一个地位很高的人，顶多是个中等生。我觉得地位太高了，也许会有些麻烦（老师会让你干这干那的①）。在家长心中，我不是个特别聪明的孩子，却是个生产笑料的工厂。我的愿望是当一名科学家。"

较之小丹，笑笑的性格更外向些，上课发言也比较积极。笑笑和小丹都是班里的"土著"，从一年级开始就已经是这个班的了。知道竞选的事情以后，一天午饭后，笑笑拉我到教室外边，跟我说她想参加竞选，让我帮她参谋竞选演讲。她告诉我，从二年级开始，每年她都参加竞选，但是，一次都没被选上过。她认为以前同学不选她的原因在于自己在班里的人际关系不够好。现在，她认为自己的脾气已经改了很多，所以觉得这一次有把握被选上。

第二天早上，许多同学都把竞选的演讲词拿来了。笑笑给我看了一下她的演讲词，把它交给了老师。我问小丹有没有写，她说没有写，说肯定轮不到自己。但是看到很多同学都写了，老师在收。小丹也拿了张纸写了几句话交给老师。交完竞选词，小丹跟我说，她已经是第3年参加竞选了，前两次都没有被选上过。她还跟我开玩笑说：**"周老师，你看着。如果今天我的选票超过 3 票，我就跳楼。"**因为在 5 年（5）班连续听了 3 周课，班主任邀请我参加投票，实习老师小陈老师也被邀请参加投票。我跟小陈老师都投了小丹和笑笑的票。

由于参加竞选的同学太多，班主任怕时间来不及，让同学们简短地介绍了一下自己的情况，就开始让同学们写选票并进行公开唱票。老师将参加竞选同学的名字都写在黑板上，随着唱票的开始。我发现笑笑的神情比较专注，小丹就一般了。同学们的选票主要还是集中在现任班干部身上，教室里

---

① 这是我看到小丹的"自画像"以后，笔者就"也许会有些麻烦"这一句话对她的进一步追问时她的回答。

响起的主要是那些同学的名字。

唱票结束，结果小丹得 5 票，笑笑得了 12 票，都没有入围班干部。小丹对自己的得票颇感意外，笑笑则有些无奈地告诉我这次比以前多了几票。或许，这样的结果，小丹和笑笑都是可以接受的。班干部的竞选在某种意义上也可以说是一种"社会机制"，它与班级成员的个人地位与威望，班级人际关系、班级成员的心态等都是密切相关的。像小丹、笑笑这样班级地位以及人际认同都不是特别高的学生，要在竞选中胜出显然是有困难的。另外，五年（5）班长期以来比较稳定的班级结构，在客观上也容易造成班级成员较为固定的认知和心理习惯，从而自然而然地投向那些比较熟悉的人。

第五节　几个基本的判断

可以说，M 校是当前我们国家为数众多的中小学校中一所极为普通的学校；M 校学生也跟其他大部分中国学生一样，有着相似的教育背景，面临着相同的学业发展任务，一样体验着学校教学生活中的欢喜忧悲，既有相似的激情和梦想，又有共同的烦恼和困惑。因此，我们国家当前学校教育和学生发展的整体状况大致可以从 M 校及 M 校学生身上可见一斑。基于此，我们认为从 M 校及其学生的情况推断和判定我们国家当前教育背景下"学生自主"的实际情况是可能的。根据在 M 校的观察和研究，我们认为当前学校教学生中"学生自主"的现实状况表现出以下几方面的主要特征。

一、"学生自主"是存在的，但其表现却是有限的

我们在学校生活、在课堂、在班级、在师生交往中，都可以或多或少地发现"自主的学生"的影子，但是他们显然没有我们在理想期待和理论构想中所勾勒的"形象"那样明晰和具体。

我们曾在理论构想中从自我实现的愿望、理性能力、权利和责任主体等方面描述了"自主的学生"的主要特征。从现实情况来看，学生们的自主意识、自主愿望以及相应的能力也主要体现在上述方面。他们对自己有各自的理想期待，无论是职业期望还是学业发展目标等，无论是短期的还是长远的，都反映了他们对自我的期许，而且从中也反映了他们各自的价值认识和价值取向。在精神上他们渴望独立，广泛地吸取和接纳新鲜事物，对人对事有自己的判定，个性丰富。在学习上，他们"知努力"，求知欲强，以学习为自己努力的主要方向。在师生关系中，学生渴望教师予以公平、平等的对待，渴望与教师的交流和沟通，希望得到老师的理解。这些都可以说是学生

自主意识与自主行为的表现。

另一方面，在现实教学生活中，他们作为"被教育"和"被教学"的对象，带有"未成年人""未成熟人"的前提假设，处于与成年人不对等的社会地位。所以，成人社会、学校教育强加给学生的身份意义、教育影响、价值和行为规范都被认为是理所当然、天然合法的。另外，对于学校生活中的各种规范和要求以及教学活动中教师的权威，在很多情况下他们显然是无奈的，而且无从做出选择和抵抗，而采取了服从、妥协的策略。比如，M 校五年（5）班的一位学生就告诉笔者，与老师做朋友是不可能的，老师和学生之间也不可能实现真正的平等，**"老师的一句话决定着我的命运"**。

二、"学生自主"存在差异

从 M 校的情况来看，学生自主的实现在学生年龄及身心发展程度、学业发展状况、个人班级社会地位等主要方面表现出差异。

第一，就学生年龄及身心发展差异而言，无论是学生自主的意识、行为与能力，还是学生自主所由实现的方面，在整体上都表现出随年龄及年级递增逐渐明显和加强的特征。从我们对一年级、五年级以及八年级学生的观察和研究来看，这种年级递增的特征是非常明显的。一年级学生作为进入正式制度化教育的"新成员"，他们会自愿和主动地接受和呼应学校教育对其的"制度化"规范和身份塑造，在意识、思想和行为各方面都表现出绝对地服从。在被"制度化"的过程中，对于那些刚刚获得"学生"身份的一年级小学生而言，必然会出现适应不良的情况，在这种情况下，他们往往是寻找自身的原因，并积极地调整自己的状况以适应外在的要求。对于五年级学生而言，这种适应不良的情况已经很少出现，"学生"身份及其角色意义已经非常稳固地内化为他们的自我意识，他们能够"作为一位学生"的角色规范行为处事。同时，他们的自我意识和自主愿望已经开始萌生，对"学生"身份及其意义有了自己的认识。对于八年级学生而言，他们的自我意识和独立自主的愿望已经相当明显，他们甚至试图突破社会、学校、教师对于"学生"的意义赋予，并积极寻求实现自我、表现自我的策略和途径。

第二，就学业发展状况上表现的差异而言，根据我们的调查，那些成绩优秀、学业发展状况良好的学生较之那些学业发展相对不良的学生而言，自我实现和自我发展的愿望更为强烈，对自己有更为充分的认识和合理的预期，学习更为积极努力。而对于那些学业发展不良的学生而言，不仅在上述自我发展方面逊于学业优秀的学生，而且面临着艰难的处境，比如，不受老师和同学重视、缺乏成就感和成功体验，等等。这些都会影响他们的自主的意识和愿望的形成和发挥。

第三，就学生个人的班级地位而言，那些处于优势地位的学生较之班级地位相对弱势的学生而言，在主观上他们不仅具有更为自觉的自我意识和强烈的发展愿望；而且在客观上，教师和学生寄予他们的身份期许以及支持，对他们更为积极主动地行动具有重要意义。班级地位相对弱势的学生，能够获得的外界支持（来自教师和学生）非常有限，如若自己缺乏自我发展的动机和愿望，那么更容易处于不利的境地。

值得指出的是，上述在学业发展和班级地位居于弱势地位的学生较之其他同学面临着一个重要的现实问题，即教育机会的平等、公正问题。学业发展落后以及班级身份和位置的边缘化，都无疑使得这些学生的自尊更容易受到漠视和打击。然而，"对于一个正在成长的人而言，教育交往中的公正、平等和人道是他形成人格尊严以及生活的德性的关键。他是否在教育生活中体验到了制度及其他人对他的人格的尊重，它是否感到自己在团体中的重要性，它是否能够感觉到他所处的环境是一个支持性的、鼓励性的人性环境，他是否体验到平等、公正，等等，都将对他的人格的形成产生重大的影响。"[1] 相反，缺乏支持性和鼓励性的教育氛围，以及不平等的教育体制，都会影响学生自主性的形成与发挥，及其自主人格的养成。因此，在现实教育教学活动中，教育者克服偏见、歧视，保持公正、平等的人道态度，尤其对"弱势"学生而言是非常必要的。

三、"学生自主"的实现不能脱离具体的教学活动以及师生关系，教师对于学生自主的形成和实现具有直接作用

教师是教学活动中学生联系最为紧密的对象。从前述观察和研究来看，教师的教学观念、教学水平以及个人素养对"学生自主"的实现有着直接而深刻的影响。教师能否在教学观念上真正承认"学生自主"，并以之指导自己日常的教学活动，是以教学活动促进学生自主的前提。我们认为教师个人的教学水平，是在学业发展方面促进学生自主形成和实现的重要保证。

教师的个人素养包括教师的个性特质、情感体验、价值追求、道德品质等多个方面，这些方面对学生自主的实现同样具有重要意义。其中教师个人的道德品质的意义在于：教师所采取的教学策略和教学行为是出于对学生发展的真诚良善的愿望，还是出于追求自我名利的自私的目的。这对学生的发展而言具有重要意义。

我们认为教师日常教学生活中的教学行为，甚至很多情况下的无意识行

---

① 金生鈜. 学校场域与交往习惯（二）——关于教育交往的对话［J］. 福建教育：社科教育版，2007（8）：7-9.

为，都潜在、但相当程度上对学生的发展产生了极大的影响。就如美国教育心理学家古诺特博士所说的："在经历了若干年的教师工作之后，我得到了一个令人惶恐的结论。教育的成功和失败，我是决定性因素。我个人采用的方法和每天的情绪是造成学习气氛和情境的主因。身为老师，我具有极大的力量，能够让孩子们活得愉快或悲惨。我可以是制造痛苦的工具也可以是启发灵感的媒介，我能让人丢脸也能叫人开心，能伤人也能救人。"① 这段话是颇有意味的，具有很强的现实针对性。因此，我们可以认为教师是学生实现自主的"重要他人"，要培养学生的自主性、促成学生的自主，教师同样应当付出努力，包括自身教学观念的改进、教学水平的提高、个人素养的完善等。

四、就当前而言，实现学生精神上的自主比权利上的自主更为重要

在日常生活中，当我们谈及"自主"时，往往更多地指向于权利的层面，指人们在社会生活中，在处理社会事务时拥有自治的权利。也就是我们常说的民主平等的权利。然而，就如我们在第一点中所指出的：就当前状况而言学生自主的表现是有限的，学生要争取到这样的民主权利事实上也是非常困难的。

"'社会平等上不可抗拒的民主活力'，一方面，我们再不能将孩子排斥在我们的'同类'身份之外，这种同类的身份从定义上讲就是民主的个体，而且事实上不管是在家中还是在学校里，我们也越来越与他们发展出一种建立在平等基础上的关系（比如，我们被禁止采用'权威'的压制手段），但另一方面，直到最后，这种将其视为同类的制度在教育上也是不能落实的，因为它与教育观念、与体现为教育的成人与孩童的关系本身就显得十分难以契合。因为这些关系是建立在一种教育者对被教育者的优势地位上的。在与不断增长的平等的关系中，这种优势地位今天用来给予并且能够给予自己以使自己得到承认的严格意义上的'传统'手段已经越来越少，但它必须证明自己的存在——至少在家庭或学校中的某种存在。"②

可以说这段话揭示了学生难以与教育者实现真正民主平等的奥秘所在，也指出了这个问题的困难所在。从现实教学生活中来看，教师对于学生的地位优势在师生的教学关系、人格关系和社会关系中都是存在的。而且就教育

① 朱永新，何小忠. 科学发展观与中国教育改革 [M]. 福州：福建教育出版社，2005：100.
② 阿尔贝·雅卡尔，等. 没有权威和惩罚的教育？[M]. 张伦，译. 北京：中国人民大学出版社，2005：29.

的本质规定来看，这种优势地位客观上是教育教学活动存在的前提："不管是在家庭或是学校，是一种非对称的关系使权威和传授得以成立，而没有一种教育不带有这种非对称的关系，不承认某种高下不等的差别。"① 可见，问题的困难在于这种教育者相对受教育者的优势地位，以及二者高下不等的非对称关系事实上是难以打破的。

由上，从我们对当前学校教学生活的实际观察以及上述分析来看，学生要争取完整充分的权利是有困难的。为此，一方面，我们要努力克服这种优势地位的滥用，比如，在人格、精神上避免对学生的控制、统治与压制，坚决反对"一句话决定学生的命运"。另一方面，我们要努力促成学生在精神、人格上的自主，也就是要认识到学生是一个自觉自为的个体，要充分尊重学生的精神自由和人格尊严。就如我们曾在理论构想中所指出的，学生个体精神的自由自觉，是形成学生正确的自我意识，促成学生自我实现的基础。

---

① 阿尔贝·雅卡尔，等. 没有权威和惩罚的教育？[M]. 张伦，译. 北京：中国人民大学出版社，2005：29.

第五章

"自主"的学生：建构方式与现实问题

如果说我们在第二章解决的是"为什么"的问题，即缘何提出学生自主的问题；在第三章回答了"是什么"的问题，对"自主的学生"进行了初步的理论构想；第四章则从"是怎样的"的问题出发，力图呈现学校教学生活中"自主的学生"的真实性问题；那么，在这一章，我们力图要回答和解决的是"如何是的"的问题，也就是要探讨"自主的学生"是如何形成和实现的。"如何是的"的提问方式表明我们秉持这样一个前提认识："自主的学生"的形成是一个不断生成、建构、实现的过程。因此，在前面研究的基础上，本章试图对"自主的学生"的建构方式及其现实问题进行进一步的概括和分析。

第一节　"自主的学生"的两种建构方式

在本书第二部分我们对"自主"的普遍意义以及"学生自主"的特殊意涵在理论上进行了讨论。就"自主"的基本意涵来看，它具有双重的意味：一是表现为个体反对、抵抗外在控制、束缚及限制的意识、行为与能力，可以说，它是相对"他主"的一种"消极"应对方式；二是表现为个体发自内在自我需要，追求和实现"自主生命"的一种"积极"的意向与行动。在现实学校教学生活中对"自主的学生"进行实地考察的过程中，我们发现：一方面，学校教学生活的控制作用及其影响是相当明显的，而学生针对控制所作出的主动反抗是有限的；另一方面，就学生内在的自我建构而言，则主要表现在自我期许、师生关系、班级社会生活等方面的愿望与努力，这种建构在低段和高段年级学生中均有体现，但高段年级学生的表现程度更为明显。下面我们将在前面实践研究的基础上，对"学生自主"的建构方式及其问题进行归纳和分析。

一、学校教学生活的外在建构

（一）社会期许与教育目标：意识形态的建构

学校教育作为社会的一个重要子系统，对于社会的作用主要表现为：以其相对集中和较为深入的影响力，承担着教化下一代、传递社会文化及其价值系统的任务。因此，学校教育必然首先需要对社会的价值期许和要求作出肯定和承诺。尽管在形式上，学校教育是面向社会中的个体学生的，但从其服务目的来看又在相当程度上是面向社会期许的。如此，学校教育中学生个体的发展也就经由学校教育目标这个中介而被自然地纳入到社会期许的目标之中。

从某种意义上说，这是教育的本质规定之一。孙喜亭先生曾对社会历史实践中教育的形态及其本质进行了考察，他认为："从社会文化角度来看，教育实际是人在历史实践中所创造的一种文化形式，人们是根据自己的需要来规范人的发展。人们并不是根据人的发展的可能或潜在的身心发展可能性来设计教育的，所以教育就是对人的潜能（或称先天素质）发展的价值限定。从积极意义上说，教育使人的一部分潜能（素质）得到了发展（如知识、技能、才能、审美、思想境界），若从贬义上说，正因为某些潜能（素质）的发展，才使人的大部分潜能不得不荒芜，不得不歼灭。所以，教育出发点是社会需求规定的发展方向、内容和水平，而不是从人的素质的可能性（或'人本性'）来作为教育立论的出发点。"①

这种教育本身的意义及其任务规定，在相当程度上决定了其实践形态。负载着社会需求及其期待的教育之于个体的学生的基本关系表现为："因为我喜好你这样，所以你必须是这样，这是一切教育的秘密。"（德罗伊森语）围绕价值限定这一本质而生发的各种教育形式，诸如，塑造的、设计的、规训的、强制的教育，与更为具体的各种目的与需要（政治的、经济的、文化的）结合起来，对学生个体的自由与发展造成更为广泛和具体的"限定"乃至"限制"。在文艺复兴时期，蒙田在其关于教育的随笔中就痛陈了这种现象及其弊端："我们被牵着鼻子走，完全丧失活动的自由，一切活力和独立都被窒息。"② 汉娜·阿伦特也对这种教育状况进行了批判，她认为：教育情境中的事务，有别于政治和人类社会其他领域中的事务，因为教育关照的是新兴的生命，是促使人类境况以及这个世界生生不息、持续脉动的百年志业。所以，若以政治性施行教育，这样的教育将流于一个为了掩饰政治性强迫目标的掩护尸体了。

上面，我们主要是从学校教育的本质属性及其普遍意义的基本形式来分析其与社会要求及价值期许之间的关系的。通过分析，我们不难发现学校教育与社会要求之间的这种关系不仅是紧密的，而且是明显的。然而，当我们考察现实日常生活中一所具体的学校时，这种关系或许并不如我们在抽象的理论分析中那样明晰。我们甚至可能会把学校认为是一个独立封闭和自行运转的系统。它对社会期许的基本反应主要表现为：在既定的社会制度规定中组织日常的教育教学活动；在社会作出特殊要求时，组织各种活动予以响应，甚而有时表现出应付和敷衍的态度与行动。就学生个体而言，社会期许及其要求并不直接地作用于其身上，而更是作为一种潜在的影响和作用而存在的。对于以学业成绩和升学目标为主要关注对象的学生，在其繁忙的学业生活中，对这种来自社会的要求和规定的体认程度可能并不明显，也不强烈。而且就反应方式来看，他们更多地表现出接受、服从的态度。

由上，我们可以认为意识形态的这种建构方式，对于我们抽象意义上谈论的学校教育以及学生而言，其作用方式和影响是存在的，而且是明显的。但当我们落实到具体学校层面，落实到现实的学生个体，这种建构方式的作用及其影响的表现却可能是间接的、潜在的。

---

① 孙喜亭. 从"实践"观点对"教学活动"的解读 [J]. 教育科学研究，2002 (11)：12—17.
② 蒙田. 论儿童教育 [M] // 我知道了什么呢？——蒙田随笔集. 上海：上海三联书店，1989：84.

（二）制度、纪律、权威：规训的建构

我们这里所讲的规训建构方式主要是以制度规范、纪律约束、权威摄领为其具体表征形式的。其中，制度主要是指学校层面的规章制度或者说校纪校规，纪律是就课堂纪律而言的，权威主要指的是学校教学生活中相对于学生而言的教师权威。学校层面的规章制度、课堂内部的纪律规范以及教师个人的权威，它们不仅各自对学生发生影响，而且相互构成了一种整体性的控制环境，成为学校教学生活中一个比较严整的规训系统。德国哲学家本雅明（Walter Benjamin）曾在其《单向街》一书中，生动地描绘了这种规训系统对学生的控制以及这种控制给学生带来的影响：

迟到的孩子

他多么渴望学校操场上的大钟被毁灭啊！指针的位置似乎在说："你迟到了。"在走廊里，当他经过每一扇教室门时，都听到密谋的低语声，而那后面的老师和学生全是它的朋友。四周寂静无声，仿佛是在等待他。他站立的地方笼罩在阳光里。他悄悄把手伸向门柄，开门的响动打破了寂静。老师的叫声猛地响起来，就像磨坊里突然转动的水轮，而他则呆立在巨大的石磨面前。叫声一刻不停地响着。这时，磨坊里的人们突然都把肩上的袋子倾泻到新来者身上，十袋，二十袋，沉重的袋子一齐向他飞来，他必须把它们都扛到远处的台子上去。他上衣的每一条纤维都被面粉染成白色。犹如独自一人战战兢兢走在深夜里，他感到脚下的每一步都像鼓声一样响。最后他终于走到自己的座位上坐下，安静地做着功课，一直到下课铃响起来。但他对铃声已变得无动于衷。

学校规章制度或者说校纪校规是由学校统一制定，面向全体学生的一种较为稳固的规范体系。学校规章制度作为一种以制度形式存在的规范体系，它对学生的规范和控制是具体而明确的。一般来说，学校规章制度对学生的规范主要表现在以下几个方面：一是对学生思想道德发展方面的要求；二是对学生日常行为方面的规定；三是对学生教学、学习行为的具体要求。学校规章制度作为对学生基本规范的要求，在原则上是不容违反和抵抗的。违背学校规章制度的学生必然会受到相应的惩罚，惩罚的程度和形式将视违规的具体情况（形式、内容、程度）而定。因此，学校往往设有与学校规章制度相应的惩罚体系。可以说，学校规章制度及其惩罚体系对学生而言是一种较为明确和严格的控制形式。

课堂纪律是维持课堂基本秩序的基本保障。与学校规章制度不同，课堂纪律不是由学校统一规定、专门制定的，而是课堂教学内部教师和学生之间约定俗成的行为规范。在笔者对 M 校一年级小学生的调查中，学生们报告

在课堂上有下述行为时"会受到老师批评"：不坐端正，做小动作，不听老师的话，乱翻书；不专心听讲；不认真，插嘴，吃零食，带玩具；说脏话，胡乱闹，不做作业，上课喊叫；在书箱里偷偷玩东西；上课乱说话，不守纪律，不积极举手；不好好学习，接下茬；考试自己不会，看别人的；上课老说话，老动，在那儿玩，老翻书箱里的东西，老写其他作业。可见，教师对于学生课堂行为的规范和要求是相当具体而明确的。违反课堂纪律的行为也会受到相应的惩罚，这种惩罚可能是即时的，如，受到老师的批评、罚站、没收相应的物件（如，玩具等），严重的会受到体罚以致被暂时中断课堂学习等；惩罚也可能是延时的，教师为避免影响教学过程，而采取课后处理的方式。

我们认为，课堂上的秩序和纪律是必要的。这是因为：一方面，课堂纪律或者行为规范通过限制学生的不合理行为，起到对课堂教学基本秩序的维护作用，从而保证教学活动的正常进行。另一方面，课堂纪律对于养成学生良好的学习行为习惯具有重要的教育意义。然而，由纪律问题带来的相应的惩罚，却容易对学生的身心发展造成不良的影响。在这个意义上来说，纪律和控制显然有其消极的一面。"'种种惩罚总是一种错误，它们让人感到屈辱并且从来也达不到所要达到的目的'，因此必须结束这种惩罚和控制的逻辑。"①

教师的权威是相对于学生而言的。从社会学意义上说，权威代表的是一种社会关系，即权威者与权威对象之间影响与被影响、支配与服从的关系。这是权威的基本意义。教师的权威是在其与学生的关系中得以体现的。教师权威的存在，使得教师和学生之间形成了一种支配与服从的基本关系。

美国学者 R. 克利弗顿和 L. 罗伯特参照韦伯的理论对教师权威进行了深入的探讨，他们认为教师权威包含两个方面：一是制度性权威，即由社会的文化传统和社会制度赋予教师的法定权限形成的权威；二是教师个人因素形成的个人权威，这种权威主要是由教师的个人学识、专长和人格魅力所决定的。

就实际的教学行为与教学关系而言，教师权威的存在既有其积极的意义，同时，也有其消极的影响。积极的意义在于教师权威是实现教学关系和增进教学效果的保障。如若教师没有其社会规定的身份权威，那么教与学这对基本关系就难以成立；如若教师没有由其自身学识、专长和人格魅力所构成的权威，那么学生就无以产生发自内心的信服感，从而影响教学效果。这种权威是"建立在自由承认知识合法性的基础上。这种权威的概念无疑需要

① 阿尔贝·雅卡尔，等. 没有权威和惩罚的教育？[M]. 张伦，译. 北京：中国人民大学出版社，2005：5.

发展，但却始终是重要的，因为学生提出的关于世界的种种问题的答案即来自于它，也是它决定着教学过程的成功。"① 消极的影响是教师权威滥用的结果，这种滥用的具体表现有：一是教学过程中轻视或者无视学生自身的认识能力，采取灌输的教学方式，不容学生提出异议；二是在师生交往中缺乏对学生的尊重和关爱，借用自己的权力压制学生使之处于屈从的地位；三是对于学生的评价建立在自己个人好恶的标准基础上，而缺乏公正、平等的态度，等等。权威的滥用容易导致对学生的压制，进而由此造成对学生身心的消极影响，这种消极影响甚至会影响学生今后的发展。"儿童一旦受到某种压制，就会报之以仇恨，而且一般来说，如果他不能将自己的仇恨尽情地释放出来，那么这种怒气便郁积在内心深处，也许会沉入无意识之中，和那些各种各样东西混在一起，伴其终生。"②

上面我们主要分析了学校教学生活中规训建构系统的三种具体规训形式及其作用机制。我们不难发现，较之于我们前面分析的社会意识形态的建构方式而言，规训的建构方式对于学生的影响和作用是直接而明显的。学生对于这三种规训方式的反应也是明显的。具体的反应方式主要表现为：一是努力约束和规范自己的行为，避免"犯错"，避免与老师发生矛盾和冲突；二是消极地抵制这些规训方式的控制，比如，以极端的方式和行为故意违反学校规章制度，破坏课堂纪律，与教师发生冲突，直接挑战教师的权威。我们认为前种方式体现的是学生妥协的态度，尽管他们也感受到上述诸种规训方式的控制、限制乃至压制，但他们还是以妥协和回避的方式来抵制这种压制。而后种消极的反应方式对于学校教学生活规范以及课堂教学秩序的破坏性是严重的，对于学生本身发展而言也会带来不良的影响。

这里，我们主要是从学校制度规范、课堂纪律以及教师权威对学生造成的消极影响来讨论这些规训和控制建构机制的。教育活动中控制与自由的矛盾一直是引人注意的。比如，康德认为："教育中最重大的问题之一是，人们怎样才能把服从于法则的强制和运用自由的能力结合起来。因为强制是必需的。我怎么才能用强制培养出自由来呢？我应该让儿童习惯于忍受对自由所施加的强制，并应同时指导他去良好地运用其自由。不这样的话则一切都是机械性的，离开了教育的人就不知道如何运用其自由。他必须尽早感受到来自社会的不可避免的阻力，以便能认识到为了独立而谋生和奋斗是多么艰辛。"③ 而雅斯贝尔斯认为："控制并非爱，控制固守着人与人心灵无交流融

---

① 国际 21 世纪教育委员会. 教育——财富蕴藏其中 [M]. 北京：教育科学出版社，1996：138.

② 艾伦·伍德. 罗素：热烈的怀疑者 [M]. 孙乃修，译. 沈阳：辽宁人民出版社，1988：243.

③ 伊曼努尔·康德. 论教育学 [M]. 赵鹏，等，译. 上海：上海人民出版社，2005：13.

绝状态的距离，使人感觉到控制者不是出于公心，而是在使用狡计，并以被控制者个性泯灭为代价。"① 斯金纳则认为，"在教育中为个人自由而斗争的自然的和逻辑的结果是，教师应当改进他对学生的控制，而不是放弃控制。自由的学校根本就不是学校。自由学校的哲学是要教师放弃职责。了解自己的任务、熟悉需要履行的行为过程的教师，不仅可能使学生在受教育时感到自由与幸福，而且还可能使学生在正规教育结束后仍然感到自由与幸福。"②

控制，从社会学的意义而言，是为了改善某个或某些受控对象的功能或发展，需要获得并使用信息，以这种信息为基础而选出的、加于该对象上的作用。然而，控制必然是带有计划性和目的性去限制人们的行为，并会采用一些手段，有时是强制性措施。这对我们正确理解和把握学校教育中的控制与自由是有启发意义的。也就是说学校制度规范、课堂纪律以及教师权威都可以理解为学校教学生活中的控制手段，他们为实现控制而带有强制性的色彩，具有积极和消极的双重意义。

（三）考试、评优、选干：评价竞争机制的建构

考试、评优、选干作为学校教学生活对于学生主要的评价手段，它们通过各自的作用方式给学生带来个人的名誉、利益以及地位、身份的分配。对于学生而言，同样是其学校教学生活中重要的建构方式。

考试（这里不指升学考试）本身是在学校教学过程中，教育者为判断学生在某一阶段的学习掌握情况而施行的一种学业检测。因此，就考试本身而言，其并不构成评价和竞争机制。然而，考试结果，也就是成绩的优劣排名对于个体学生而言却具有重要意义。因此，在现实教学生活中出现的学生较之考试的内容更为关注考试的分数的情况，是可以理解的。这种"唯分数论英雄"的评价方式势必会在相当程度上将作为手段的考试视做目的。

评优可以说本是学校教学生活中的一种评价和奖励机制，其目的在于通过在学生中评选那些品学兼优、出类拔萃的学生予以奖励，以起到鼓励其他学生的作用，并进而试图以"先进带后进"的方式促成全体学生的发展。然而，正如我们前面提到的，评优的一个客观结果是，它帮助部分学生实现了个人名誉的获得和个人地位的提升。这就造成了少部分学生与大部分学生在名誉、利益及地位、身份上的客观差异。由此，努力跻身于"优生"行列，从而摆脱"非优"的境遇和状态，成为许多学生竞相追求的目标。

---

① 雅斯贝尔斯. 什么是教育 [M]. 邹进，译. 北京：生活·读书·新知三联书店，1991：5.

② 斯金纳. 自由与幸福的学生 [M] // 瞿葆奎. 教育学文集：第10卷. 施良方，译. 北京：人民教育出版社，1988：515.

选干与评优一样，事实上只是面向部分学生的，这在客观上造成了所谓的"资源的稀缺性"。另一方面，班干部作为班级成员的领导核心，自然在班级集体中享有较高的社会地位，以及相应的荣誉和个人成就感。而且，班干部尽管只是"小权在握"，但是他们却与普通班级成员在客观上造成了权力分配上的明显差异。正是由于这些权力的获得，作为权力主体的他们可以在相应的情况下对权力客体——其他普通学生进行支配乃至控制。从班干部的选拔来看，一般都是通过在班级范围内通过选举产生的，这个选举的过程必然涉及班级成员（尤其是那些有"实力"的学生，这里所指的"实力"是由学业成绩、能力水平、班级人际等方面综合构成的）的竞争与相互角逐。

从上述我们对考试、评优、选干的作用机制及其后果的分析来看，其共同的特点是都构成了一种竞争的实质。从一般意义上而言，我们总是认为竞争是积极的，可以通过相互之间的竞争而促使各自的发展。然而，就如罗伯特（Robert E·Slavin）所指出的："课堂里的学习更多的竞争，对于成绩差的学生来说，竞争是一种心理摧残。这是因为被界定在比较的基础之上，由于差生可能缺乏学习新材料的先决条件（比如，以前的基础知识不巩固等），因而在竞争中即使学得再多，而其他同学学得更多，致使他们始终处于班级的下游水平，日复一日，学生在学业上所做的努力得到的是负向的反馈。"这种竞争对于那些成绩差的学生来说某种意义上构成了一种恶性循环。

不仅对于"差生"来说，竞争具有其上述明显的消极意义，而且对于每个力图成为"好生"、成为"优生"、成为"班干"的学生来讲，竞争的消极影响也是存在的。竞争可能导致的结果是"极度分化的个体化"，这是因为竞争"形成了每个人与全体的比较，这使得个人把自己与显性和隐性的竞争对象总体地对立起来，每个人都处于这种对立的位置上"。① 因而，竞争的这种个人取向性，有可能导致学生之间的相互疏离。

由上分析，我们可以得出，以考试、评优、选干为主要形式的评价竞争机制，对于学生来说是最为直接的建构方式。而从学生对其积极主动的参与和投入来看，事实上已经表现出自我主动建构的特征。因此，我们可以认为这是外在建构与学生自我建构相互结合的一种建构方式。

二、学生个体自我的建构方式

我们认为，个体内在的自我建构，实质上可以认为是一种"形成自我的实践"（self-forming activity）（福柯语）。也就是个体追求和实现自主性人格

---

① 金生鈜. 论学校考试对个体化的生产 [J]. 湖北招生考试，2003（10）：4—7.

以及自发性生命的自我实践。"形成自我的实践"需要借助"自我的技艺"（technology）。"人类透过各种自我的技艺来关照与认识自己，从而使自己成为某种特殊的存在样态。自我的技艺容许个人以自身的手段，或是在他人协助下，针对自己的身体和灵魂、思想、举止，以及存有方式，发动某些操作，以便改造自己，达致某种幸福、纯净、智慧、完美或永生的状态。"① 就学校教学生活中学生的自我建构而言，我们也是从这个意义来理解的，也就是说学生"形成自我的实践"是在学校教学生活这一背景之中，在与他人（主要是指教师和班级同伴）的关系中不断发展和建构的。

（一）自我期许与理想设定

在学校教学生活中，作为个体的学生，除了应对学校教育教学活动所赋予其"学生"的身份、角色以及相应的意义规定，以及对之发展所做出的统一筹划和安排之外，他是如何理解"自己"的，又对"自己"有着怎样的希翼和期待呢？我们认为，对"自己"的理解和把握，对"自己"的理想期待，是学生个体追求自我实现的基础，也是其追求自立自主、自决自为生存方式的基础和根据。

具体而言，学生个体的自我设定主要表现为以下几个方面。

第一，认识到自己是独立的个体，是独特的，于其他同学、其他同伴而言，"我是另外一个"。其中，对自己作为独立个体的认定，表明学生在学校教学生活中是作为一个主体而存在的，他不依附于他人，而是为着自我而存在的。对自我作为独立个体的认定，是学生做出积极自我设定的基础。对自己独特性的认识与把握，是在与他人的比较中建立起来的，是以差异为参照的。自我的设定，不仅表现为对自己独特性的认识与把握，更为重要的是将这种独特性向外呈现和发挥。呈现出来的独特性，才真正实现了其独特的意义。那么，何为学生个体的独特性呢？我们认为学生的独特性既集中地表现在其个性特征中，又具体地体现在其日常的行为方式、处事风格以及价值追求等方面。

第二，确立较为明晰的理想和目标。理想和目标是对自己发展前景的向往、对自己个人实现的愿望的明确和具体化。学生的理想和目标集中表现为以下几个层次：一是人生观，二是生活期待，三是职业定向，四是学业目标。首先，就人生观来看，对于个体学生，尤其是对于低段年级的学生而言显然显得有些抽象。在他们的理想设定中，较少涉及和反映人生观的内容。有所涉及的则主要表现为对社会主流价值导向的响应，诸如，"为祖国作贡

① 蔡庆桦. 重拾主体——傅柯与泰勒的伦理自我 [EB/OL]. [2011－05－28]. http://www.docin.com/p－24953305. html.

献"之类。其次，就对生活的理想期待来看，学生眼里的"生活"是极为具体的，具体的目标有诸如，"挣大钱""有车有房"之类的。再次，就职业定向来看，我们在考查学生职业理想时可以发现其中较为明确的确立根据，主要包括个人兴趣、社会声誉、实际利益等方面。最后，学业目标对于学生来说是最为直接和现实的目标。就具体内容而言，学生的学业目标包括升学的目标以及当下学习的具体目标。相对于学生的其他目标设定，学业发展是其中最为主要的目标，在学生们看来，学业发展及其目标的实现在很大程度上是实现其他目标的前提和基础。

这样，对于学生而言，不管是职业理想，还是生活理想，实现理想的主要方式就是通过"努力学习"。"努力学习"是日后自己实现职业理想和生活理想的重要手段。在我们国家，这种认识既有文化传统的深刻影响，也有现实层面的实际原因。另外一种情况是，较之于学业发展状况良好的学生，那些学业发展落后的学生却可能无法通过"努力学习"而实践自己的理想。因此，他们只好另寻其他策略，比如，降低理想期待的标准，改变理想的具体形式和内容等。

（二）师生关系的度量与改善

师生关系对于学校教学生活中学生的人际关系而言，是其中最为核心的部分。师生关系对于学生的意义在于它本身承载的丰富内涵：首先，师生关系表现为教学活动中"教"与"学"的一种教学关系，这是师生之间最为基本的关系。这种基本关系的存在，赋予师生双方各自独特的物化身份，即成为构成教学关系的两端——"教师"和"学生"。其次，在学校教学生活中，师生之间又构成了一种独特的社会关系，这是社会以及教学活动赋予"教师""学生"以角色意义的结果。就如我们在前文中分析的，就社会角色而言，教师和学生的角色是非对称的，这种非对称的角色关系反映了教师和学生在地位上的不对等。因此可以说，教师与学生之间存在的支配与被支配的关系在一定程度上是一种天然关系。再次，从伦理层面来看，师生之间又存在着人格的关系。

从上述对师生关系的基本构成来看，对于现实教学生活中师生关系及其意义的考察，需要从上述教学关系的层面、社会关系的层面、伦理关系的层面予以综合地认识和具体地对待。从实践观察来看，师生关系的三个层面在具体的学校教学生活情境中是交相发生作用的。比如，教师可以凭借"教师"的社会身份（权威的、支配的身份），以"教"之名，在人格上对学生造成"支配"。对于这种行为，教师既可能是有意识的，也可能是无意识的。但都在相当程度上使得师生关系变得颇为复杂，甚至导致师生关系紧张并出现问题。在现实教学生活中，我们通常意义上所说的"教师和学生是平等的",从上述分析来看,这种平等更多指向的是师生之间人格层面的平等,而不是指教学关系的平等,更不是指社会关系的平等。而前述那种情况的存在,在很大程度上造成了师生之间在人格上的"支配"与"被支配",即人格不平等的事实。这对师生关系的影响是极其重要的。

根据实地研究和调查来看,学生对师生关系的体认也主要涉及上述三个方面:(1)从教学关系来理解自己与教师的关系,认为教师在知识储备、能力水平等方面都处于优先地位,认为知识的授受是教与学关系的基本形式和内容。低段年级学生的体认较之高段年级的学生更为明显。(2)从社会关系来看,学生普遍承认和接受教师的支配地位,而且对教师的支配在大多情况下予以服从和配合。(3)从人格关系来看,学生渴望与教师成为"朋友",希望教师能够走入他们的心里,进行相互的沟通和交流。

然而,作为"教"的对象、处于被支配地位的学生,要改变其自身身份,打破和重构师生关系是相当困难的。就学生个体而言,他们只能在既定的关系下,改善自己与教师的关系状况。具体的改善方式,一是在教学活动中采取积极配合、服从的态度;二是通过合理的方式与教师进行交流和沟通。

(三)班级生活中的身份建构

在日常生活中青少年学生的身份表现不外乎两种,即学校中的"学子"和家庭中的"孩子"。我们认为,"学子"和"孩子"的身份背后都蕴涵着"被动""附属"的文化意味。在这种文化假定下,他们的自我意识、能力、心理欲求、发展愿望等往往易被成人社会所漠视和忽略。在班级生活中,学生们的身心发展状况相近,又有着相似的兴趣、爱好与发展愿望等,而且就文化身份而言,他们是平等的。因此,在班级生活中学生们更能做到心灵相通。但是,另一方面,班级生活中同学之间存在的学业竞争以及权力关系,又客观上规定了学生的班级位置及其身份。

班级是一个微观社会,个体学生是其社会成员。作为一个社会成员的联合体,班级具有较为稳定的成员结构,又具有相应的规则体系,以及相应的权力分配系统。在班级社会中,学生之间并不单纯地表现为教学活动中的"同学"关系,而是附带了社会关系。就"同学"关系而言,学生之间是平等的,他们的差异主要表现在学业发展状况或者说学业成绩的优劣。从班级生活来考查学生之间的关系,他们各自由于在班级中的身份、地位以及角色的不同,而具有其相应的社会关系表现。对于个体学生而言,班级主要是通过班级成员的社会分类系统与班级情境中的权力系统及其运作机制对班级成员发生作用的。

班级成员的社会分类系统主要限定了班级成员各自在班级中的位置和身份,也就是确定了其班级地位。正是班级成员分类系统的存在,构成了社会成员之间的结构性关系。从当前学校教育的实际情况来看，班级成员的分类依据主要有：（1）学业标准，这是班级成员分类中最为主要和基本的标准，是根据学生学业发展状况与学习成绩的优劣状况对学生进行的分类。比如，我们日常生活中所说的"好生""差生"就是依据学业标准对学生所作的最为基本的分类。这种分类标准对个体学生而言也是最为重要的。"差生"有许多其他的代名词，比如"后进生""成绩不良学生"，乃至更为隐晦的称呼——"潜力生"。尽管称呼不同，但是事实上还是标定了该学生其实是一个学业失败者。"好生"和"差生"不仅在教学活动中所受重视的程度是不一样的，而且在班级中也处于不同的社会位置。"好生"往往处于班级成员的核心地位，而"差生"则往往会身居边缘。（2）纪律标准，这是根据学生日常行为是否合乎纪律和规章制度来对学生进行分类的，班级中那些有良好的行为习惯，能够遵纪守规的学生往往较之那些纪律方面有问题、有不良行为的学生无疑更能赢得班级其他成员的认同。（3）权力标准，即是根据班级成员掌握的权力状况来进行分类的，这种分类将以班干部为主的权力拥有者与班级普通成员区别开来。一般来说，班干部在班级中往往处于核心的领导地位，他们与普通成员之间的权力差异是非常明显的。

班级情境中的权力系统主要是指班级成员之间现实存在的权力差异及其构成的权力运作情况，简单地说，也就是指班级权力拥有者与普通成员之间的关系。权力的拥有意味着其对其他成员能够进行相应的支配和控制。而作为普通成员对这种支配和控制的反应方式主要表现为接受、顺从或者抵制、反抗。这种建立在权力关系基础之上的班级成员之间的相互行为和关系构成了班级权力的实际运作机制。

由上，我们可以看出，作为班级成员的个体学生，其在班级中的分类所属、权力角色、班级地位都是不一样的。而正是这些方面综合地构成了个体学生的"班级身份"。个体学生在班级中的自主地位的实现及其发挥与其"班级身份"是紧密相关的。我们认为，对于个体学生而言，"班级身份"是被建构的（比如，主观上的分类以及权力的赋予），同时，又是自我建构的，"班级身份"的改变更为主要地依赖于学生自身的力量。可以说，正是"班级身份"的被建构性的存在才使得其学生班级身份的改变具有可能性。

第二节 可能与现实之间："自主的学生"的制约因素

上面我们分析了学校教学生活中，"学生自主"的建构方式及其存在的问题。我们认为，学生自主的实现不能脱离现实教学情境，就当前来看学校教学情境中以下几方面的问题，在一定程度上影响和限制了学生自主性的成长和学生自主的实现。

一、教学观念的分歧及其束缚

这里的教学观念主要指的是教育者的教学观念，包括学校整体层面的教学观念以及教师个人层面的教学观念。学校层面的教学观念主要表现在学校的办学理念、培养目标等方面。一般来说，学校层面的教学观念往往能够接纳和贯彻社会和国家倡导的先进的教育理念。学校办学理念和学生培养目标也往往是基于此而形成的。但是在具体的办学过程中，学校却会因为各种原因，而采取敷衍和应付的权宜之计。这在很大程度上影响了外在理念在学校中的实践和作用。

教师个人的教学观念是指教师在其教学过程中，通过教育学科知识的学习、外在教育理念的影响，以及对自己教学过程中的经验的反思和借鉴他人教学经验的基础上形成的富有个人特色的教育教学观念。就内容而言，具体包括对学生、对教育教学活动本质、对教育教学方法等的综合认识。教师的教学观念存在自发性、个人性、经验性等鲜明特点。

教师教学观念的分歧主要表现为，教师在其日常的教学活动中所践行的教学理念与倡导的教育理念的差异、矛盾和分歧。造成分歧的原因可能出于教师有意识的抵制、反抗，也可能是因为教师在理解和接纳教学理念过程中的理解偏差。教学观念的分歧对教学行为和教学效果的影响是明显的，例如：

"'压制'派思想的教师以规则和流行的式样开始其绘画教育。现在你知道了什么是美，你要模仿它，美在冷漠或绝望中被模仿。'自由'派思想的教师则将一枝金雀花插在瓷瓶中，摆在桌上，让学生画它；或者将花置于桌上，告诉学生观察它、移动它，然后描绘它们。如果学生是天真纯洁的，那么他们的画没有一幅是想象的。此时，微妙的、几乎察觉不出的、而又极为重要的影响开始了——关于批判和建造的影响。孩子们遇到了一种价值尺度，尽管它是非学院化的，它却相当持久；遇到了一种善与恶的知识，尽管它是个人化的，它却十分清晰。这种尺度愈非学院化，这种知识愈个人化，孩子们对这种相遇体验得愈深刻。在前一例子中，开始就宣布什么是正确的，有利于放弃或违背它；而后一个例子，学生只有在取得成功的路途上行进很远才能获得认识，他的内心被引向对形式的尊重而受到教育。"①

---

① 马丁·布伯. 人与人 [M]. 张健，等，译. 北京：作家出版社，1992：128—129.

教师教学观念的分歧还影响了他们对具体教育问题的认识和理解。比如，我们前面在实地研究中所涉及的 M 校五年（3）班和五年（5）班的语文老师关于课堂氛围和学生学习积极性的认识，可以说，他们的认识就存在着一定的问题。他们把调动学生的课堂参与积极性视为衡量课堂氛围的重要标准和途径，殊不知，在强调课堂氛围的过程中，却忽视了努力调动学生学习积极性的目的在于促进学生发展这一根本目的。以形式取代根本目的，在一定程度上导致了目的和手段的倒置。这个问题的产生反映了他们对教学理念认识上的误差。当前，针对学生自主的问题，在实际教学中，老师们也存在着许多认识上的误区，比如，像上面讨论的那样将形式误认为目的，导致"自主"变成"自流"。还有在学生观的实践上，在很多情况下仍然无法真正认定学生的"自主"身份，等等。

二、权利赋予的难为及其阻碍

这里所指的权利，主要是学生学业发展上的自主权利，也就是自主学习的有关研究中通常所描述的主要特征：学生具有自行决定学习目标、择取学习内容、选择学习方式方法以及进行自我评价的权利。总的来说，也就是指学生对自己的学习拥有主动掌控的权利。然而，在现实教学活动中，尤其是在课堂教学中，学生的这种权利是难以实现的，权利的难以实现来自于学生的这种学习权利在现实教学中难以被赋予。造成权利赋予困难的原因是多方面的：既表现为教育教学活动本身的客观限制，也表现为教师和学生的主观原因。从客观限制而言，教学活动的任务规定和教学时间限制，难以给予学生个人充分的教学时间，这在相当程度上影响了学生个体学习自主权利的实现和发挥。从教师和学生本身的原因来看，学生学习权利的赋予与教师个人的教学观念和认识水平、教学水平、教学调控能力，以及学生自身的身心发展的成熟水平和相应的学习能力等诸多方面是相关的。这些原因对于学生在具体的教学活动学习权利的获得以及课堂教学活动的变革具有更为直接的影响作用。例如，下面一位一线教师对自己矛盾心理的描述中就反映了上述诸方面的原因。

"这是一群全新的面孔，望着一个个时时准备跳跃的音符，想想每日的课堂常规检查，是否给他们一片自由的空间绽放个性？很想！可课堂上的我真的能做到收放自如、运筹帷幄吗？课堂乱了怎么办？矛盾中的我顾虑重重。最终，我还是怀疑自己的能力，怀疑学生的潜质。于是每一天，我和孩子们都在种种'禁令'中，在安安静静的课堂里顺利地完成教学任务。但是，我不快乐，学生也不快乐。"①

可以说这位教师的问题反映了当前许多教师普遍面临的难题与困惑，他们在观念上认同和承认先进的教育理念，也有据之而改革自己教学活动的积极愿望。但是出于各种原因，却未能走上自我变革的道路，相反，却继续因袭旧的传统和做法。这种矛盾的心理，不仅在很大程度上影响了他们自身教学水平的提高，同时，也影响了学生的发展。

三、课程知识的择定及其限制

课程知识是学校教育中最为核心的物质基础，也是学生在学校教学生活中主要的学习对象。"学校教育的本质是以年轻人在学校中的所作所为为中心。一般来说，他们所做的大部分是学习课程材料——时时刻刻、日日夜夜。这种材料是学校教育的实质。"② 因此，课程知识对于学生的发展而言是极为重要的。然而，值得指出的是，进一步而言，课程知识的择定方式，也会对学生发展产生重要的意义。

从当前我们国家中小学的课程实践来看，尽管随着三级课程政策的推行，以往大一统的课程局面已有改善。但是，作为学校课程主体的学科课程③仍然是由国家和地方所规定和设计的，可以说，主体课程是以"提供"的方式供应给学校、教师和学生个人的。"校本"的力量很难涉及主体课程的领域，而只能在"学校本位"的课程领域内有所作为。就教师和学生来说，则更难以对这种宏观层面的课程择定方式进行自我选择，他们显然是无能为力的。因此，学生作为课程的对象，又居于课程制定和实施过程中最末端地位，他们对于既定的课程就只能是"照单全收"了。英国教育家怀特海曾以自己的亲身经历，描述了这种情况及其影响。

"六年级的时候，我学过中世纪史。虽然选这门课总有些外在的诱因，但那时我感到应该在观念上对这些外在因素不屑一顾，钻研这门课程的目的便是'它本身'（for it's own sake）。这个'为它本身'是什么意思我那时一点儿也不明白，但我猜想，这一过错源于我的无知：我对中世纪史钻研得越深，便越能从它那儿找到答案。选修这种课肯定是有原因的，这一点我从来没有怀疑过。在大学时，我研读历史并且更进一步集中精力从微观角度研究

---

① 吕云萍. 自由的美丽 [J]. 福建论坛：社科教育版，2004（9）：8-9.

② 威廉·F. 派纳，等. 理解课程：历史与当代课程话语研究导论 [M]. 张华，等，译. 北京：教育科学出版社，2003：63.

③ 指承担学生学业发展，进行各门学科知识教学的课程。

中世纪史，但是我从未找到过我所要找的答案，我的老师们教诲我要相信教育的目的，对他们的话我深信不疑，正基于此，我才得以完成时日漫长而且学费昂贵的教育，毕业时我对圣伯纳德（St Bernard）的生平了解得一清二楚，而对别的东西则几乎一无所知。我相信许多人都有过同样的经历。"①

课程知识宏观层面的择定方式对学生的影响是客观存在的，而且如怀特海意欲表达的那样，从长远的发展来看，这种课程目的和课程择定方式对于学生的意义在相当程度上是值得批判的。也就是说，它对学生发展的影响尽管是间接、潜在的，但影响却是深远的。对于学生而言，能够直接感知和体验到的是落实到课堂教学中的"课程知识"对他们的影响。也就是说，课程具体实施过程中的作用机制对于学生的影响来得更为显明，这种机制主要地表现为教师在实施过程中对课程知识的把握、择定以及实施。

笔者在 M 校双语一年（1）班听课时，数学课正在上 10 以内的加减法及两步运算。一位男生告诉我，他 3 岁时在家长的教育下，就能进行 10 以内的加减法，在 4 岁时已经能计算 100 以内的加减法，而现在计算 1000 以内的加减法也已不成问题。根据笔者的观察，他学习成绩优秀，学校生活适应良好，可以说是老师眼里的"好学生"。因此，尽管此生对于老师的教学内容已经能够熟练掌握，但还是积极努力地在听讲。班主任老师也向笔者反映，对于大多数学生而言，他们在幼儿园阶段对 10 以内的加减法已经能够熟练掌握，而课堂上大量简单、重复的操练确实在一定程度上影响了他们的学习兴趣和热情。

教师在课程知识的实施过程中是否能够根据学生现有的实际水平和知识掌握情况来择定具体的课程知识，以及安排合理的教学进度对于学生而言具有重要意义。教师如若不能按照学生的现实处境和发展状况对课程知识作出准确的判断以及合理的择取，那么，他所施行的教学是以"课程"为中心、为出发点的，而不是以"学生"为目的、为中心的。这无疑在客观上对学生的发展产生了限制作用。

四、教学习俗的惯性及其影响

这里所指的教学习俗包括三个基本的层面：一是国家、社会整体层面的教学习俗，主要表现为传统的教学文化的影响；二是学校层面的教学习俗，指一所学校长期以来形成的教学方面的习惯做法以及特色风格；三是教师个人层面的教学习惯。国家、社会层面的教学习俗，往往与文化传统是结合在

---

① 约翰·怀特. 再论教育目的 [M]. 李永宏，等，译. 北京：教育科学出版社，1992：19.

一起的，它是文化和教育长期发展过程中逐渐形成的一种教育文化特征。在某种意义上可以说，国家、社会层面的教学习俗本身就是一种"文化"，它对学校教育教学活动起着间接但是深远的影响作用。学校层面的教学习俗与该校的办学特色、教风、学风是紧密相关的，也主要是通过上述方面显现出来的。教师个人的教学习惯，则取决于教师个人的能力水平、个性特质，以及教学过程中在教学方式方法、教学策略等方面的个人特征以及偏好。

教学习俗的影响和作用是双重的：就积极意义而言，教学习俗的存在保证了学校教育教学活动的稳定性和继承性；就其消极影响来看，也是非常明显的，教学习俗所产生的惯性影响，会造成教育教学活动的封闭性，造成教育教学活动的滞后，影响其发展。这种消极影响具体表现为：首先，教学习俗的存在，容易导致教育教学活动对某种教育观念、教学行为"习而成俗"，从而，形成惯性思维，难以以开放的态度接纳新的理念和做法，如此难以应教育教学改革的要求，并"随机而动"做出相应的变革。其次，教学习俗的存在，容易导致对现存问题"习而不察"或者"熟视无睹"，难以发现和正确认识问题的所在。这两方面问题的存在对于教育教学活动本身的发展而言显然是不利的。

就"学生自主"的问题而言，教学习俗表现出来的消极影响也是存在的。比如，在现实教学活动中学校、教师都能在教育理念、教学观念上予以认同，但是在具体的教育教学活动中，却由于习惯的影响，难以切实地转变观念、相应地改进教育教学行为，包括教学方式方法、评价方式和评价标准，等等。从实际观察来看，教学习俗对实现"学生自主"的消极影响是深刻的。

五、教研制度的趋同及其控制

这里的教研制度主要是指在目前中小学普遍存在的学科教研形式及其制度规定。这种教研制度的具体形式为：由学校所在区的学科教研室统一组织每周例行的学科教研活动。就教研活动的内容而言，主要包括集体研讨备课，任课教师之间互开研讨课。可以说，这种教研活动对教师而言具有最为直接和具体的指导作用，表现在内容选择、教学任务、授课进度、课时安排、课件设计，以至具体问题（教学难点、教学重点）的处理方法等方面。这从我们在前面实地研究中所分析的《浅水洼里的小鱼》课例中也可见一斑。

我们认为，这种教研制度对于教师之间教学经验的交流和沟通，提升教师的教学水平和科研能力都是非常有意义的，具有合理性和必要性。这里主要是就其客观存在的消极影响来进行分析的。这种教研制度的消极作用主要体现在对教师个人教学行为的影响上：首先，会造成教师个人的教学活动缺乏变通性和灵活性，尤其是其中教学进度、教学内容等的统一规定和安排，可能导致教师难以针对自己学生的实际状况以及教学当中面临的具体问题来安排自己的教学活动。其次，容易形成教师的惰性，不仅影响教师自身创造性的发挥，而且照搬或者借鉴他人的做法，很多情况下难以从自己的教学实际出发，也难以照顾到自己学生的差异性。值得指出的是，教研制度的过度统一，以及由此造成教学活动的划一化，通过影响教师的教学活动和教学行为，而对学生的发展产生间接的控制影响。从现实状况来看，这种影响尽管是间接的，但却是明显的。

第三节　必要的澄清：
关于"学生自主"的性质问题

一、"学生自主"的价值性

任何事物都具有其两面性，"学生自主"就价值判断而言，亦具有其积极意义和消极影响。就其可能的消极影响来说，为人们所怀疑和担心的问题是：我们对"学生自主"的倡导和践行，对学生自由和自主的呼吁，是否会造成学生人格的褊狭和极端化的发展？是否会造成他们的狂妄自大、自私自利？

对于这些问题，在最后来作回答和交代，是基于这样的原因：一是对"自主的学生"的热烈怀想和期待，是建立在我们对于教育本质及其意义的前提认定基础之上的。我们认为，作为一种圣善、良好的教育，它对于个人的发展而言，是一种启明心智、增进个性、陶融群性、践履完美人生的力量。这种力量具体表现为："假使我们过着多姿多彩的生活，那必是教育使我们贪图到生活的意义；假使我们过着合群的生活，那是教育使我们在早年认识到这一需要，且在我们的心田播种了种子，假如我们很安详地生活着，那是教育使我们认识到精神上的和谐是人生最重要的。但假使我们内心不安宁，那是教育中忽略了感情的生长及适应新环境的能力；假如我们对多姿多彩的生活世界感到乏味，那是教育没能在我们的内心开拓理智的以及精神的反应，而这些反应是欣赏万变的生活所必需的；假如我们过着自私的生活，那亦是教育忽略教授合群生活中最基本的要素——了解别人的需要。假如我们不认为在一个民主的社会中，个人是最珍贵的，而不论其种族、肤色和血统，那么，教育最基本的一点儿便也失败了。"①

二是在对"学生自主"进行理想期待的同时，我们始终以审慎的态度和现实的立场来进行理论的构想和现实的研究，试图揭示和呈现现实学校教学生活中"学生自主"的真实状态及其实际问题，以引起人们的重视。也就是说，对"学生自主"的倡导并不等同于盲目而不负责任的鼓吹，也不是要把学生的自主置于无条件的境地。

当然，不能将上述问题认为是"空穴来风"。事实是，我们在对"自主的学生"的现实境遇进行考察时发现一些问题和倾向确实是存在的，而且已经开始显露。对此，我们在现实教育教学过程中必须予以重视和关注，也应当寻找积极的对策。

二、"学生自主"的文化性

需要澄清和说明的另一个问题是由于文化传统和社会背景造成的"学生自主"文化差异性。我们认为社会文化传统和社会境遇的差异及其影响是现实存在的。在本书第一部分我们考察中西方教育有关学生的理想设定时，就曾对中西方文化传统的差异及其影响作过比较和分析。从当前来看，文化传统、社会意识形态及制度、社会发展状况、人们的文化心态和心理习惯等方面的差异无疑仍然是相当明显的。在教育领域，这些差异及其影响也是存在的。下述两则"学生自主"的实践案例，就反映了这种差异。

例一，"从今天起，你们想怎么坐就怎么坐，只要自己觉得舒服；做实验想怎么做就怎么做，我甚至不反对你们上课插嘴……"这是湖南省株洲市樟树坪小学自然课教师黄先俊1999年在她实施"三胡策略"的第一堂课上对她的学生所说的话。黄老师提出的"三胡策略"是：解放学生的脑，允许学生"胡思乱想"；解放学生的嘴，允许学生"胡说八道"；解放学生的手，允许学生"胡作非为"。②

例二，美国瑟谷学校的办学原则："学习没有恐惧，没有既定的课程，只有自由、尊重、责任和支持，自主学习强调的是想学才学，想学什么就学什么，老师完全配合学生的需求，协助但不干涉，直到学生自觉满意为止。"③

---

① 肖川. 教育的理想与信念 [M]. 长沙：岳麓书社，2002：31－32.

② 唐湘岳，瞿朝辉. 黄老师"三胡策略"引发争议 [EB/OL]. (2003－09－28) [2011－11－23]. http://news.sina.com.cn/o/2003－09－28/0636833107s.shtml.

③ 丹尼尔·格林伯格. 自主学习 [M]. 丁凡，译. 台北：台北远流出版事业公司，1999：序言.

我们且不判断例一中黄老师"三胡策略"下的学生是否真正实现了自主发展？这种"自主性"的水平和质量如何？合理性又怎样？事实是，黄老师在取得成功的同时，也不断招致质疑和批评，比如，人们认为这是"一种危险的尝试"，"会误人子弟"，很多家长担心黄老师的"三胡策略"难以保证孩子们顺利升上初中、高中乃至大学。例二中的瑟谷学校是美国第一所合法立案的自主学习学校，创建于1968年，至今保持着良好的发展势头。或许，案例一和案例二的两种教学改革很有可能会朝着两种不同的命运发展。这里并不就此进行深入的分析，而想指出的是，社会文化背景以及体制内外因素在相当程度上影响着人们对"学生自主"问题的认识。从深处着眼，我们认为这两个教学改革的案例反映的是文化和制度的差异。就美国文化而言，个人主义是其极为重要的文化信念，其一直以来具有积极倡导思想自由、言行独立，富有探新意识和批判精神的文化传统。相应地，就学校教育而言，上述具体的文化品性也内化为一种自然而又自觉的要求。而我们国家的集体本位文化传统以及身份社会制度，在相当程度上影响了个人自由自立精神以及批判和创新精神的发挥和发展。这种文化意识对我们国家学校教育的影响也是非常深刻和明显的。

从上面两个具体案例来看，我们认为社会、文化的差异对人们认识学生自主问题可能会存在下述影响：一是在观念层面，即人们对"学生自主"的接受和认同程度，尤其是对于教育者而言要予以真正接纳，则必须保持开放的心态，克服权威主义的思想；二是在内涵层面，即人们对学生自主内涵的理解，文化的差异对自主内涵的理解可能也是会不同的；三是在实践层面，也就是说学生自主的实现形式以及相应的条件和策略也会有客观上的差异，比如，当前就我们国家而言，如何在大班级教学形态下保证学生的个人独立以及促成其自主性经验的成长是我们面临的一个现实困难。

第 六 章

"自主的学生"：作为"一种变革的力量"及其期待

日本教育学者佐藤学在其《静悄悄的革命》一书中指出："静悄悄的革命是从一个个教室里萌生出来的，是植根于下层的民主主义的，以学校和社区为基地而进行的革命，是支持每个学生的多元化个性的革命，是促进教室的自主性和创造性的革命。仅此而言，它就绝非是一场一蹴而就的革命。因为教育实践是一种文化，而文化变革越是缓慢，才越能得到确实的成果。"①

尽管，变革的过程及其结果的实现是一个缓慢的过程，我们仍然期待着"自主的学生"这一理想以及教育教学文化的变革早日到来，不仅是理念的，更是实践的。

---

① 佐藤学. 静悄悄的革命 [M]. 李季湄，译. 长春：长春人民出版社，2003：8.

康德说过："对一种教育理论加以筹划是一种庄严的理想，即使我们尚无法马上将其实现，也无损于它的崇高。……人们一定不要把理念看做是幻想，要是因为实行起来困难重重，就把它只看成是一种黄粱美梦，那就败坏了它的名誉。"①

想象中的教育总是在憧憬之中，憧憬中的教育是完满的、纯真的、无矛盾的；而现实的教育却总是生活现实的写照，是有限的、不美的，充满矛盾的。也正基于此，教育总是在理想和现实中不断推进和发展的。"自主的学生"既是理想的憧憬，更是现实的吁求。通过现实的考察，我们认为"自主的学生"是现实存在的，但其形象却有待教育教学活动的改革和进步而使之更为丰满和明晰。据此，我们认为，"自主的学生"本身将是"一种变革的力量"。这种力量的存在，必然要求现实的教育教学做出积极的应对和变革。

一、需要转变对"学生"的认识

在以往的教学中，"学生"被假设为"未成熟的""不起眼的学习者"。这种假设将学生的学习和发展简单地限定于"传递—接受"的教学关系之中，久而久之容易形成其被动、依附的学习心理。在实际教学活动中，部分学生缺乏明确的自我定位和自我导向，依赖性强，学习动力不足，学习投入度不够。因此，改变对学生的固有假设显得尤为必要。一方面，我们要认识到学生是处于不断发展中、成长中的学习者；另一方面则更要看到他们在这种成长和发展过程中所具有的自我动力和内在力量，这种动力和力量使他们可望成为内在指引（inner directed）、自给自足（self-sufficient）的人。这样的学习者可以称为是"自我负责的学习者"，他们是独立的、自治的，富有责任感，能够掌控自己的学习，他们能够在学业发展中，经由学业提供的特别的视野，面对自己的生活和社会的问题，批判地考验自己的经验、质疑和解释自己的生活和教育，从而实现个人才干、人格和社会能力的发展与完善。

二、建构合理的学习哲学

所谓学习哲学是指有关学习的本质、内涵、机制、意义以及条件等的基本看法和认识，它与有关学习者的认识以及人的发展观等问题是具体关联的。因此，学习哲学的形成和建立必然有其认知的、心理的、社会的、伦理

---

① 伊曼努尔·康德. 论教育学 [M]. 赵鹏，译. 上海：上海人民出版社，2005：6.

的以及历史和文化的原因和基础。从本质上说，每一种学习哲学都体现着人们在价值观层面有关学习的不同认识。当前，随着哲学、心理学、教育学等的发展，对学习的传统认识及其"教—学"认知联结的简单模型已被突破。以建构主义理论以及后现代思想为基本精神支撑的有关学习的不同阐述也已产生了其重要的理论影响。当前，我们迫切需要重建具有内在一致精神和实际意义的学习哲学。学习哲学的变革与重建本质上是有关学习价值观的深层变革。因此，在学习哲学的重建过程中予以价值层面的审视和观照无疑是非常必要的。

而价值观照的出发点无疑应当是学生。"教育关系的重心应放在孩子而不是知识本身上，并且只有在孩子成为他自己的教育过程的真正的主动者时他才能获取知识和能力。"① 我们认为尊重和落实学生的主体身份和主体地位，积极促成学生成为自主自觉的主体，使之通过积极主动的学习而获得实实在在的发展是最为素朴和最为核心的价值追求。

三、营造现代教学文化

教学活动在自身的展开过程中会不断呈现出不同的实践形态、精神特质和时代特征，这些内涵和特质与教育活动的社会、文化环境及其发展模式是紧密相连的。也正由于此，教学活动具有其明显的文化属性和文化特征。教学文化即是指教学活动在其发展过程中所承载的文化属性、特征，它是教学活动精神实质的集中体现。

长期以来，我们的教学文化从其基本方向来看根本上是一种设计文化，从其基本假设来看，它认定学生的发展是可预先规划和设定的，教学活动的展开基本上可以按照这种预先设定的路线进行；从其主要机制来看，以设计文化为特征的教学活动其主要任务是进行文化的传承，因而具有米德所指的"后象征"型文化发展的鲜明特征；从其蕴涵的教学关系来看，教学活动的双方主体之间基本上是一种单向的授受关系，因此，不可避免地带有"权威"和"专制"的文化色彩。

就当前来看，原来那种专制、单向、设计的教学文化式样正在逐步得以改观，并呈现出迥异的精神气质。构建一种新的、基于学生发展的教学文化正在成为一种时代的要求。针对传统教学文化存在的问题，我们认为教学文化重建的核心任务必须落实到教学活动中教与学这一基本矛盾上，对其相互关系及意义进行重新的确立和建构。我们认为教学文化的重建需要充分重视

① 阿尔贝·雅卡尔，等. 没有权威和惩罚的教育？[M]. 张伦，译. 北京：中国人民大学出版社，2005：4.

来自学生的主动力量（例如，对教学的期望、作用及其产生的变革力量），充分尊重学生自由自觉的愿望和自主自为的能力，并通过适恰、良好的教育教学促成它们的形成和发展。

四、整体优化学校教学生活

学校教学生活作为学生主要的生活方式之一，对于身居其中的学生的发展而言，具有重要意义。学生在年少时经历和获得的学校生活经验很有可能将伴随其一生。著名教育家赞可夫曾经提道："我们要努力使学习充满无拘无束的气氛，使儿童和教师在课堂上能够'自由地呼吸'，如果不能造就这样良好的教学气氛，那任何一种教学方法都不可能发挥作用。"① 对于学校教学生活而言，也需要为学生创设"自由地呼吸"的学校氛围。

"自由地呼吸"的学校关乎学校的教育目的、办学理念、制度规范、人际氛围、教学活动等各个方面，也就是说需要从整体上优化学校教学生活。从教育目的而言，学校教育要着眼和致力于帮助和促成每一个学生自我的成长与实现，促进个性的启导与群性的陶融，乃至健全人格与完美人生的践履；从办学理念来讲，学校要以极积极、开放的心态接纳先进的教育理念，以之指导自己的办学实践，并审慎地检视学校办学理念与办学实践之间的关系；从制度规范来讲，学校要基于学生发展的根本目的，以合理适当的制度促进学生健康的发展，去除制度规范形成的不良控制，以建立良性的制度机制，从而为学生营造安全的心理氛围；从人际氛围来讲，学校应当增进师生之间的民主、平等的氛围，努力抵制由于滥用权力和权用而导致的消极影响；从教学活动而言，学校要努力增进教学活动的创造性和开放性，保证教学活动自由、平等、公正、良善的特征，努力消除在教学活动中由于人为因素而造成对学生个体的控制、压制乃至歧视的不良影响，促成学生在教学活动中不仅获得知识和能力的发展，而且实现理智和人格的健康发展。

---

① 高莉. 营造良好的课堂氛围 [N]. 中南民族大学学报：人文社会科学版，2003（23）：338－339.

参 考 文 献

中文参考文献

[1] 奥恩斯坦.美国教育基础[M].北京:人民教育出版社,1984.

[2] 埃里克森.统一性.青少年与危机[M].孙名之,译.杭州:浙江教育出版社,1998.

[3] 埃利亚斯.个体的社会[M].翟三江,陆兴华,译.北京:译林出版社,2003.

[4] 鲍曼.通过社会学去思考[M].高华,等,译.北京:社会科学文献出版社,2002.

[5] 贝尔.资本主义文化矛盾[M].赵一凡,等,译.北京:生活·读书·新知三联书店,1986.

[6] 柏拉图.柏拉图论教育[M].郑晓沧,译.北京:人民教育出版社,1958.

[7] 布伯.人与人[M].张健,韦海英,等,译.北京:作家出版社,1992.

[8] 曹如忠,褚芸.这也叫体现自主吗[J].小学教学设计,2005(10).

[9] 陈桂生.也谈"学生自主选择"[J].上海教育科研,2002(7).

[10] 陈映芳.在角色与非角色之间——中国的青年文化[M].南京:江苏人民出版社,2002.

[11] 陈友松.当代西方教育哲学[M].北京:教育科学出版社,1982.

[12] 陈仲庚,张雨新,编,著.人格心理学[M].大连:辽宁人民出版社,1986.

[13] 成军.建构主义框架下的"自主学习"[J].西南师范大学学报(社科版)2004(3).

[14] Clarke.童年末日[M].钟慧元,叶李华,译.台北:台北天下远见出版公司,2000.

[15] 崔相录.二十世纪西方教育哲学[M].哈尔滨:黑龙江教育出版社,1989.

[16] Divon-Krauss.教室中的维高斯基·中介的读写教学与评量[M].谷瑞勉,译.台北:台北心理出版社,2001.

[17] 杜威.杜威教育论著选[M].赵祥麟,等,编译.上海:华东师范大学出版社,1981.

[18] 杜威.我们怎样思维·经验与教育[M].姜文闵,译.北京:人民教育出版社,1991.

[19] 杜威.学校与社会·明日之学校[M].赵祥麟,译.北京:人民教育出版社,1994.

[20] 范梅南,莱维林.儿童的秘密·秘密、隐私和自我的重新认识[M].陈慧黠,曹赛先,译.北京:教育科学出版社,2004.

[21] 弗洛姆.逃避自由[M].北京:北方文艺出版社,1987.

[22] 弗洛姆.为自己的人[M].孙依依,译.北京:生活·读书·新知三联书店,1988.

[23] 弗洛姆.人的呼唤——弗洛姆人道主义文集[M].王泽应,等,译.上海:上海三联书店,1996.

[24] 高清海.马克思主义哲学基础[M].北京:人民出版社,1987.

[25] 格里戈里扬.关于人的本质的哲学[M].汤侠声,等,译.北京:生活·读书·新知三联书店,1984.

[26] 格林伯格.自主学习[M].丁凡,译.台北:台北远流出版事业有限公司,1999.

[27] Good.课堂研究[M].吴文忠,译.台北:台北五南图书出版公司,1997.

[28] 郭湛.主体性哲学——人的存在及其意义[M].昆明:云南人民出版社,2002.

[29] 郭华.教学社会性之研究[M].北京:教育科学出版社,2002.

[30] 郭华.静悄悄的革命——日常教学生活的社会构建[M].北京:北京师范大学出版社,2004.

[31] 韩庆祥.马克思主义人学思想发微[M].北京:中国社会科学出版社,1992.

[32] 韩庆祥.人学——人的问题的当代阐释[M].昆明:云南人民出版社,2002.

[33] 韩震.生成的存在——关于人和社会的哲学思考[M].北京:北京师范大学出版社,1996.

[34] 赫尔巴特.普通教育学·教育学讲授纲要[M].李其龙,译.北京:人民教育出版社,1989.

[35] 郝浩丽.中小学生自我概念发展的影响因素研究[J].南京师范大学学报:社科版,2002(5).

[36] 华东师范大学教育系,杭州大学教育系.现代资产阶级教育思想流派论选[M].北京:人民教育出版社,1980.

[37] 怀特.再论教育目的[M].李永宏,等,译.北京:教育科学出版社,1992.

[38] 怀特海.教育的目的[M].徐汝舟,译.北京:生活·读书·新知三联书店,2002.

[39] 黄武雄.童年与解放[M].台北:台北左岸文化事业有限公司,2004.

[40] 江光荣.班级社会生态环境研究[M].武汉:华中师范大学出版社,2002.

[41] 金生.个人自主性与公民的德性教育[J].教育研究与试验,2001(1).

[42] 金生.教育为什么要培养理性[J].教育研究与实验,2003(3).

[43] 卡西尔.人论[M].甘阳,译.上海:上海译文出版社,1985.

[44] 康德.论教育学[M].赵鹏,等,译.上海:上海人民出版社,2005.

[45] 凯.儿童的教育[M].沈译民,译.北京:商务印书馆,1934.

[46] 凯根.发展的自我[M].韦子木,译.杭州:浙江教育出版社,1999.

[47] 科尔曼.社会理论的基础[M].邓方,译.北京:社会科学文献出版社,1999.

[48] 科恩.自我论[M].佟景韩,等,译.北京:生活·读书·新知三联书店,1986.

[49] 夸美纽斯.大教学论[M].任敢,译.北京:人民教育出版社,1984.

[50] 劳伦斯.现代教育的起源和发展[M].纪晓林,译.北京:北京语言学院出版社,1992.

[51] 里奇拉克.发现自由意志与个人责任[M].许泽民,等,译.贵州:贵州人民出版社,1994.

[52] 黎士曼.寂寞的群众[M].蔡源煌,译.台北:台北桂冠图书公司,1984.

[53] 里斯曼.孤独的人群[M].王崑,等,译.南京:南京大学出版社,2002.

[54] 李书磊.村落中的"国家"——文化变迁中的乡村中学[M].杭州:浙江人民出版社,1999.

[55] 李伟胜."当代教育与儿童发展国际研讨会"综述[J].教育发展研究,2002(11).

[56] 李政涛.在表演和观看中生成的生命——表演视角下的学生观[J].教育科学,2004(2).

[57] 联合国教科文组织国际教育发展委员会.学会生存[M].上海:上海译文出版社,1979.

[58] 联合国教科文组织国际21世纪教育委员会.教育——财富蕴藏其中[M].北京:教育科学出版社,1996.

[59] 刘放桐.西方著名哲学家评传(下)——雅斯贝尔斯[M].济南:山东人民出版社,1986.

[60] 刘云杉.学校生活社会学[M].南京:南京师范大学出版社,2000.

[61] 鲁洁.教育社会学[M].北京:人民教育出版社,1990.

[62] 卢梭.爱弥儿——论教育[M].李平沤,译.北京:商务印书馆,1978.

[63] 陆有铨.现代西方教育哲学[M].郑州:河南教育出版社,1993.

[64] 陆有铨.躁动的百年——20世纪的教育历程[M].济南:山东教育出版社,1997.

[65] 陆有铨.学校教育的新使命[J].当代教育科学,2003(13).

[66] 马凤歧.教育·在自由与限制之间[M].北京:中国工人出版社,2001.

[67] 马凤歧.教育与受教育者的自由[J].教育理论与实践,2001(4).

[68] 马和民.新编教育社会学[M].上海:华东师范大学出版社,2002.

[69] 马斯洛.存在心理学探索[M].李文恬,译.昆明:云南人民出版社,1987.

[70] 马斯洛.人的潜能与价值[M].北京:华夏出版社,1987.

[71] 马斯洛.自我实现的人[M].许金声,等,译.北京:生活·读书·新知三联书店,1987.

[72] 马斯洛.人性能达的境界[M].林方,译.昆明:云南人民出版社,1987.

[73] 马维娜.局外生存.相遇在学校场域[M].北京:北京师范大学出版社,2003.

[74] 麦克尼尔.课程导论[M].施良方,等,译.大连:辽宁教育出版社,1990.

[75] 蒙田.我知道了什么呢?——蒙田随笔集[M].上海:上海三联书店,1989.

[76] 米德.代沟[M].曾胡,译.北京:光明日报出版社,1988.

[77] 莫兰.社会学思考[M].阎素伟,译.上海:上海人民出版社,2001.

[78] 欧用生.课程典范再建构[M].高雄:丽文文化事业股份有限公司,2003.

[79] 裴娣娜.现代教学论[M].北京:人民教育出版社,2005.

[80] 裴娣娜.中小学生生存的文化环境与价值观教育[J].中国教育学刊,2005(6).

[81] Perks.呼喊童年[M].薛桢丽,译.台北:台北宜高文化事业有限公司,2002.80.

[82] 齐格勒,等.社会化与个性发展[M].李凌,译.北京:北京航空航天大学出版社,1988.

[83] 齐美尔.时尚的哲学[M].费勇,等,译.北京:文化艺术出版社,2001.

[84] 齐学红.考试压力下的教师和学生——个案研究[J].教育理论与实践,2001(1).

[85] 宋林飞.西方社会学理论[M].南京:南京大学出版社,1997.

[86] 孙喜亭.对建构主义教学理论的质疑[J].早期教育,2003(11).

[87] 苏霍姆林斯基.给教师的建议:上[M].杜殿坤,译.北京:教育科学出版社,1984.

[88] 石中英.论学习的学生自由[J].教育研究与实验,2002(4).

[89] 石中英.教育哲学导论[M].北京:北京师范大学出版社,2002.

[90] 石中英.自由教育三题[J].湖南师范大学教育科学学报,2003(1).

[91] 涂艳国.走向自由——教育与人的发展问题研究[M].武汉:华中师范大学出版社,1999.

[92] 王策三,孙喜亭,刘硕.基础教育改革论[M].北京:知识产权出版社,2005.

[93] 王方林.在自由与约束之间——班级经营的实践与原理[M].上海:上海辞书出版社,2003.

[94] 王坤庆.现代教育哲学[M].武汉:华中师范大学出版社,1999.

[95] 王啸.教育人学[M].南京:江苏教育出版社,2003.

[96] 王有升.理想的限度.学校教育的现实建构[M].北京:北京师范大学出版社,2003.

[97] 吴波,方晓义,等.青少年自主研究综述[J].心理发展与教育,2003(1).

[98] 伍德.罗素:热烈的怀疑者[M].孙乃修,译.大连:辽宁人民出版社,1988.

[99] 吴康宁.教育社会学[M].北京:人民教育出版社,1998.

[100] 吴康宁.课堂教学社会学[M].南京:南京师范大学出版社,1999.

[101] 吴全华.论学生精神自由的缺失与实现[J].华南师范大学学报:社会科学版,2004(4).

[102] 乌申斯基.人是教育的对象[M].郑文樾,译.北京:人民教育出版社,1989.

[103] 谢维和.教育活动的社会学分析[M].北京:教育科学出版社,2002.

[104] 熊秉真.童年忆往.中国孩子的历史[M].台北:麦田出版股份有限公司,2000.

[105] 雅卡尔,等.没有权威和惩罚的教育?[M].张伦,译.北京:中国人民大学出版社,2005.

[106] 雅斯贝尔斯.雅斯贝尔斯哲学自传[M].王立权,译.上海:上海译文出版社,1989.

[107] 雅斯贝尔斯.什么是教育[M].邹进,译.北京:生活·读书·新知三联书店,1991.

[108] 杨金海.人的存在论[M].西宁:广西人民出版社,1995.

[109] 杨善华.当代西方社会学理论[M].北京:北京大学出版社,1999.

[110] 余文森.不可忽视的新问题[N].中国教育报(北京).2003-06-18(4).

[111] 余潇枫.哲学人格[M].长春:吉林教育出版社,1998.

[112] 袁贵仁.马克思的人学思想[M].北京:北京师范大学出版社,1996.

[113] 邹进.现代德国文化教育学[M].太原:山西教育出版社,1992.

[114] 佐藤学.静悄悄的革命[M].李季湄,译.长春:长春人民出版社,2003.

[115] 瞿葆奎.教育学文集·联邦德国教育改革[M].北京:人民教育出版社,1991.

[116] 张法琨.古希腊教育论著选[M].北京:人民教育出版社,1994.

[117] 张焕庭.西方资产阶级教育论著选[M].北京:人民教育出版社,1979.

[118] 张文质,林少敏.保卫童年[M].福州:福建教育出版社,2004.

[119] 郑杭生.社会学概论新修[M].北京:中国人民大学出版社,2003.

[120] 钟启泉,等.《基础教育课程改革纲要(试行)》解读[M].上海:华东师范大学出版社,2001.

[121] 周浩波.教育哲学[M].北京:人民教育出版社,1999.

[122] 周勇.后现代文化中的课程论困境[J].全球教育展望,2003(3).

[123] 朱国华.权力的文化逻辑[M].上海:上海三联书店,2004.

英文参考文献

[1] Anderson. The search for school climate: A review of the research. [J]. Review of Ed-

ucational Research, 1982,52: 368—420.

[2] Astin. Educational "Choice": Its Appeal May be Illusory[J]. Sociology of Education, 1992,65: 255—260.

[3] Coleman. Some Points on Choice in Education[J]. Sociology of Education, 1992, 65:260—262.

[4] Garet, Delany. Students, courses and stratification[J]. Sociology of Education, 1988, 61:61—77.

[5] Gruber. So-called, real and ideal comprehensive schools[J]. Oxford Review of Education,1998,24(2).

[6] Gordon. The Social System of the High School[M]Glencoe, IL: The Free Press,1957.

[7] Lesko. Symbolizing Society: Stories, Rites, and Structure in a Catholic High School [M]. New York: Falmer Press,1988.

[8] Lipman. Restructuring in Context: A case study of teacher participation and the dynamics of ideology, race, and power [J]. American Educational Research Journal, 1997, 34:3—37.

[9] Little. Learner Autonomy. 1: Definitions, Issue And Problems [M]. Dublin: Authentik,1991.

[10] McNeil. Contradictions of Control: School Structure and School Knowledge[M]. New York: Routledge,1988.

[11] Nuthall. Relating Classroom Teaching to Student Learning: A Critical Analysis of Why Research Has Failed to Bridge the Theory-Practice Gap [J]. Harvard Educational Review;2004,74(3).

[12] Page. Lower Track Classrooms: A Curricular and Cultural Perspective[M]. New York: Teachers College Press,1991.

[13] Reay; Wiliam. I'll be a nothing: Structure, agency and the construction of identity through assessment [J]. British Educational Research Journal,1999,25(3).

[14] Ruhlman. Boys Themselves[M]. New York: Henry Holt and Company,1996.

[15] Swann. What doesn't happen in teaching and learning[J]. Oxford Review of Education, 1998,24(2).

后 记

加斯东·巴拉什曾在其《梦想的诗学》一书中写道:"在任何梦想者的身心中都生活着一个孩子,一个梦想使之变得卓越而稳定的孩子。"很多时候,我也是个梦想者。我的心中生活着这样一个孩子:

"那个在海边做着快乐游戏的孩子/——沙土城堡和幻想的主人/草帽遮住眼睛/明朗地笑着/和太阳一同散步/我不知道那个小孩是谁……

他那衣襟前别着蓝色的手帕/蓝蓝的,像写上生活全部奥秘的晴空/——他的脸就是一个美丽的梦/喃喃自语着/一个人来到这世界的海滨/为了与波涛谈话/我不知道那个孩子是谁……

我不知道那小篮子般的心里/是不是也盛着另外的回忆——大海铺开淡淡的光芒把笑声藏进永恒的谜语/可即使远处有暴风雨又怎样呢/世界依然是值得孩子们笑的/我不知道那个孩子是谁……"

此书是在我的博士毕业论文基础上修改完成的。博士论文之所以选择"自主的学生"这个主题来做,某种程度上是想正式为自己持续二十余年的"学生"生涯画上一个句号。博士论文对于我个人的意义,"是一种人生考古学,我们必须以细腻、敏感的心和足够的谦卑看待自己发掘的对象及那对象中收藏、凝结的已逝的自己。"因此,在论文的研究过程以及在此书的行文过程中,无可避免地带有个人的感情乃至情绪。我始终认为,研究者的一些主观情绪在教育研究中是值得保留的。

在研究过程中,我一直在被不断地追问(包括他人,更是自己):你所说的"自主的学生"到底是怎样的?你能举个实际的例子吗?现在看来,对于这些追问仍然难以作出完满的回答。当然,自己学养所限,对许多问题力不能及是主要原因。另一个原因恐怕在于我们尽管可以凭借理性思维进行论证和构想,但以自己的境况去具体地度量、推断他人的"自主"却显然是有限度的。希望本书的研究能够为此问题提供进一步争论和探讨的靶子。

在此书公开出版之际,我想借此机会,感谢那些在自己的成长过程以及本书的研究和出版过程中应该感谢的人们。

　　首先，我要衷心感谢我的导师裴娣娜教授。如果没有导师的严格要求、倾心指导、大力鞭策与积极鼓励，我真的难以顺利完成论文和学业。当年入学时导师的殷切期望犹在耳侧："当你三年后离开北京师范大学时，看看自己一步一步前进的脚印，不因虚度年华而有丝毫的遗憾，真正为自己曾有一段高质量的生命历程而自豪。"如今，博士毕业，离开北京师范大学亦三年有余，不仅自觉遗憾，更愧对导师期望之殷殷。所幸，机缘巧合，在浙江师范大学与导师得以再续师生情缘，再享耳提面命，学生是何等荣幸！

　　感谢吕达教授、文喆研究员、郑新蓉教授、丛立新教授、郭华教授、张广君教授、郝京华教授、张铁道研究员诸位师长切中肯綮的批评和富有建设性的意见。

　　感谢博士在读期间众多师兄师姐、师弟师妹的关心与帮助。"裴门"是温馨的家，所谓"切切偲偲，怡怡如也"。尤其是与鲍东明、金志远、李松林、秦玉友三载同窗之情和相互砥砺之谊，更是难忘。

　　感谢在博士论文研究过程中，曾经接纳我进行实地研究的 T 市 M 校校长和诸位老师，感谢 M 校双语一年（1）班、二年（4）班、五年（3）班和（5）班、七年（5）班和（6）班、八年（1）班和（8）班的同学们。尤其是一年（1）班、五年（5）班、八年（1）班的同学们，更是与他们共度了较长时间的教学生活。

　　感谢浙江师范大学吴惠青教授、李长吉教授长期以来的指导和关心，感谢郑和博士、钱旭升博士、张华龙博士一如既往的鼓励和帮助。

　　感谢我的父母亲，二十余载的求学生涯曾给身为农民的他们带来持续压力。春晖难报，唯愿双亲康福双修。

　　感谢本书的编辑人员，正是他们的大力支持，才使得个人的思考与感受能够公开表达。

周晓燕
2009 年 9 月于浙江师范大学

出 版 人　所广一
责任编辑　谭文明　王利华
版式设计　贾艳凤
责任校对　曲凤玲
责任印制　曲凤玲

图书在版编目(CIP)数据

自主的学生:学校教学生活中的现实建构/周晓燕
著 . —北京:教育科学出版社,2012.1
(教学新探索丛书/裴娣娜,李长吉主编)
ISBN 978 – 7 – 5041 – 4888 – 9

Ⅰ.①自…　Ⅱ.①周…　Ⅲ.①中小学—教学研究
Ⅳ.①G632.0

中国版本图书馆 CIP 数据核字(2010)第 107581 号

教学新探索丛书
自主的学生:学校教学生活中的现实建构
ZIZHU DE XUESHENG:XUEXIAO JIAOXUE SHENGHUO ZHONG DE XIANSHI JIANGOU

出版发行	教育科学出版社			
社　　址	北京·朝阳区安慧北里安园甲 9 号	市场部电话	010 – 64989009	
邮　　编	100101	编辑部电话	010 – 64989441	
传　　真	010 – 64891796	网　　址	http://www.esph.com.cn	
经　　销	各地新华书店			
制　　作	北京大有图文信息有限公司			
印　　刷	保定市中画美凯印刷有限公司	版　　次	2012 年 1 月第 1 版	
开　　本	169 毫米×239 毫米　16 开	印　　次	2012 年 1 月第 1 次印刷	
印　　张	11.75	印　　数	1—3 000 册	
字　　数	215 千	定　　价	25.00 元	

如有印装质量问题,请到所购图书销售部门联系调换。